CARTOGRAFIAS DA TELEDRAMATURGIA BRASILEIRA

ADRIANA PIERRE COCA

CARTOGRAFIAS DA TELEDRAMATURGIA BRASILEIRA

*Entre rupturas de sentidos e
processos de telerrecriação*

Copyright © 2018 de Adriana Pierre Coca
Todos os direitos desta edição reservados à Editora Labrador.

Coordenação editorial
Diana Szylit

Desenho da capa
Lucília Alencastro

Projeto gráfico e diagramação
Felipe Rosa

Revisão
Maria Isabel Silva

Dados Internacionais de Catalogação na Publicação (CIP) Andreia de Almeida CRB-8/7889

Coca, Adriana Pierre
   Cartografias da teledramaturgia brasileira : entre rupturas de sentidos e processos de telerrecriação / Adriana Pierre Coca. -- São Paulo : Labrador, 2018.
   296 p. : il.

Bibliografia
ISBN 978-85-93058-89-9

1. Telenovelas 2. Telenovelas - Brasil - História e crítica I. Título.

18-0613   CDD 791.4560981

Índices para catálogo sistemático:
1. Telenovelas - Brasil - História e crítica

EDITORA LABRADOR
Diretor editorial: Daniel Pinsky
Conselho editorial: Carolina Vivian Minte Vera, Cesar Alexandre de Souza e Ilana Pinsky
Endereço: Rua Dr. José Elias, 520 - Alto da Lapa - 05083-030 - São Paulo-SP
Telefone: +55 (11) 3641-7446
Site: www.editoralabrador.com.br
E-mail: contato@editoralabrador.com.br

A reprodução de qualquer parte desta obra é ilegal e configura uma apropriação indevida dos direitos intelectuais e patrimoniais do autor.

SUMÁRIO

APRESENTAÇÃO 8

CAPÍTULO 1. NO AR: O CAMINHO MOVENTE DA INVESTIGAÇÃO 13
   1.1 Contextualizando o objeto: o *brainstorming* 14
   1.2 *Story-line*: a trajetória para a pesquisa 25
   1.3 Argumento: encontros teóricos..27
   1.4 Escaletando o problema e seus desdobramentos 36
   1.5 Definindo as locações em mapas desdobráveis..37
   1.6 Sinopse do que vem a seguir 40

CAPÍTULO 2. ROTEIRO EM RECRIAÇÃO: O TRILHAR
METODOLÓGICO 43
   2.1 A perspectiva cartográfica..45
   2.2 Por que as criações de Luiz Fernando Carvalho? 50
   2.3 Selecionando os rastros da telerrecriação 58
      2.3.1 Se movendo em *zoom in* 58
      2.3.2 Do pouso longo ao reconhecimento atento 72
   2.4 Os percursos teórico-metodológicos 73

CAPÍTULO 3. PRÉ-PRODUÇÃO: ESTRUTURALIDADES
DA FICÇÃO SERIADA 84
   3.1 A herança melodramática 88
   3.2 A dinâmica folhetinesca...96
   3.3 Dialetos da memória..105
   3.4 A composição da imagem na televisão 108

CAPÍTULO 4. A PRODUÇÃO DOS CÓDIGOS DA
LINGUAGEM AUDIOVISUAL...115
   4.1 Regularidades técnicas 117
      4.1.1 A fotografia televisual 117
      4.1.2 A animação nas narrativas ficcionais 125
   4.2 Regularidades espaço-temporais..134
   4.3 Regularidades cenográficas 142

CAPÍTULO 5. EM CENA: OS PILARES TEÓRICOS DA
TELERRECRIAÇÃO...153
   5.1 Cultura e texto..154
      5.1.1 Dissolvendo fronteiras: entre tradutibilidades e intradutibilidades.........157
      5.1.2 Implosão midiática: a explosão planejada 160

5.2 A criação do texto artístico 164
5.3 Transcriar ou recriar é redoar a forma 168
5.4 Sentido obtuso, o nosso terceiro sentido 174

CAPÍTULO 6. PLATÔ RUPTURAS DE SENTIDOS DA TÉCNICA E
OS REARRANJOS DO SABER-FAZER TELEDRAMATURGIA 178
 6.1 Sob as lentes de Carvalho 179
  6.1.1 Anamorfoses técnicas 181
  6.1.2 Tingindo as cenas com os matizes da *pop art* 183
  6.1.3 Reconstruindo o sertão sob um domo e o transformando em afrescos 187
  6.1.4 Assim como Visconti 191
 6.2 Repensando o uso da animação na ficção seriada 194

CAPÍTULO 7. PLATÔ RUPTURAS DE SENTIDOS DA CRONOTOPIA:
UM QUEBRA-CABEÇAS DO ESPAÇO-TEMPO 199
 7.1 Anamorfoses cronotópicas em *A pedra do reino* 205
  7.1.1 Rezadeiras onipresentes d'*A pedra do reino* 211
 7.2 Anamorfoses cronotópicas em *Capitu* 213
  7.2.1 Elementos da cena que subvertem o espaço-tempo em *Capitu* 215
 7.3 "E bem, e o resto?" 218

CAPÍTULO 8. PLATÔ RUPTURAS DE SENTIDOS DA CENOGRAFIA:
UM *PATCHWORK* DE REFERÊNCIAS 223
 8.1 O cenário circular de *Hoje é dia de Maria* 225
 8.2 A cidade-túmulo de *A pedra do reino* 231
 8.3 A presença da ópera em *Capitu* 234
 8.4 O universo *kitsch* de *Afinal, o que querem as mulheres?* 239

CAPÍTULO 9. PÓS-PRODUZINDO AS CONSIDERAÇÕES FINAIS 242
 9.1 Perguntas e respostas: primeiros passos 242
 9.2 Rupturas de sentidos e explosões 246
  9.2.1 Dialetos de Carvalho 251
  9.2.2 O reino da intradutibilidade 255
  9.2.3 As travessias possíveis 258
 9.3 A reconfiguração da teleficção 262

REFERÊNCIAS 268
 Bibliográficas 268
 Audiovisuais 278

Para as crianças da família,
Guilherme e Yuki Miguel, com amor.

APRESENTAÇÃO

É um prazer fazer a apresentação deste livro *Cartografias da teledramaturgia brasileira: entre rupturas de sentidos e processos de telerrecriação* por dois motivos principais: trata-se de um estudo de televisão muito bem elaborado e tenho especial apreço pela autora. Assim, divido este prefácio em dois momentos: um falando da autora e outro, do livro.

Adriana Coca guarda uma qualidade especial para a escritura de livros do campo da comunicação e especialmente da área de televisão – anteriormente ela publicou *Tecendo rupturas: o processo da recriação televisual de Dom Casmurro*. Traz a importante experiência no mercado televisual, tendo atuado em diversas funções, experimentado do jornalismo ao entretenimento: no SBT, editou e fechou telejornais, produziu e dirigiu programas de auditório e quadros de ficção; na TV São Paulo (TVSP) e na TV Cultura (Fundação Padre Anchieta), trabalhou com edição de textos, tanto para revista eletrônica como para telejornal. Foram essas vivências que despertaram nela o interesse por um campo análogo que procura refletir sobre a dimensão televisual. Assim começa a trajetória da pesquisadora voltada para a carreira acadêmica, buscando problematizar e desvendar, no âmbito teórico, as suas práticas e o mundo da televisão. Na graduação, na especialização, no mestrado e no doutorado cultivou o interesse pelo estudo da ficção seriada dedicando-se, nos últimos anos, a processos de criação e linguagem em obras da teledramaturgia e, conforme o leitor verá neste livro, propôs modos diferenciados de pensar esse gênero/formato televisual estudando séries brasileiras de Luiz Fernando Carvalho.

Sem dúvida, Coca é apaixonada pela televisão, mas não a assiste sem crítica, é uma espectadora informada e uma pesquisadora dedicada que procura aprofundar as temáticas de seu interesse com o cuidado necessário à ciência e à academia. Nesse percurso, temos que considerar que o foco de seus estudos – televisão e teledramaturgia – são controversos na área da comunicação: ao mesmo tempo que a televisão aberta é o meio massivo que mais atinge a população brasileira, é também criticada em relação à baixa qualidade de sua programação e de seus conteúdos. Em acréscimo, muitas vezes é considerada um objeto de pesquisa "menor", ainda que sejam realizadas muitas investigações sobre ela.

De um modo ou de outro, temos que admitir a força dessa mídia que, conforme defende a autora, passou por mudanças na produção e na maneira de consumo que devem ser entendidas como transformações graduais e precisam ser avaliadas para o entendimento do meio. Em mais de oitenta anos, diversas foram as modificações: do preto e branco ao colorido, do ao vivo ao vídeo tape, a transmissão via satélite, o sistema de transmissão via cabo, a transmissão UHF e, finalmente, a inserção das tecnologias digitais nos anos 2000. Ainda que o digital tenha provocado um grande impacto sobre a natureza da televisão e muitos teóricos debatam sobre o seu fim, a autora defende que o que está realmente com os dias contados é o modo tradicional de ver TV, uma vez que ela permanece na sala de estar, mas também ocupa outros lugares, desloca-se para outros dispositivos.

De maneira geral, temos um meio caracterizado por modos convencionais de narrar e construir os seus textos, que opera sobre processos de edição, filmagem, preparação, transmissão e circulação considerando públicos de grande escala e, portanto, uma linguagem muito uniforme. Não se pode defender, contudo, que a TV não passe por inovações de linguagem – as inovações técnicas são mais óbvias, é claro. Com cuidado e atenção é possível observar como se processam as novas experiências televisuais de emissão aberta em termos de formatos, códigos e linguagens. A aparente incoerência entre permanência e novidade se dissolve quando as emissoras percebem a necessidade de atualizar-se e revigorar-se para manter e alcançar maior audiência[1]. Desse modo, os processos graduais de transformação televisual às vezes são interrompidos por rupturas de

---

1. Considere-se que a audiência é responsável pelo lucro da emissora uma vez que os índices de audiência estão diretamente vinculados à publicidade exibida.

sentido mais drásticas impondo a necessidade de reavaliar os formatos, os códigos e a própria linguagem do meio. Esse cenário leva a duas considerações pelo menos: por um lado, as recriações na teleficção podem ser revigorantes e estimulantes, mas, por outro lado, nem sempre são bem aceitas pelo público.

O pressuposto do estudo é de que há uma desconstrução dos modos tradicionais de contar histórias de ficção seriada na televisão brasileira, no que tange aos formatos estéticos e aos percursos narrativos. O livro vem evocar justamente uma reflexão sobre as rupturas de sentidos mais drásticas que ocorrem na programação da TV – especialmente na ficção seriada da TV Globo –, que configuram o que a autora chama de telerrecriação. Ela observa que é preciso ter cuidado para distinguir os textos televisuais que apresentam as faces da telerrecriação e que efetivamente propõem novas leituras dos que são somente um esforço para ser "diferente".

Este, portanto, não é um livro apenas sobre ficção seriada, mas uma obra que adentra no mundo televisual e nos seus modos de se configurar a partir das rupturas de sentidos e da criação, trazendo ao debate o conceito de telerrecriação.

O viés teórico adotado para a pesquisa foi muito feliz por adentrar por um campo pouco estudado na comunicação – a Semiótica da Cultura –, o que proporcionou uma perspectiva diferenciada para o desenvolvimento da reflexão que guia o texto. Iuri Lotman é um dos principais autores de base nessa área e contribui sobretudo com seu conceito de explosão semiótica[2]. Pessoalmente, entendo que a televisão atue sobre a *implosão semiótica*, ou seja, as irregularidades e as imprevisibilidades do sistema da televisão aberta se realizariam, em grande parte, por meio de um processo relativamente planejado, considerando que a cadeia de causa e efeito deva ser preservada. Nessa via, as alterações e rupturas de sentido não podem ocorrer em grande escala, mas têm que ser programadas e

---

2. Termo usado por Iuri Lotman, pensador da semiótica da cultura, para determinar uma grande ruptura de sentidos que traz imprevisibilidades, irregularidades e descontinuidades aos textos e aos processos de semiose, levando a intradutibilidades, mudanças nos códigos e alterações na linguagem. São sempre mudanças abruptas.

avisadas; enfim, as tensões e as interseções são diminuídas para estabilizar uma dinâmica veloz.

Os eixos que sustentam a telerrecriação não ficam ligados apenas ao conceito de explosão de Iuri Lotman – que por sua vez está conectado à criação do texto artístico –, mas também buscam inspiração em Roland Barthes e o que ele desenvolve sobre o "sentido obtuso", em complemento encontramos Haroldo de Campos e seu pensamento sobre transcriação. A perspectiva teórica, no entanto, não fica limitada a esses autores; muitos outros vêm compor a caprichosa rede de saberes que é tecida por Coca. Para apresentar a concepção cartográfica do método, a autora convidou Kastrup, Deleuze e Guattari, Rolnik, entre outros. Foram importantes também autores que investigam o audiovisual e a televisão, como Machado, Martín-Barbero, Pallottini, Balan, entre outros.

É preciso apontar também que não se trata apenas de um trabalho de pesquisa transformado em livro, a autora tem um cuidado especial com seus leitores, conduzindo-os, orientando-os nos direcionamentos do seu texto, ilustrando seu pensamento por meio de diagramas e construindo uma escrita acessível que, ao mesmo tempo, exige refinamento do leitor. Os títulos que tecem o sumário, de um modo criativo, vão se entrelaçando a partir do processo de produção do televisual: no ar, roteiro em criação, pré-produção, produção, em cena, pós-produzindo.

São nove capítulos bem estruturados, começando pelo método empregado, a cartografia, que atravessa toda a obra. O capítulo 3, que trata das estruturalidades da ficção seriada, faz uma recuperação da trajetória do melodrama e do folhetim para conectar-se às linhas diacrônicas da teledramaturgia e, assim, o leitor vai se deparar com muitas das antigas telenovelas da Globo. Por fim, a autora pontua as contribuições da história da arte para as estruturalidades televisuais. No capítulo 4 são pensados os códigos da linguagem audiovisual a partir de três regularidades consideras importantes na ficção seriada: técnicas, espaço-temporais, cenográficas. Tendo apresentado os pilares teóricos do audiovisual e da televisão – ilustrados por referências a programas, diretores, técnicas usadas, entre outros – chega-se ao capítulo 5, no qual a trilha segue pela Semiótica da

Cultura e seu encontro com o objeto de estudo. Um cruzamento profícuo. A aplicação de todas essas reflexões teóricas em um objeto empírico, consequentemente, é a cereja do bolo. Nos capítulos 6, 7 e 8, a autora analisa as rupturas de sentido em relação às regularidades apresentadas no capítulo 4. É assim que se formam os platôs da cartografia na obra de Luiz Fernando Carvalho: platô rupturas de sentido da técnica e os rearranjos do saber-fazer teledramaturgia; platô rupturas de sentidos da cronotopia: um quebra-cabeça do espaço-tempo; platô rupturas de sentidos da cenografia: um *patchwork* de referências.

Este é um livro tanto para quem se interessa pelo mundo televisual e seus meandros ficcionais quanto para quem gosta de explorar saberes.

Porto Alegre, 22 de fevereiro de 2018.

Profa. Dra. Nísia Martins do Rosário
Programa de Pós-Graduação em Comunicação e Informação (PPGCOM)
Faculdade de Biblioteconomia e Comunicação (FABICO)
Universidade Federal do Rio Grande do Sul (UFRGS)

- CAPÍTULO 1 -
NO AR: O CAMINHO MOVENTE DA INVESTIGAÇÃO

"O que importa não é chegar. É caminhar."
Mascate, personagem da microssérie *Hoje é dia de Maria*

Esta pesquisa se articula a partir de três eixos principais: a Semiótica da Cultura (SC), o sistema televisual e a teledramaturgia. Antes de desenvolvê-los, me parece[3] importante contextualizar o objeto de estudo, que é a reconfiguração na linguagem da ficção seriada a partir da obra de Luiz Fernando Carvalho (LFC).

Neste texto introdutório, além disso, também exponho como e quando comecei a me relacionar com o tema e ainda traço os objetivos, revelo o problema de pesquisa, delineio sucintamente como a metodologia acolhe o trabalho e apresento os conceitos mais importantes da investigação, que terão, é claro, um capítulo, no qual serão mais desenvolvidos. No entanto, neste instante, optei por nomeá-los e relatar como são entrelaçados na pesquisa. Isso porque a Semiótica da Cultura, pilar teórico central que sustenta a minha argumentação, por não ser uma vertente teórica usual, conta com um conjunto de conceitos específicos em relação às outras perspectivas semióticas. Pareceu-me necessário, portanto, antecipar a discussão dos conceitos que configuram e que importam ao estudo. Assim, esta reflexão inicial se subdivide, como um capítulo, em subitens, que

---
3. Esta introdução está escrita na primeira pessoa do singular porque traz relatos pessoais sobre a condução da pesquisa. Em seguida, o texto passará a ser redigido na primeira pessoa do plural, porque entendemos que uma pesquisa nunca é realizada por um só pesquisador.

apresentam a pesquisa e situam o leitor nas proposições teóricas basilares que serão engendradas no decorrer do texto.

1.1 Contextualizando o objeto: o *brainstorming*

Ainda que faça parte de um sistema audiovisual, a linguagem televisual constituiu seu próprio sistema modelizante[4], construído ao longo do tempo num regime de codificação de gêneros e de formatos. Ele pode ser percebido, de maneira geral, na fragmentação da programação, na grade de exibição, na repetição constante de determinados elementos, na reiteração de informações, na autorreferenciação, na existência de um macrodiscurso, entre outros aspectos. Quanto às narrativas ficcionais, podemos observar que se evidenciam como modelizantes, determinando alguns padrões: o encadeamento dos planos de câmera, que conduzem o olhar do espectador, sugerindo determinada leitura; a busca pelo "efeito de real" (BARTHES, 2012) na composição da *mise-en-scène*; a existência de ganchos narrativos, herança do folhetim; ou mesmo o estabelecimento de núcleos de personagens protagonistas e secundárias, só para mencionar alguns elementos que as compõem e que em certa medida também estão presentes em outros textos televisuais. No entanto, o que de fato busquei identificar neste livro não foi o que se repete e se preserva, mas sim o que se distancia disso, o que se mostra irregular.

Para a compreensão de como se dão os momentos de rupturas de sentidos nas ficções seriadas, é preciso de antemão ter em conta que estamos diante de um cenário de mudanças significativas no âmbito comunicacional, como nos posiciona Scolari: "Estamos lidando com novos processos de produção e consumo, novas textualidades, novos atores e novas lógicas culturais" (2016, p. 179). Ou seja, na ebulição desse contexto tudo se transmuta, inclusive a linguagem televisual.

Tanto a referida situação é real que já há algum tempo teóricos discu-

---

[4]. Segundo a Semiótica da Cultura, os sistemas de organização das linguagens são sistemas modelizantes. Sistematizamos, portanto, os códigos e as estruturalidades das linguagens a partir de modelizações. O conceito será retomado nos capítulos seguintes.

tem o fim da televisão (MISSIKA, 2006; KATZ, 2008; CARLÓN; SCOLARI, 2009). Sobre isso, acredito que o que de fato está com os dias contados é a nossa habilidade de assistir TV do modo "tradicional", reunidos com a família diante da tela na sala de casa, e é nessa perspectiva que se evidencia a necessidade das emissoras do mundo todo repensarem seus formatos e conteúdos, já que a televisão está pulverizada em múltiplas telas e de tamanhos variados. A TV não apenas se trasladou da sala de estar e passou a ser assistida em diferentes lugares, como agora complementa a sua programação, desdobrando-se e distendendo-se em outros dispositivos – recurso esse, aliás, explorado na ficção em série, que recebeu bem tais adaptações dos novos tempos, pelo menos é o que me parece ter acontecido aqui no Brasil. Já faz uma década que as telenovelas brasileiras vêm sendo pensadas considerando seu enlace com a internet; essas produções, por vezes antes mesmo de serem exibidas em rede nacional, têm campanhas e capítulos-zero lançados na rede mundial de computadores. Algumas saem do ar na TV e continuam na *web*. Duas delas, com públicos distintos, marcaram o ano de 2016 na TV Globo: a telenovela *Totalmente demais* (2015-2016), voltada para os jovens e colocada no ar por volta das sete da noite; e a telenovela *Liberdade, liberdade* (2016), que não era uma trama diária e que, ambientada no início do século XIX, foi exibida na faixa das onze da noite. Ambas tiveram sobrevida na *web* com *spin-offs*[5].

A transmidiação é um sintoma sociocultural que sinaliza um movimento de atualização da telenovela (o formato mais popular da teledramaturgia no Brasil), mas é também uma reação, uma tentativa de evitar a fuga do público que migra para outros formatos, como as séries. Há, sem dúvida, um deslocamento de suporte de quem assiste à televisão aberta, em especial aquele espectador mais jovem, que necessita ser fisgado constantemente. Pesquisas[6] revelam que, de abril a novembro de 2016, o número

---

5. *Spin-offs* são derivações das produções audiovisuais; por exemplo, quando uma personagem secundária ganha desdobramento como protagonista em outra trama, além daquela para a qual foi criada. No caso da telenovela *Liberdade, liberdade*, foi ao ar um *spin-off A lenda do Mão de Luva*, e, em relação à telenovela *Totalmente demais*, um *spin-off Totalmente sem noção demais*.
6. Informações de: <www.folha.uol.com.br/ilustrada/2016/12/1842940-embalada-pelanetflix--assinatura-de-servico-de-streaming-dobra-no-brasil.shtml>. Acesso em: 20 dez. 2016, 10:28.

de internautas brasileiros que assinaram os serviços de *streaming* (vídeo e música) por assinatura via smartphones dobrou, e a Netflix – plataforma que oferece serviços de vídeos *on demand*, via *streaming* – foi responsável por 59% dessa demanda. A explicação, segundo o coordenador da pesquisa, Fernando Paiva, é que, em época de crise econômica no país, o consumidor encontrou uma possibilidade de acesso ao entretenimento de baixo custo, que permite assistir a séries e filmes no celular por um valor muito mais baixo do que a TV por assinatura, e isso coincidiu com o momento em que a Netflix colocou no ar a *3%*, primeira série produzida pela plataforma no Brasil. Esse, claro, é mais um entre os motivos que levam a esse cenário que, nos últimos anos, contribui para a queda da audiência da telenovela. Mas não só.

No início dos anos 1980, Pignatari refletia sobre essa possibilidade, afirmando que "Novela é coisa que não tem jeito, mas ainda tem algum futuro. [...] Não há como iludir-se: a telenovela já atingiu o apogeu. A década de 70 será lembrada como 'a década da telenovela', na história da televisão brasileira" (1984, p. 73). O autor apostou em uma "incontrolável degenerescência" do formato devido à falta de interesse do público, em especial o feminino e as classes A e B, que aos poucos começaria a considerá-las enfadonhas, por serem extensas e redundantes. Como uma antevisão, Pignatari preconizava que "As filhas herdeiras das telenovelas são as séries, as mininovelas" (1984, p. 75), prevendo que o espectador da teleficção tendia a ser outro. Na época, ele garantiu que "As séries da Globo, ao mesmo tempo que abrem novos caminhos, aceleram o processo de esclerosamento da telenovela" (idem), complementando esse raciocínio com os exemplos das séries *Carga pesada* (1979-1981 e 2003-2007), *Malu mulher* (1979-1980) e *Plantão de polícia* (1979-1981), que seriam produções-modelo de narrativas ficcionais para a teledramaturgia vindoura.

No anuário do Observatório Ibero-Americano da Ficção Televisiva (Obitel) de 2015, os dados quantitativos do capítulo dedicado ao Brasil sintonizam a hipótese levantada por Pignatari (1984), pois revelam que, pela primeira vez desde a existência do observatório, ou seja, no período de uma década, a produção anual de ficção seriada de histórias curtas superou em 2014 a de telenovelas, isso considerando o número de obras, e não o número de horas de exibição. A justificativa para o fenômeno das "[...] 'histórias curtas' parece reencontrar a *raison d'être* da cultura oral na tecnologia moderna, através da qual novas mídias tornaram possível novas formas de expressão cultural no Twitter, Facebook, fóruns de internet e YouTube" (LOPES; MUNGIOLI, 2015, p. 145). Nessa via, o levantamento apontou a tendência das emissoras de investir no formato série, seguindo um mercado já consolidado internacionalmente, mas sem abrir mão da produção de novelas, como demonstra o Quadro 1. Esclareço que, apesar da conjuntura, a telenovela continua detentora do horário nobre na TV aberta brasileira, sendo considerada por especialistas como uma das responsáveis pela alta considerável nos índices de audiência da televisão averiguados em setembro de 2017[7]. Nos últimos cinco anos, houve um aumento no consumo das emissoras de canal aberto de 17,5%, crescimento em parte atribuído também à crise econômica instaurada no país.

Importa destacar que esses sinais parecem indicar que, mesmo dentro dos limites impostos pela própria linguagem e seus contornos (contexto), a TV Globo[8] está sendo capaz de remodelar a programação da teleficção com experiências que privilegiam formatos até então com potencial ignorado, como as "histórias curtas". Com esse movimento, a emissora chegou ao ponto de batizar um novo formato, a "supersérie", desde a estreia de *Os dias eram assim* (abril de 2017). Essa "telenovela" das onze da noite foi anunciada como uma "supersérie", sem maiores explicações da emissora. Segundo o colunista Nilson Xavier[9], foi apenas para diferenciar o formato

---

7. Informações disponíveis em: <www.otvfoco.com.br/audiencia-da-tv-tem-crescimento-surpreendente-e-globo-e-record-batem-recorde>. Acesso em: 6 set. 2017, 15:23.
8. A TV Globo é a emissora de TV aberta hegemônica na área, a que mais produz teleficção no Brasil. Embora o recorte desta pesquisa não tenha sido feito pela rede de TV, e sim pela produção do autor e diretor Luiz Fernando Carvalho, que me afeta, a emissora será citada com frequência ao longo do texto, sendo contextualizada em capítulo posterior, visto que todas as produções analisadas em profundidade na pesquisa foram produzidas e exibidas pela TV Globo.
9. Informações disponíveis em: <https://nilsonxavier.blogosfera.uol.com.br/2017/09/18/com-trama-politica-esgotada-sobrou-cliche-em-os-dias-eram-assim>. Acesso em: 19 set. 2017.

das novelas das seis, sete e nove da noite e também porque a narrativa, diferentemente das tradicionais telenovelas, não era exibida todos os dias. Independente das nomeações, o que interessa é observar como a teleficção está se reconfigurando nesse processo.

Quadro 1[10]

**PRODUÇÃO DE TELENOVELAS E SÉRIES
ANOS DE 2012, 2013, 2014 E 2015**

5 emissoras analisadas:
> Rede Globo
> Record
> SBT (Sistema Brasileiro de Televisão)
> Rede Bandeirantes
> TV Brasil

2 tipos de produções observadas:
> Telenovelas
> Séries

---

10. Dados dos anuários do Obitel de 2015 e de 2016. No anuário do Obitel de 2017, esses dados referentes ao ano de 2016 não estão claros, por isso, não foram contemplados no quadro.

Dados referentes ao somatório das produções realizadas por ano pelas cinco emissoras estudadas

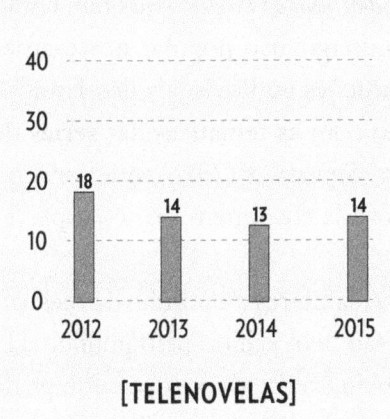

[TELENOVELAS]

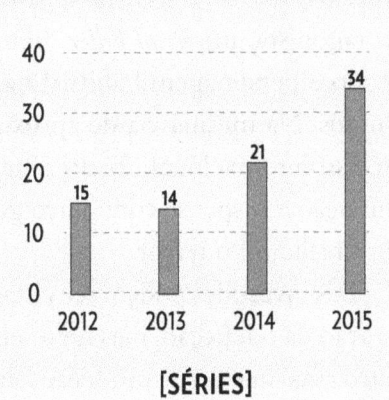

[SÉRIES]

Dados referentes às produções da Rede Globo

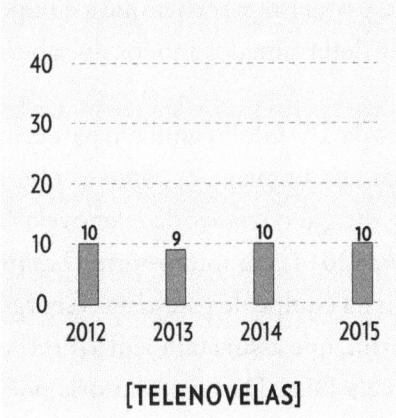

[TELENOVELAS]

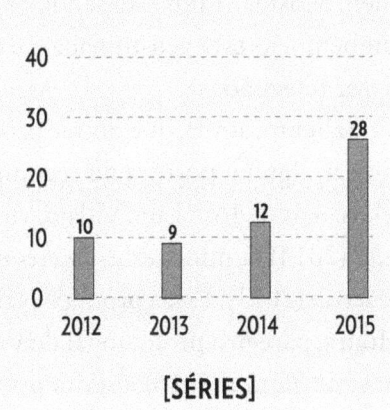

[SÉRIES]

As metamorfoses no âmbito do conteúdo também parecem incisivas: considero as tentativas de repensar os gêneros como indicadores dessas transformações. Cito como exemplos dessa mutação as séries *Amorteamo* (2015) – que foi definida no site Memória Globo como um "melodrama sobrenatural" – e a série policial *Dupla identidade* (2014) – que tem como protagonista um *serial killer*, figura do imaginário popular norte-americano e personagem habitual nas produções audiovisuais dos Estados Unidos. Na mesma via de aproximação com as temáticas das séries de sucesso internacional, foi ao ar também *Supermax* (2016), que arriscou unir ação e suspense com outro gênero nada costumeiro para o espectador brasileiro: o terror.

Tais investidas podem ser vistas como salutares a caminho da reestruturação da teleficção, mas nem sempre são bem aceitas pelo público. Há outro risco que é o da produção não ser bem executada porque a equipe de trabalho ainda está experimentando esses "novos" gêneros de programas de ficção (pelo menos por aqui, no Brasil). *Supermax* reflete um desses trabalhos criados para inovar que não funcionou bem, sendo considerado pela crítica especializada um fiasco[11]. Esses "fracassos" se devem a vários fatores, entre eles estar lidando com a situação de desabituar o olhar de quem assiste. Muito está sendo revisto, e é preciso perceber que a equipe também não está acostumada a executar determinados modos do saber-fazer televisão.

Saliento, ainda, que outras produções da TV Globo também parecem indicar alguma postura de reconfiguração da linguagem, como as obras televisuais de José Luiz Villamarim, que dirigiu o *remake* da telenovela *O rebu* (2014), a minissérie *Amores roubados* (2014) e a microssérie *O canto da sereia* (2013). Essas produções tiveram na equipe de roteiristas George Moura, parceiro profissional de Villamarim, que assina também a direção da série *Justiça* (2016), escrita por Manuela Dias. Destaco a autoria por-

---

11. Outras informações: <http://veja.abril.com.br/entretenimento/supermax-termina--como-um-dos-maiores-fiascos-da-globo>. Acesso em: 17 dez. 2016, 17:06. E também em: <http://noticiasdatv.uol.com. br/noticia/opiniao/de-mocinha-perdida-serie-pesadelo-relembre-os-fracassos-da-tv-em-2016--13557>. Acesso em: 17 dez. 2016, 21:01.

que o formato das histórias também é significativo pela complexificação narrativa. O próprio Villamarim nomeia seu estilo como um tipo de dramaturgia documental[12]; é isso que, ainda segundo o diretor, assegura a veracidade dramática que ele deseja impor às cenas e que o diferencia da dramaturgia corriqueira praticada na televisão. Além de George Moura, o diretor de fotografia Walter Carvalho é outro parceiro de Villamarim em todos esses textos televisuais, sendo um entusiasta da busca por esse tipo de "efeito de real" na teledramaturgia. A produção desse estilo com sintoma de documentário impresso por Villamarim, a meu ver, indica um frescor a caminho da renovação dos códigos, presente na condução e na exploração dos planos únicos, no fato de gravar grande parte das cenas em locações e não em estúdio e, ainda, na mudança do foco para outras regiões do país, que não o eixo Rio-São Paulo.

No entanto, acredito que as recriações da linguagem evocadas por Luiz Fernando Carvalho (LFC) são mais ousadas, portanto são essas as experiências que perpassam as rupturas de sentidos abordadas neste estudo, pois parece-me que Carvalho propõe rupturas em relação a muitos aspectos da ficção seriada em uma só produção e faz isso de modo mais incisivo do que os exemplos dados.

LFC dirigiu a telenovela *Meu pedacinho de chão* (2014), e trago essa produção como exemplo por ter sido a primeira obra dele sobre a qual refleti quando entrei em contato com a Semiótica da Cultura. A telenovela reescrita por Benedito Ruy Barbosa, com 96 capítulos, é uma "novela-fábula" com uma proposta estética que mesclou estilos, referências e, sem dúvida, incitou uma releitura do formato (LOPES; MUNGIOLI, 2015). Isso se percebe principalmente porque foi exibida às seis da tarde, horário que tem um público cativo de senhoras que foi acostumado a assistir nessa faixa da programação narrativas históricas ou de humor leve.

Essas obras mencionadas são renovadoras da teleficção em diferentes facetas, e não isoladamente, porque fazem parte de um movimento maior

---

12. Informações disponíveis em: <www.folha.uol.com.br/ilustrada/2016/09/1815963-serie-justica-termina-nesta-sexta-em-alta-no-ibope-e-despertando-reflexoes.shtml>. Acesso em: 17 dez. 2016, 20:08.

em direção às mudanças da televisão aberta no Brasil, logo, somam conhecimento ao que proponho como discussão nesta reflexão. Esses trabalhos são consequência também do contexto comunicacional mundial, que inclui o ápice da produção de ficção seriada vivida pelos Estados Unidos. A teledramaturgia brasileira espelha (e, por isso, suspeito que teria sido melhor reagir com mais força alguns anos antes) uma situação que se precipitou quando as séries estadunidenses se dissiparam para o resto do planeta[13] impondo novos arranjos nos modos de criar e produzir teleficção.

Talvez por ser a telenovela o nosso diferencial na dramaturgia ficcional, a TV aberta brasileira optou por não apostar nos formatos reduzidos e densamente complexos mais cedo, só que não é de hoje que as séries de TV norte-americanas dão sinais de excelência, e poderíamos estar atentos a isso. Os primeiros passos da complexificação narrativa foram dados com a série *Hill Street Blues*, transmitida pela NBC de 1981 a 1987 (MACHADO, A., 2009), abrindo caminho para o desenvolvimento de várias outras tramas estruturadas como narrativas complexas que conhecemos nos dias atuais. Nas décadas de 1990 e 2000 houve uma consolidação das séries norte-americanas por causa da competitividade dos canais de TV a cabo, o que deflagrou uma troca dos profissionais do cinema para a televisão e, consequentemente, "a seriefilia substitui a cinefilia e, embora dela se distinga, ela se apropriou de alguns de seus traços: o conhecimento preciso das intrigas, das temporadas, dos comediantes, de suas carreiras, dos autores, de suas trajetórias" (JOST, 2012, p. 24). Sintonizo com Jost quando ele defende essa mudança de hábito. No entanto, só recentemente (2017) a TV Globo mudou de postura e instituiu como prioridade a produção de séries no departamento de teledramaturgia da emissora[14], possivelmente impactada pelos resultados de uma pesquisa do Ibope que mostrou que

---

13. O serviço de *streaming* da Netflix, por exemplo, que tem uma oferta predominantemente de produção de ficção seriada norte-americana, está disponível em mais de 130 países, entre eles Índia, Vietnã, Rússia, Polônia, Arábia Saudita, Singapura, Coreia do Sul, Indonésia e Azerbaijão. Informações disponíveis em: <https://tecnoblog.net/190163/netflix-expansao-190-paises>. Acesso em: 28 jun. 2017, 20:12.
14. Informações disponíveis em: <http://odia.ig.com.br/diversao/2017-05-27/flavio-ricco-producao-de-series-e-prioridade-na-globo.html>. Acesso em: 28 maio 2017, 10:52.

as séries despontam entre as preferências dos programas de televisão do público brasileiro, antes mesmo do futebol e das telenovelas, que aparecem em segundo e terceiro lugares, respectivamente. Só que essa nova aposta é algo que já é prática há algum tempo em muitas redes de televisão em outros países e que só neste instante passa a ter a devida atenção no Brasil.

Desde 2010, o mercado britânico produz séries de sucesso como *Black Mirror* (2011-atual/Channel 4/Netflix) e *Borgen* (2010-2013/BR1), entre outros títulos[15]. Na Espanha, as séries são muito produzidas e estudadas. De modo geral, o público espanhol é avesso aos folhetins clássicos, tanto que boas histórias, como a telenovela colombiana *Pasión de Gavilanes* (2003-2004/Telemundo Internacional), acabam sendo adaptadas para o formato série[16]. A Itália mais exibe do que produz teleficção em formato de série, sendo uma consumidora ativa da produção espanhola.

Esse mercado também movimenta outros continentes além do europeu. Criações originais se globalizaram, como a série israelense *Be Tipul* (2005-2008/Hot 3) que foi exportada para mais de trinta países[17]. Aqui no Brasil, a série se chama *Sessão de terapia* (2013-2017) e já teve três temporadas exibidas no canal GNT.

Na Ásia, o fenômeno da seriefilia se concretizou com os doramas (ドラマ), tradução genérica para a palavra *drama* em japonês, que inclui também as novelas, que caíram nas graças do público latino – as novelas e as séries coreanas e japonesas são muito assistidas por aqui[18]. Os doramas

---

15. Informação disponível em: <http://brasil.elpais.com/brasil/2015/03/27/cultura/1427481479_992620.html>. Acesso em: 28 jun. 2017, 20:46.
16. Informações disponíveis em: <www.vannuccicomunicacao.com.br/single-post/2016/11/01/Parceiros-da-Globo-em-Supermax-espanh%C3%B3is-veem-coprodu%C3%A7%C3%A3o-como-caminho-mais-seguro-para-a-ind%C3%BAstria>. Acesso em: 29 jun. 2017, 11:22.
17. Informações disponíveis em: <http://gnt.globo.com/series/sessao-de-terapia/materias/com-selton-mello-na-direcao-sessao-de-terapia-estreia-em-outubro-no-gnt.htm>. Acesso em: 29 jun. 2017, 11:36.
18. Os doramas podem ser vistos na Netflix, que vem investindo nesses textos televisuais, nos canais *online* especializados, como Drama Fever, Viki e Crunchyroll, e ainda nos sites de legendagens, que já trazem traduções em português. Doramas de sucesso no Brasil são: *Secret Garden*; *Lie to me*; *Boys before flowers*, *Full house* e *Ichi Rittoru no Nanida* [Um litro de lágrimas]. Informações em: <www.otempo.com.br/divers%C3%A3o/cinco-no-

são produzidos pelas grandes emissoras asiáticas: a SBS, a KBS, a Fuji TV e GTV[19]. Menciono ainda as bem-sucedidas coproduções das séries canadenses com os Estados Unidos, facilitadas pela proximidade geográfica dos dois países. O Canadá soube aproveitar bem duas situações: o sucesso do seu elenco depois de contracenar em séries norte-americanas e a migração de profissionais experientes daquele país para o Canadá, principalmente após uma greve de roteiristas em Hollywood em 2008 e depois da crise econômica pela qual passaram os Estados Unidos na mesma época[20]. E, como não poderia deixar de ser, a produção de séries televisuais na América Latina também é relevante e se acentuou nos últimos anos, tendo como seus principais produtores a Argentina, o México, a Colômbia e o Chile. Os temas mais recorrentes nessa parte do globo se inspiram em fatos reais, como a bem produzida *Los archivos del Cardenal* (2011-2014/TVN), baseada em fatos que ocorrem durante a ditadura chilena; o narcotráfico, abordado por séries como a colombiana *Pablo Escobar: el patrón del mal* (2012/Caracol Televisión)[21]; e, claro, histórias romanceadas e açucaradas, como o autêntico melodrama, que representa tão bem o nosso povo, como sinaliza Martín-Barbero (2009).

Tais mudanças na produção e nas maneiras de consumir a mídia televisiva devem ser pensadas como uma transformação gradual, que começou no início dos anos 1990, com o surgimento da TV a cabo e a ampliação do espectro da frequência de transmissão UHF, o que facilitou o nascimento de novas emissoras, como a MTV Brasil, voltada para o mercado musical e para o público jovem. Essa fase está diretamente ligada a uma maior oferta de programas de TV ainda em horários pré-estabelecidos, engessados pela famigerada grade de programação. É evidente que a grande

---

velas-coreanas-est%C3%A3o-fazendo-sucesso-no-brasil-1.1047695>. Acesso em: 6 set. 2017, 17:05.
19. Informações disponíveis em: <www.guiadasemana.com.br/novelas/noticia/entenda-a--febre-dos-doramas-as-novelas-e-series-asiaticas>. Acesso em: 29 jun. 2017, 11:50.
20. Informações disponíveis em: <www.teleseries.com.br/viva-canada-10-series-canadenses-inesqueciveis>. Acesso em: 29 jun. 2017, 12:22.
21. Informações em: <www.revistapixel.com.br/dez-series-latino-americanas-que-todo--brasileiro-deveria-conhecer>. Acesso em: 30 jun. 2017, 11:33.

transmutação chega com o desenvolvimento das tecnologias digitais nos anos 2000, que, como sugere Jenkins (2009), desloca o consumidor de uma postura aparentemente passiva, embora saibamos que o consumidor nunca foi passivo, e o insere em uma posição de consumidor ativo na produção, propagação e recepção dos programas televisuais, alguns podendo acessar esses conteúdos quando e onde quiserem[22]. Nesse sentido, endossamos o que Carlón (2014) reflete sobre o fim da televisão, posto que o jeito "tradicional" de assistir dramaturgia de TV se findou e, exatamente por isso, é necessário assegurar modos diversos de atualização de seus códigos.

Pontuei esses trajetos porque foram períodos que delinearam o ambiente que acolhe o objeto de estudo desta investigação. Sigo revelando como se deu o meu envolvimento com o tema e como ele repercute a minha trajetória na televisão e na pesquisa.

1.2 *Story-line*: a trajetória para a pesquisa

Minhas inquietações como pesquisadora, desde quando eu ainda era orientanda de iniciação científica em meados dos anos 1990, sempre foram norteadas pela ficção na TV; só que o meu reencontro com a academia teve um hiato de mais de quinze anos entre a graduação (1995) em Rádio e TV na UNESP de Bauru/SP, logo seguida de uma pós-graduação em Teoria e Técnicas da Comunicação (1997), e o mestrado (2012) em Comunicação e Linguagens na Universidade Tuiuti do Paraná. Nesse ínterim,

---

22. No entanto, deve-se ter em conta que, segundo a 11ª Pesquisa TIC Domicílios 2015 (que mede e indica os hábitos de consumo de tecnologias da informação e comunicação pelos brasileiros), a última realizada até então, pouco mais da metade da população brasileira (58%) tem acesso à internet. Além disso, pesquisa do Instituto Brasileiro de Geografia e Estatística (IBGE) divulgada no final de 2016 mostra que o celular é o principal meio utilizado pelos brasileiros para acessar a rede mundial de computadores. Segundo o levantamento, 92,1% dos acessos em 2015 foram realizados por meio do celular, enquanto 70,1% se deram por utilização de computador. Disponível em: <http://agenciabrasil.ebc.com.br/pesquisa-e-inovacao/noticia/2016-09/pesquisa-mostra-que-58-da-populacao-brasileira-usam-internet> e <http://agenciabrasil.ebc.com.br/geral/noticia/2016-12/ibge-celular-se-consolida-como-o-principal-meio-de-acesso-internet-no-brasil>. Acesso em: 29 maio 2017, 16:30.

percorri o mercado de trabalho paulistano pelas redações de telejornalismo e produções de entretenimento, ficando por quase uma década entre a TV Cultura de São Paulo (Fundação Padre Anchieta) e o SBT (Sistema Brasileiro de Televisão), onde também fiz direção de quadros de ficção e conheci um aspecto da emissora que foi fundamental para a experiência em produção de programas.

Decidi ser professora de televisão e por quatro anos dei aulas de produção de TV nos cursos de comunicação da Universidade Positivo, em Curitiba/PR. Foi um período intenso de orientação de trabalhos, alguns deles premiados, como um videoclipe em plano-sequência cuja produção envolveu mais de cem alunos e que venceu o 1º Festival Lipdub Brasil[23].

Comecei um mestrado e, de novo, voltei o olhar para a teledramaturgia durante o desenvolvimento da dissertação, então trazendo comigo essa valiosa experiência mercadológica que me ajudou a entender o processo produtivo da teleficção, que está em relevante conexão com o produto construído e acabado.

Desde os primeiros artigos, problematizei as séries brasileiras pelo viés das rupturas de sentidos. O primeiro texto que escrevi, sobre a microssérie *Capitu* (2008), assinada e dirigida por LFC, foi apresentado no encontro nacional da Sociedade Brasileira de Estudos Interdisciplinares da Comunicação (Intercom, 2012), no Grupo de Pesquisa de Ficção Seriada. Em 2012, fui a outros eventos expondo trabalhos sobre séries de TV. A minha produção científica daquele período privilegia autores do audiovisual, porque são a base do que li para as disciplinas do curso de mestrado e porque eu os utilizava na preparação das aulas que ministrava, mas tenho ciência de que esses primeiros textos concentram mais experiência, e até ingenuidade, do que consistência teórica.

Ainda assim, tive a intuição de perceber essa condição e aproveitar os ensinamentos que surgiram no caminho para ir amadurecendo. Antes de finalizar a dissertação, redigi o projeto de doutorado mantendo a

---

23. Vídeo disponível em: <www.youtube.com/watch?v=g81FwLimlW0>. Acesso em: 6 set. 2017, 17:07.

busca pelas rupturas e remodelação da teledramaturgia contemporânea, guiada pelo incentivo e sabedoria da minha orientadora na época, Profa. Dra. Graziela Soares Bianchi. Fui, então, conduzida a um novo rumo e comecei, no ano seguinte, o doutorado na Universidade Federal do Rio Grande do Sul (UFRGS).

No fim do mestrado, meus alicerces teóricos transitavam entre a teoria da intermidialidade e os conceitos de cronotopia e carnavalização do filósofo russo Mikhail M. Bakhtin, noções que apresentam certa reciprocidade com outra teoria também vinda da Rússia. Assim, recém-chegada ao curso de doutorado, fui apresentada e me envolvi com um conterrâneo de Bakhtin: Iuri M. Lotman. Esse foi o meu encontro com a Semiótica da Cultura (SC).

1.3 Argumento: encontros teóricos

A Semiótica da Cultura é uma disciplina teórica que surge da necessidade de compreender a construção da cultura e que tem como objeto de investigação os sistemas semióticos. A SC se constitui no departamento de semiótica da Universidade de Tártu, na Estônia, durante os anos 1950 e 1960, principalmente a partir dos seminários de verão. É nesse contexto que a comunicação passa a fazer parte dos interesses dos pesquisadores de Tártu-Moscou, entre eles Iuri M. Lotman, um dos principais representantes dessa perspectiva teórica (MACHADO, I., 2003) e também um dos autores-chave deste livro, conforme o Quadro 2, que representa com abrangência os demais conceitos entrelaçados à noção de telerrecriação, que serão delineados brevemente na sequência.

O percurso da pesquisa fez emergir a noção de telerrecriação como eixo organizador da proposição central deste estudo e que, de modo geral, nomeia as rupturas de sentidos na teledramaturgia em simbiose com a criação e a crítica à própria linguagem da teleficção.

Antes de adentrar nos conceitos, preciso dizer que um dos motivos que me instigaram a trabalhar com a SC veio durante o levantamento de pesquisas anteriores sobre teledramaturgia e Semiótica da Cultura. Em contato com os primeiros resultados[24], observei a chance de conduzir uma leitura diferenciada para o estudo, porque os dados revelavam que, à exceção de uma tese defendida em 2008 na Pontifícia Universidade Católica de São Paulo (PUC-SP)[25], nenhuma investigação sobre teledramaturgia brasileira trazia a Semiótica da Cultura como base teórica, e nenhuma outra empregava a cartografia como olhar metodológico. Logo, esse poderia ser um diferencial. Essa possibilidade me fez acreditar que um estudo aliando esses dois percursos teóricos poderia oferecer uma reflexão diversa ao campo, e assim me debrucei sobre os pressupostos da SC e ancorei a reflexão nos conceitos de explosão e criação de Lotman (1999), convencida de que a SC tinha uma contribuição determinante para a proposição teórica que eu pretendia desenvolver.

---

24. Para informações mais detalhadas sobre esses dados, consulte: COCA, Adriana Pierre. **Processos de telerrecriação na ficção seriada da TV aberta brasileira**: uma cartografia das rupturas de sentidos na obra de Luiz Fernando Carvalho. 2017. 358 f. Tese (Doutorado em Comunicação) – Universidade Federal do Rio Grande do Sul, Porto Alegre, 2017.

25. Nessa tese, Nakagawa (2008) analisa a primeira temporada da microssérie *Hoje é dia de Maria* (2005) – que também é uma das produções que compõem o *corpus* desta pesquisa – sob o ponto de vista da montagem/edição, baseado na Semiótica da Cultura, entre outras teorias.

Quadro 2 – Pilares teóricos da telerrecriação

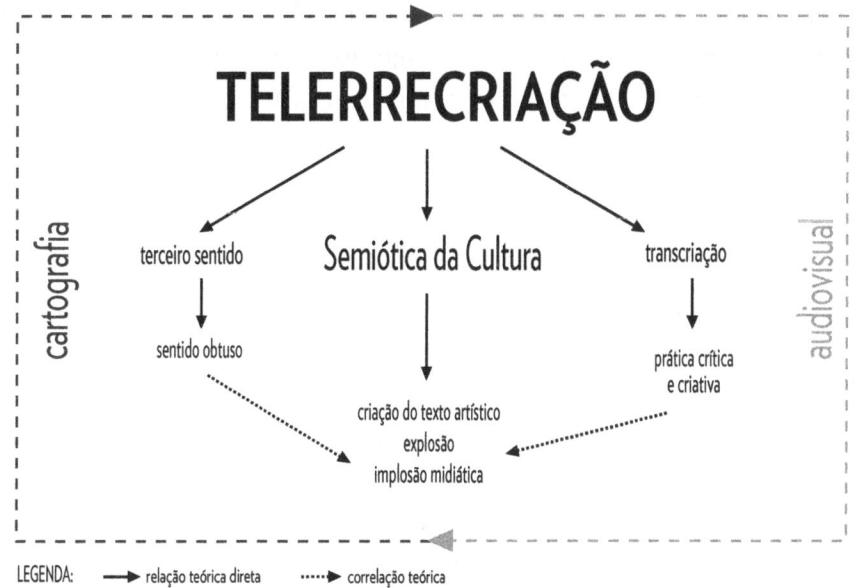

Arte: Maurício Rodrigues.

Seguindo, então, com o enlace dos conceitos formuladores da pesquisa, advirto que uma das concepções caras a Lotman (2003) é a da linguagem, que assume uma função comunicativa ao transportar uma informação por meio do texto e que pode ter também, além dessa função informativa, uma função criativa. A linguagem apresenta, ainda, uma terceira função, que está vinculada à memória da cultura e que reflete um passado cultural – enraizada, portanto, pela memória de textos que formam a história da cultura humana.

Outro conceito importante para a SC é o de texto. Lotman (2003) explica que o texto se configura como um complexo dispositivo composto por vários códigos e é gerador de significados. Dessa maneira, o texto abriga a interação de múltiplos sistemas semióticos, bem como a contradição e a indefinição de sentidos. Nessa via, entendo que as produções televisuais, por sua natureza intrínseca, são textos comunicativos e podem ser criativos, além de terem uma função informativa e mnemônica. Posso então pensar que todo texto audiovisual se constitui como uma amálgama de vários outros textos que, conforme reflete Lotman (2003), também vem impregnado de memórias, de conjuntos de signos em relações que produzem significados. Portanto, a linguagem da televisão é um sistema semiótico complexo que se cruza e se forma a partir de um conjunto de textos que abarca códigos distintos, como o sonoro e o visual.

O código deve ser entendido como "o vocabulário mínimo da cultura, sempre em movimento" (MACHADO, I., 2003, p. 156) – cada texto cultural detém uma unidade de códigos específicos que estão engendrados no movimento da cultura. Daí é possível dizer que os códigos culturais funcionam, de alguma forma, como reguladores. São os códigos que asseguram certa regularidade na transmissão da informação de um sistema cultural para outro. No entanto, os sistemas estão sujeitos à atualização, que pode se dar ou por transformações graduais ou por rupturas de sentidos mais drásticas em relação aos códigos já conhecidos e que tecem as linguagens e os sistemas. Logo, não seria inadequado, quando falo em "rupturas de sentidos", compreender "rupturas de códigos" ou "ruptura de linguagem".

Lotman (1978a) esclarece que os sistemas se organizam por meio de previsibilidades e que o imprevisível é algo que não é regular em determinado sistema. Como não está incluído num sistema, o imprevisível pode não propiciar uma troca semiótica, tornando necessária a reordenação de códigos. Os elementos regulares asseguram a comunicação, mas são os irregulares que propõem o novo, a reconfiguração do sistema e, consequentemente, a sua reorganização.

Para pensar a significação no audiovisual, os filmes de Charlie Chaplin são um exemplo universal trazido por Lotman em seu livro *Estética e semiótica do cinema*, posteriormente retomado de maneira ampliada em *Cultura e explosão*. Lotman (1978b, 1999) identifica em todas as produções do cineasta um elemento constante e, portanto, esperado, conhecido do espectador – o que ele chama de "a máscara de Charlot" –, que contempla, além da maquiagem, a sua indumentária, os seus gestos e as situações-tipo de intriga. Esse é um elemento da personagem que faz parte da estrutura artística da obra cinematográfica de Chaplin como um todo, mas que, paradoxalmente, não subtrai a sua contribuição para a criação de uma nova linguagem para o cinema, que se construiu não a partir desses elementos, mas dos elementos inconstantes que concorreram para a desconstrução dos estereótipos cinematográficos. Para Lotman, o inesperado nos filmes de Chaplin foi garantido por sua habilidade em introduzir técnicas circenses no cinema por meio da linguagem da pantomima, embora o artista mantivesse em todo longa-metragem que produziu um "princípio artístico guia"[26] (1999, p. 164). Com isso, a forma como Charlie Chaplin coloca em diálogo o circo e o cinema marcou um momento de ruptura de sentido na história da cinematografia.

Na obra de Lotman, há uma preocupação e atenção às rupturas de sentido, à reconfiguração de códigos e de linguagens que leva ao imprevisível, ao descontínuo. Esse foi, sem dúvida, um eixo de problematização do autor, que reflete sobre a impermanência como uma condição fundante do processo da cultura, pois são as mudanças desencadeadas pelos tensionamentos entre os sistemas que asseguram a dinamicidade num contínuo artifício de transmutação entre os sistemas. Desse modo, posso dizer, inclusive, que este estudo se dedica a pensar os processos de impermanência e, consequentemente, de reconfiguração de uma linguagem específica – a ficção seriada – que contempla textos dentro de textos imersos na semiosfera televisual.

Para Lotman (1999), os órgãos do sentido reagem aos estímulos que, pela consciência, são percebidos como algo contínuo. Esse processo de percepção pode operar sobre o previsível e o imprevisível. A primeira percepção é aquela já esperada, que tende à estabilização; a segunda, oposta, leva à desestabilização e pode provocar uma brusca ruptura de sentidos, o que ele nomeia como explosão semiótica ou explosão cultural.

Quando o grau de tensão atinge níveis elevados é que se configuram

---

26. Todas as citações em língua estrangeira que compõem este estudo são traduções livres da autora a partir dos originais. A maioria foi traduzida do espanhol, já que Iuri M. Lotman tem grande parte da sua obra publicada nessa língua.

os processos explosivos, quer dizer, os códigos se desterritorializam[27] e surge o novo (LOTMAN, 1999). Logo, o cerne da explosão é a imprevisibilidade, não como possibilidades ilimitadas, e sim como uma passagem de um estado a outro, que oferece um complexo enriquecedor de novos sentidos. O autor descreve a explosão como um feixe imprevisível que provoca um choque, o que desestrutura e propõe outra organização ao texto cultural – essa é a mudança impulsionada pela explosão. Lotman reforça que "Tanto os processos explosivos como os graduais assumem importantes funções na estrutura do funcionamento sincrônico: uns asseguram a inovação, outros, a continuidade"[28].

O processo explosivo só se torna possível na teleficção na TV aberta brasileira quando determinados modelos são rearticulados, fazendo com que conteúdos recorrentes e tonalidades estilísticas parecidas deixem de ser reiteradamente repetidos e o imprevisível seja inserido, recodificando significados e reorganizando sistemas. Por isso, é preciso esclarecer que as rupturas de sentidos, no meu entendimento, são mais amenas do que as explosões, mas não menos importantes na reorganização do sistema televisual. Elas também me interessam porque marcam o caminho, são os rastros para se chegar às produções que convocam o imprevisto. Quando há rupturas de sentidos, interrompem-se as cadeias de causa e efeito próprias da construção das linguagens e vem à tona o acaso na composição dos textos e, com isso, a descontinuidade, a instabilidade e a imprevisibilidade, gerando um comportamento atípico do sistema, a intraduzibilidade momentânea e a mudança de conteúdos: está posta em ação uma tensão inaudita que é própria do movimento explosivo, que é a ruptura de sentidos mais intensa. Nesse processo, ocorre a desterritorialização de uma parte dos sentidos do texto, criando a novidade e fazendo com que o espectador passe por momentos de incompreensão

---

27. O termo desterritorialização está sendo empregado neste estudo, conforme explicitado no texto, segundo os pressupostos da Semiótica da Cultura e não traz relação teórica com o conceito de desterritorialização pensado por Gilles Deleuze.

28. Ibidem, p. 27. No original: "Tanto los procesos explosivos como los graduales assumen importantes funciones en una estructura en funcionamiento sincrónico: unos aseguran la innovación, otros, la continuidad".

e necessite reconfigurar os códigos, atualizando-os. Após esse momento há um esgotamento da explosão e o processo sofre uma inflexão, seja assimilando e incorporando os novos conteúdos e reorganizando os códigos no sistema, seja apenas excluindo as potências ali colocadas em movimento.

A ressalva que se faz necessária é que a explosão não é sempre crítica ou questionadora. Mesmo que garanta a imprevisibilidade e pressuponha momentos de criatividade na televisão, a explosão é em geral controlada, planejada e, por vezes, pode impedir que o telespectador passe por processos mais complexos de ressignificação, desencadeando o que Rosário e Aguiar (2016) nomeiam implosão midiática.

Na trama conceitual da telerrecriação, engendro, além dos conceitos expostos anteriormente, advindos da Semiótica da Cultura – rupturas de sentidos, explosão e criação artística, segundo as proposições de Lotman (1978a, 1978b, 1996, 1999) – as noções de transcriação, de Haroldo de Campos (2013a, 2013b), e de sentido obtuso, de Roland Barthes (2009).

Os apontamentos de Campos (2013b) seguem uma linha de observação que se sintoniza com as leituras da Semiótica da Cultura reveladas. Para o autor, traduzir é recriar um novo texto que desconstrói o original para reconstruí-lo e, assim, "*traduz a tradição*, reinventando-a" (p. 39, grifo do autor). Segundo ele, só dessa maneira contornamos a impossibilidade de traduzir textos criativos, endossando a mesma linha de raciocínio do filósofo Max Bense (1971) quando este aponta a fragilidade da "informação estética". Portanto, podemos criar uma nova informação estética ou, como prefere Campos, recriar. Associo a tradição da colocação anterior à memória televisual que permanece, embora por vezes reinventada nos textos telerrecriados: "A apropriação da historicidade do texto-fonte pensada como uma construção de uma tradição viva é um ato até certo ponto usurpatório, que se rege pelas necessidades do presente da criação" (CAMPOS, 2013b, p. 39).

Nessas contingências, a tradução poética repensa os conceitos de fidelidade e liberdade. "Em vez da 'fidelidade' entendida como literalidade servil em função da restituição do sentido, agora a fidelidade estará, antes, numa 'redoação da forma' [...]" (CAMPOS, 2013b, p. 39). Assim, estabeleço mais uma fusão entre a transcriação e a telerrecriação, pois admito que em ambas há uma fuga à "fidelidade servil" e, consequentemente, aí se estabelece uma "redoação da forma".

Campos lembra que, "Como ato crítico, a tradução poética não é uma atividade indiferente, neutra, mas – pelo menos segundo a concebo – supõe uma escolha, orienta-se por um projeto de leitura, a partir do presente da criação, do passado da cultura"[29]. Logo, a transcriação como tradução crítica atualiza os elementos com os "novos atos ficcionais" recombinados, sem abstrair o original. Assim também se constitui o texto (tele)recriado: garante a sobrevida do texto do passado, dos pressupostos do passado; a memória do texto televisual não é totalmente abandonada.

Sumariamente, para Haroldo de Campos, a tradução de textos criativos é sempre recriação ou outra criação, uma criação paralela, autônoma, embora recíproca. Campos completa essa reflexão dizendo que "quanto mais inçado de dificuldades esse texto, mais recriável, mais sedutor enquanto possibilidade aberta de recriação"[30]. Endosso essa perspectiva e assumo que, como a tradução poética estudada por Campos (2013a, 2013b), telerrecriar também se caracteriza como uma prática crítica-criativa. Crítica porque, ao desterritorializar os sentidos por meio da criação e/ou da explosão, questiona os modos tradicionais de narrar na TV; e criativa porque, com isso, tece novas formas de se produzir e, consequentemente, ver televisão.

Nessa mesma via, insere-se o pensamento de Barthes (2009), que propõe a teoria dos sentidos. Dele busco a noção do terceiro sentido, ou sentido obtuso, como uma das faces do texto telerrecriado, pois acredito que esses três vieses dialogam por ensejarem modos distintos de tratar criticamente os textos da cultura: Lotman (1999) com a noção de explosão; Campos (2013a, 2013b) com a transcriação; e Barthes com o sentido obtuso (2009).

O terceiro sentido, ou o sentido obtuso, segundo o autor, é aquele que perturba, "subverte não o conteúdo, mas toda a prática de sentido. Nova

---
29. Ibidem, p. 136.
30. Ibidem, p. 85.

prática, rara, afirmada contra uma prática maioritária (a da significação)" (BARTHES, 2009, p. 60). No artigo "O terceiro sentido", escrito em 1970 para o *Cahiers du Cinéma* e publicado em 2009 com outros textos no livro *Barthes: o óbvio e o obtuso*, o autor discute esse conceito a partir de alguns fotogramas do filme *Ivan, o terrível* (1944), do cineasta russo Sergei Eisenstein. O raciocínio de Barthes é claro quando diz que os sentidos podem se apresentar em três níveis: o informativo, o simbólico e o obtuso. Foi este último que me interessou, sobremaneira.

O nível informativo é o nível da comunicação, aquele do signo que se apresenta à nossa frente, evidente e, portanto, óbvio. O nível simbólico é o da significação, no qual encontramos elementos figurativos emblemáticos que fazem alusão aos universais. O terceiro nível do sentido apontado por Barthes é o obtuso, o nível da significância, em que se exige algum tipo de questionamento. É diferente do segundo nível (que é intencional), pois o símbolo "é extraído de uma espécie de léxico geral, comum"[31]. Enquanto o símbolo se coloca "muito naturalmente ao espírito"[32], o obtuso abriga algo mais, "como um suplemento que a minha intelecção não consegue absorver bem, ao mesmo tempo teimoso e fugidio, liso e esquivo"[33].

Barthes lança o que chama de teoria do sentido suplementar e explica o porquê:

> Um ângulo obtuso é maior que o ângulo recto: *ângulo de 100°*, diz o dicionário; o terceiro sentido, também ele, me parece *maior* que a perpendicular pura, direita, cortante, legal, da narrativa: parece-me que abre o campo do sentido totalmente[34].

O autor sustenta que o sentido obtuso tem uma força de desordem e, por isso, pode ser uma contranarrativa e se apresentar em outra disposição de planos e movimentos de câmeras, por meio de sequências técnicas e

---

31. Ibidem, p. 49.
32. Ibidem, p. 49.
33. Ibidem, p. 50.
34. Ibidem, p. 50, grifos do autor.

narrativas inesperadas, "uma sequência inaudita, contra lógica e, contudo, 'verdadeira'" (BARTHES, 2009, p. 60). E esclarece que "o sentido obtuso é um significante, sem significado"[35]. O terceiro sentido segue na contracorrente do sentido óbvio, já carregado de simbolismo e significado. É esse nível do sentido que suponho ser imanente da telerrecriação e o seu terceiro pilar de sustentação teórica.

1.4 Escaletando o problema e seus desdobramentos

A partir desses conceitos e das percepções sobre as mudanças na produção da ficção televisual, lapidei o seguinte problema de pesquisa: como a ficção seriada brasileira, mais especificamente em produções de Luiz Fernando Carvalho (LFC), configura rupturas de sentidos e processos criativos, desencadeando, assim, a telerrecriação?

Para buscar responder a esse problema, foi estabelecido como objetivo principal: cartografar os processos de rupturas de sentidos e explosões semióticas que constituem telerrecriação nas produções de teledramaturgia do autor e diretor LFC.

Esse objetivo se desdobra em outros três objetivos específicos[36]:
a) determinar as irregularidades, imprevisibilidades e descontinuidades presentes na obra de LFC (rastreamento);
b) identificar esses elementos na obra de LFC, em busca de formar os platôs (cartografias menores) que vão construir, posteriormente, uma cartografia da produção audiovisual de LFC (toque/pouso);
c) delinear os modos pelos quais as rearticulações da obra de LFC recodificam a linguagem televisual (reconhecimento atento).

O *corpus* da pesquisa pode ser compreendido, pela via da cartografia,

---

35. Ibidem, p. 58.
36. As informações entre parênteses nos objetivos específicos referem-se aos quatro estágios da atenção sugeridos por Kastrup (2008) para que se possa realizar uma pesquisa cartográfica. Essas noções serão explicitadas no capítulo 2.

como toda a obra audiovisual de LFC, sendo que os fragmentos de cenas e/ou sequências de quatro produções, em especial, me afetaram mais diretamente por suas rupturas e desterritorializações de sentidos, por isso, me concentrei nelas para tecer as conexões que penso que indicam de forma mais acentuada a telerrecriação. São elas as microsséries *Hoje é dia de Maria* (2005), *A pedra do reino* (2007) e *Capitu* (2008); e a série *Afinal, o que querem as mulheres?* (2010).

Os critérios para a seleção do espaço-tempo a ser cartografado consideraram os trabalhos dirigidos e também escritos por LFC, além, claro, das produções que, esteticamente, no primeiro rastreamento, apresentaram elementos constitutivos que compreendo como rupturas de sentidos em relação à linguagem convencional de criar teledramaturgia. LFC trabalhou na TV Globo por mais de duas décadas, sendo desligado da emissora no primeiro semestre de 2017, após sair do ar a série *Dois irmãos*, sob sua direção. E passando assim a trabalhar na casa apenas por obra certa.

1.5 Definindo as locações em mapas desdobráveis

A cartografia foi a inspiração metodológica que orientou esta pesquisa. A partir dessa perspectiva, planejei o trabalho, defini os procedimentos e organizei o material empírico, assim como os resultados. O olhar cartográfico foi fundamental para perceber qual teledramaturgia estava sendo tratada na televisão brasileira, especialmente na Rede Globo, que constituiu o foco deste livro. Contudo, em um primeiro momento foi necessário refletir sobre os códigos que representam as regularidades, para só depois rastrear no material empírico as irregularidades, rupturas de sentidos e processos explosivos, assim como selecionar e organizar os platôs, que levaram a entender a telerrecriação. Também foi imprescindível para compreender que o caminho do pesquisador é flutuante e vai se reconstruindo ao longo do processo, uma vez que vamos circulando entre vieses teóricos diversos, além de todo o material adjacente que se revela como informação que importa para o entendimento dos processos de produção e criação. Essas informações de ordem não científica, como reportagens sobre as produções, entrevistas e críticas de TV, também me auxiliaram a construir e dar consistência ao escopo teórico, sendo trazidas ao longo dos capítulos e constituindo a tessitura cartográfica da investigação. Fiz um esforço para avaliar e sistematizar essas reflexões.

É importante observar que, no campo comunicacional, a cartografia é recente e ainda usada com parcimônia, por vezes mesclada a outras metodologias. Rosário (2016b) pensa a cartografia na comunicação como um caminho metodológico que traça um mapa inacabado do objeto de estudo a partir do olhar vigilante, aliado às percepções e observações do pesquisador-cartógrafo, que são únicas. Essa definição traz dois pressupostos fundantes da cartografia, a meu ver: a multiplicidade e a subjetividade.

A cartografia é uma proposta de Deleuze e Guattari (1995) que tem em sua origem a noção de múltiplo. Os autores sugerem que o mapa construído no desenvolvimento da pesquisa se revela a partir de rizomas, com pontos de intensidades, linhas distintas e conexões diversas que se movem e vão traçando um mapa nunca acabado. Nesse sentido, o percurso de cada pesquisador-cartógrafo é diferente, ou seja, cada estudo tem o seu mapa/rizoma tecido com coordenadas que diferem entre si.

Neste livro, o meu caminho construiu uma cartografia da teledramaturgia brasileira da TV aberta no Brasil, percorrendo os rastros dos processos de telerrecriação na obra do autor e diretor LFC, mas estou ciente de que mesmo na produção audiovisual dele há outras cartografias passíveis de serem traçadas. Também é por causa dessas condições que o procedimento metodológico não oferece um modelo, um método a ser seguido à risca, e sim incita o pesquisador a criar o próprio movimento – não sem o rigor científico necessário, com critérios que devem orientá-lo, e, tendo um planejamento, um roteiro a ser realizado.

A multiplicidade está intimamente vinculada ao rizoma e é uma de suas características, permitindo observar as singularidades do objeto de pesquisa (como elementos que constituem o múltiplo), que são pontos fundamentais de toda cartografia, ou seja, as diferenças desse objeto. A busca cartográfica reside nas diferenças. Já na subjetividade está imbuída a ideia de processualidade, e quando falo em configurações de subjetividades na formação dos mapas/rizomas estou alertando para o caráter potencialmente oscilante de mudanças no processo, porque os rizomas formadores das cartografias são compostos por vetores heterogêneos: políticos, sociais, econômicos, ecológicos, tecnológicos e outros (DELEUZE; GUATTARI, 1995; KASTRUP, 2008).

Assim, essas também foram as noções que guiaram esta pesquisa, que não seguiu um método rígido, mas se condicionou a uma circunstância de trabalho movente, que se modificava a cada descoberta, despertar do objeto ou impacto externo. Para desenvolver um pouco mais os princípios da cartografia e contar como foi minha dinâmica pessoal, dedico um capítulo à metodologia (capítulo 2).

Isso posto, me parece que este livro se justifica, por um lado, porque estamos imersos num ambiente comunicacional em constante mudança, como delineei no item 1.1, e é necessário compreendê-lo; e, ainda, porque venho perseguindo o tema na minha trajetória profissional e acadêmica, conforme relatei no item 1.2. Importa também porque a ficção seriada é o principal produto do entretenimento da televisão brasileira[37], e interessa, sim, desvendar como se realizam os modos de criar esses textos da cultura. Mas essa investigação se justifica, por outro lado, porque as páginas que se seguem concentram um estudo que buscou a diversidade do tema ao mirar a teledramaturgia sob a ótica da Semiótica da Cultura como principal alicerce teórico e a cartografia como aliada no contorno metodológico, o que deu à pesquisa uma dimensão particular que, de certa forma, a afastou dos critérios e instrumentos comumente usados para acolher o assunto

---

37. O anuário da Obitel de 2017 elencou as posições e os percentuais que cada gênero televisual ocupou na grade de programação das emissoras de TV aberta no Brasil em 2016: a informação, em primeiro lugar, ocupou 26,2% da grade de programação; o entretenimento, em segundo lugar, se fez presente com 19,8%; a ficção, em terceiro lugar, teve 14,0% de presença; o religioso, em quarto lugar, teve 9,1% de presença; o esporte, em quinto lugar, ocupou 5,5% da grade; o educativo, em sexto lugar, ocupou 0,2%; o político, em sétimo lugar, correspondeu a 0,1% da grade; e, por fim, a categoria outros (abrangendo televendas, rural, turismo, saúde, sorteio, "outros" e "não consta") ocupou 25,1% da grade de programação (LOPES; GRECO, 2017).

e dando ao texto uma abordagem diferenciada, que põe em prática um recurso de análise raro no campo da comunicação.

1.6 Sinopse do que vem a seguir

Este livro está estruturado em nove capítulos, sendo a Introdução e as Considerações Finais pensadas como capítulos, portanto divididas em subitens. Mesmo percorrendo um caminho sinuoso e repleto de desterritorializações de sentidos, optei por seguir uma organização clássica, na qual se apresentam inicialmente os capítulos teóricos e de metodologia, separados da parte empírica. Devo dizer que, na prática, a escrita não aconteceu na sequência que revela o sumário, foi simultânea. O capítulo teórico sobre telerrecriação foi esboçado com os primeiros artigos levados para discussões em eventos, e o de metodologia desenhado e quase finalizado enquanto os outros eram escritos e a noção de telerrecriação repensada e, novamente, o capítulo dedicado a ela era reescrito e, como uma cartografia, nunca acabado.

Portanto, na Introdução abrevio os aportes teóricos e exponho os objetivos, o problema, a justificativa e a inspiração metodológica. No capítulo 2, "Roteiro em recriação: o trilhar metodológico", conto como foi o meu encontro com a cartografia e como essa perspectiva teórica endossa e dá suporte à averiguação dos processos de telerrecriação, traçando os passos que me orientaram na construção das cartografias menores, os platôs, e depois na sobreposição da cartografia que resultou ao final da investigação.

No capítulo 3, "Pré-produção: estruturalidades da ficção seriada", discuto os elementos basilares que compõem as narrativas ficcionais na televisão, que têm como pilares o melodrama e o folhetim. Nesse capítulo, trago ainda uma reflexão sobre o papel da memória na tessitura dos textos culturais, em especial daqueles que resgatam os aspectos principais do melodrama e do folhetim e que, nessa trajetória, vão criando "dialetos da memória", como sinalizados por Lotman (1996). Trata-se do surgimento de semânticas locais, que seria um modo próprio de construir e organizar uma narrativa de ficção, que acaba por instituir gestos e usos que são incorporados à cultura. Esse capítulo se encerra expondo os elementos formadores da imagem audiovisual, que se entrelaçam com a história das artes visuais e sustentam, a meu ver, o tripé de base do texto cultural ficcional na TV ao lado do melodrama e do folhetim.

No capítulo 4, "A produção dos códigos da linguagem audiovisual", continuo refletindo sobre o texto da teleficção, porque entendo que, antes de revelar o que compreendo por rupturas de sentidos, que desconcertam o espectador e desafiam a linguagem convencional da televisão, devem ser esclarecidos os ditames da linguagem canônica da teledramaturgia. Assim, terei como indicar as intensidades, os desvios e as desterritorializações de sentidos. Para tanto, nesse capítulo dou mais atenção a alguns elementos que constituem essa linguagem, não como um todo, mas pontuando o que é recorrente em relação à técnica, ao espaço-tempo e à cenografia na composição de um texto televisual, porque são essas as questões que foram capturadas como as mais relevantes na cartografia.

No capítulo 5, "Em cena: os pilares teóricos da telerrecriação", são delineados os conceitos principais da pesquisa. É onde aprofundo a discussão esboçada neste texto introdutório que conduz à noção de telerrecriação. Logo, é quando são erguidos os alicerces teóricos da investigação: tradução, texto artístico, fronteira, criação, transcrição, explosão e sentido obtuso.

Em seguida, no capítulo 6, "Platô rupturas de sentidos da técnica e os rearranjos do saber-fazer teledramaturgia", adentro na segunda metade deste estudo, que é marcada quando a parte teórica fica menos densa, porém não menos importante. O exame do material empírico começa a ser desenhado nesse capítulo. Nele, a primeira cartografia é escorçada com as articulações que se deram em relação à técnica nas produções do *corpus*. Esses pontos se concentram no modo como esses trabalhos desconstruíram determinado estilo que enfatiza o "efeito de real" recorrente na teleficção brasileira, fazendo uso de lentes criadas especificamente para uma produção ou alterando as lentes dos refletores de luz e dando um tom improvável à fotografia das tramas. O uso da animação nessas narrativas é também apontado como um dos elementos de rupturas de sentidos da técnica.

O capítulo 7, "Platô rupturas de sentidos da cronotopia: um quebra-cabeças do espaço-tempo", expõe os momentos em que vejo rupturas de sentidos em relação ao espaço-tempo, ou seja, como esse espaço-tempo é constituído. Para esse debate, aciono as tratativas do filósofo russo Mikhail M. Bakhtin sobre o conceito de cronotopo, bem como a sua digressão nas narrativas ficcionais analisadas. É o platô formado com menos pontos, mas que representa um elemento de relevância cabal nos trabalhos de LFC, tanto que há outras produções de destaque dele relacionadas nessa cartografia.

O capítulo 8, "Platô rupturas de sentidos da cenografia: um *patchwork* de referências", é a cartografia mais complexa, porque revela muitos aspectos de desterritorialização de sentidos contemplados na *mise-en-scène*.

Encerro este estudo com o capítulo 9, "Pós-produzindo as considerações finais", capítulo que tece as conexões entre as cartografias menores, ou seja, une os platôs erguidos nos três capítulos anteriores por meio de linhas que indicam as percepções de todo o processo e as hipóteses que foram derrubadas e/ou confirmadas.

Escolhi este perfil de sumário porque quis seguir um percurso teórico que, em vez de me levar à noção de telerrecriação, partisse dela, ainda que ela seja o ponto de chegada da investigação. Não me pareceu viável mesclar a teoria e a metodologia às análises sem antes explanar a minha trilha conceitual e de descobertas, que foi se delineando ao longo da investigação. Optei, então, por esta exposição dos capítulos, embora desde a Introdução a teoria esteja presente e o arcabouço metodológico se faça perceber. Assim, sigo com o capítulo 2.

- CAPÍTULO 2 -
ROTEIRO EM RECRIAÇÃO: O TRILHAR METODOLÓGICO

"*Nenhum aprendizado dispensa a viagem. Ao atravessar o rio e entregar-se completamente nu ao domínio da margem à frente, ele acaba de apreender uma coisa mestiça. O outro lado, os novos costumes, uma língua estrangeira, é claro. Mas acima disso, acaba de aprender a aprendizagem nesse meio branco que não tem sentido para encontrar todos os sentidos. No lugar-meio onde se integram todas as direções. Ninguém sabe nadar de fato antes de ter atravessado, sozinho, um rio largo e impetuoso. Parta, mergulhe.*"
Michel Serres, 1993

A inspiração metodológica que ilumina a condução deste estudo é a cartografia, acreditamos que o olhar cartográfico voltado para as multiplicidades e as diferenças é sagaz para pensar nosso objeto de investigação. A revelação se deu quando nos deparamos com as primeiras impressões do objeto empírico, ainda com os rascunhos das anotações iniciais em mãos que indicavam um aparecimento tímido da cartografia nas pesquisas de comunicação e nenhuma delas com foco na teledramaturgia. Inferimos que algo que começava a se desenhar naquele instante poderia ser refletido por meio da proposta sugerida pelos formuladores do método cartográfico, Gilles Deleuze e Félix Guattari (1995): era uma suspeita preliminar.

A cartografia está associada ao pensamento pós-estruturalista e é uma perspectiva metodológica recente que pode ser compreendida como metodologia, método ou procedimento metodológico, dependendo do uso, da intenção de quem pesquisa e da dimensão que ela ocupa no processo.

Não pressupõe um método rígido, pelo contrário, irá sugerir

> um trilhar metodológico que visa a construir um mapa (nunca acabado) do objeto de estudo, a partir do olhar atento e das percepções e observações do pesquisador, que são únicas e particulares, que serão cruzadas com a memória do investigador (ROSÁRIO, 2008, p. 207).

Para alguns pensadores, pode parecer equivocada a aproximação teórica entre a Semiótica da Cultura (SC) e a cartografia em um mesmo estudo, mas, no decorrer da pesquisa, entendemos que a inspiração cartográfica tem muita potencialidade para impulsionar diferentes reflexões sobre os encontros e os desencontros que tivemos com os materiais empíricos que fomos capazes de alcançar. Ao mesmo tempo, a construção do quadro teórico foi se constituindo a partir de muitos caminhos percorridos, que levaram a conjunções e desconexões com autores e correntes.

Foram caminhos ora caóticos, ora mais arranjados, mas nunca estanques. Refletindo sobre o percurso, entendemos que traços da cartografia já faziam parte desta investigação mesmo antes de terem sido percebidos. Optamos, então, por compor um trajeto metodológico inspirado e buscando aprofundamento na perspectiva cartográfica, capaz de nos oferecer um olhar mais complexo sobre o objeto de estudo tanto no que diz respeito à abordagem teórica quanto ao conjunto empírico.

Aos poucos nos movimentamos de maneira que a cartografia ganhou um espaço como alicerce inspirador do procedimento metodológico e, por isso, este capítulo foi dedicado a explicitar como entrelaçamos a cartografia à tessitura da pesquisa. O capítulo está dividido em quatro subitens: primeiro, realizamos uma apresentação teórica da cartografia (2.1 A perspectiva cartográfica), sem querer dar conta das questões mais importantes que lhe são caras, apenas sinalizar quais são seus eixos norteadores, desafios e contribuições, quase como um sobrevoo, já que não nos cabe aprofundar mais do que isso para o desenvolvimento da reflexão. Em seguida (2.2 Por que as criações de Luiz Fernando Carvalho?), tratamos de delinear o cenário televisual que nos dispusemos a percorrer e cartografar; dito de outro modo, explicamos que teledramaturgia é essa que foi cartografada, que corresponde a um recorte, já que nosso olhar investigativo não poderia alcançar o todo da ficção em televisão. Trata-se de um olhar para produções audiovisuais específicas, selecionadas a partir de uma percepção inicial de suas qualidades, mas também de critérios que, por questões objetivas, tiveram como escolha as obras do autor e diretor Luiz Fernando Carvalho (LFC) durante o período que ele esteve vinculado à TV Globo. Seguimos (2.3 Selecionando os rastros da telerrecriação) com um detalhamento de como se deu a imersão no *corpus*. A partir disso, dedicamos mais atenção para quatro produções que, de acordo com nosso encontro com a obra, apresentam processos de rupturas de sentidos e explosões semióticas mais flagrantes. Por fim, encerramos com um relato sobre o caminho realizado para chegarmos às definições teóricas (2.4 Os percursos teórico-metodológicos). Tais encaminhamentos foram etapas basilares do processo metodológico e, por isso, compõem este capítulo.

2.1 A perspectiva cartográfica

Deleuze e Guattari (1995) apontam a cartografia como um dos princípios do rizoma, que apresenta as seguintes características, nomeadas "princípios": conexão, heterogeneidade, multiplicidade, ruptura a-significante e cartografia.

Entendemos que é importante trazer a noção de rizoma para que se possa imergir em aspectos que também são integrantes da cartografia. O princípio da conexão sinaliza que o rizoma pode ser ligado em qualquer ponto. No rizoma não há uma hierarquia (com início, meio e fim), mas sempre um meio, ou seja, ele cresce em qualquer direção, por todos os lados. A pesquisa, a nosso ver, se constitui em linhas rizomáticas que vão, de acordo com o percurso de cada pesquisador, do teórico ao empírico e/ou de volta ao teórico e a outros percursos. Do mesmo modo, os resultados se configuram nesse caos de linhas que vão se compondo na trajetória investigativa e que oferecem, assim, um mapa para a leitura dos vieses encontrados para a problemática.

O princípio da heterogeneidade, em reciprocidade com o anterior, indica que existem diferentes possibilidades de conexões. É justamente isso que faz cada pesquisa tão única e cada percurso tão afetado pelas pegadas do pesquisador que sintoniza tais conexões de acordo com a sua bagagem e o modo como organiza as entradas e saídas do rizoma. O princípio da multiplicidade reforça a importância da diversidade de elementos que a construção rizomática proporciona: a multiplicidade rompe com o dualismo e o binarismo, propondo observar os elementos também por meio das suas singularidades e relações, que são os seus devires (DELEUZE; GUATTARI, 1995).

O deslocamento do rizoma acontece por meio de suas linhas, conexões e rupturas, e o quarto princípio da ruptura a-significante é aquele que assegura essa característica movente do rizoma, afirmando que ele pode ser rompido em qualquer ponto, com maior ou menor intensidade. Rupturas estas às vezes esperadas, outras imprevisíveis, que são chamadas de linhas de fuga e que podem operar na condução de novas criações.

O quinto princípio é o da cartografia e está diretamente vinculado ao rizoma, que se desdobra nesse mapa construído a partir de múltiplas conexões e entradas[38]. Fischer define a cartografia não como um método e/ou procedimento metodológico, "e sim como uma filosofia essencial para a reflexão metodológica e a articulação dos procedimentos para encaminhar cada problema de pesquisa" (2008, p. 222). Essa nos parece uma colocação assertiva para pensar a perspectiva cartográfica, pois acreditamos que ela evidencia que a cartografia dá sustentação a todo o estudo, a partir do seu cerne, que são as questões-problema.

Desde a publicação do primeiro volume de *Mil platôs*, a cartografia começou a ser aplicada como um método e/ou procedimento de pesquisa no Brasil, sobretudo nas áreas da psicologia e da educação. Nas pesquisas de comunicação ainda é pouco utilizada e se apresenta por vieses distintos, conforme observa Aguiar (2011). Nota-se que há trabalhos em que a cartografia se configura apenas como um mapeamento, um modo de levantar os dados ou realizar a pesquisa exploratória; outros pesquisadores

---

38. Ibidem.

assumem a cartografia só quando apresentam os resultados, como uma maneira de organizar as informações reunidas ao longo da investigação; há quem faça uso da cartografia como procedimento metodológico para análise do *corpus*; e finalmente há aqueles que a aplicam para a coleta de dados de coletivos humanos (ROSÁRIO, 2016a).

Importa considerarmos que a cartografia pode ser um modo de pensar a comunicação, e talvez essa seja uma das suas maiores contribuições ao campo e também um obstáculo – instigante, sem dúvida – a quem se propõe a utilizá-la em sua investigação. É desafiador para o pesquisador cartografar, construir o seu próprio mapa/rizoma – um mapa que está em constante movimento, já que a cartografia não oferece regras definidas, um pré-roteiro ou um método estabelecido de trabalho. Kastrup salienta que "cartografar é acompanhar um processo, e não representar um objeto" (2008, p. 469). Como destaca Deleuze e Guattari, esse mapa/rizoma se difere de qualquer decalque, e não oferece, portanto, uma forma estanque de trabalho: "O mapa é aberto, é conectável em todas as suas dimensões, reversível, suscetível de receber modificações constantemente" (1995, p. 22).

Rolnik acredita que a cartografia é um método que permite, a partir desse mapa, "detectar a paisagem, seus acidentes, suas mutações e, ao mesmo tempo, criar vias de passagem através deles" (1989, p. 6). Por isso, é fundamental compreender que esse mapa mutável é afetado por paisagens psicossociais e que o cartógrafo é um pesquisador com o corpo vibrátil, ou seja, que pode ser afetado pelas sensibilidades coletivas e pelos movimentos sociais (ROLNIK, 1989, 2006). E, nesse sentido, a cartografia (sendo um mapa em constante atualização) pode revelar diferentes cenários sociais, trocas simbólicas ou mesmo fluxos comunicacionais, não podendo, assim, seguir protocolos normalizados. "Como se propõe à criação/invenção, a cartografia encaminha-se sempre para a produção da diferença e para uma nova maneira de adquirir conhecimento" (ROSÁRIO, 2008, p. 210). Tais colocações indicam que fazer uma cartografia é olhar para o objeto de estudo observando as suas repetições e, mais atentamente, as suas irregularidades. Quando falamos em "mapa movente", significa que o planejamento da pesquisa está sujeito a permanente alteração, tendo em conta que não se trata de um planejamento cartesiano, pois são de fato indicativos que nos movem e que vão se constituindo ao longo da pesquisa.

Como metáfora, a ideia mais próxima de um mapa/rizoma que possamos ter talvez seja a imagem que conhecemos dos neurônios cerebrais, que se conectam uns aos outros em intermináveis encontros e estão sempre em atividade (movimento): esse é um dos exemplos dados por Deleuze e Guattari (1995) para nos auxiliar a decifrar esse conceito.

Com essa imagem em mente, nos remetemos a outra associação que nos leva a compreender melhor a ação (movimento) da pesquisa cartográfica, que é a herança que vem da geografia. É dessa área, por sinal, que surge o termo *cartografia*, que na tradução do latim quer dizer *carta escrita* (*charta*, que significa carta; *grafh*, que significa escrever). O trabalho do registro das topologias do solo do cartógrafo/geógrafo é parecido com o processo cartográfico do cartógrafo/pesquisador: ambos passam pela observação detalhada do ambiente/território que querem investigar, exploram caminhos que se bifurcam em busca das diferenças, averiguam as formas que se repetem e as que destoam e, por fim, fazem a descrição cuidadosa do lugar, que vive em transformação. Nosso trajeto pessoal e também sinuoso buscamos deixar traçado neste texto, ora apontando as repetições encontradas, ora discorrendo sobre as irregularidades, ora relatando como se deram determinadas descobertas.

O pesquisador-cartógrafo que desvenda esse terreno movediço e enredado deve estar ciente de que as suas interpretações são apenas um olhar que constrói um mapa/rizoma repleto de irregularidades e conexões. Observar e refletir sobre alguns movimentos da teledramaturgia brasileira, sobretudo os deslocamentos de sentido nesse âmbito, foi como entrar num território bastante conhecido – porque a experiência pessoal já nos colocava em relação com novelas, séries e seriados para televisão –, mas em busca de algo apenas pressentido e não capturado efetivamente. O território era muito amplo: difícil apreender as suas multiplicidades sem uma atenção especial às materialidades, impossível percorrê-lo sem concentrar-se num panorama. Por isso, embora o título deste livro se apresente como *Cartografias da teledramaturgia brasileira*, esta investigação é apenas uma cartografia da ficção seriada da TV aberta no Brasil, no caso, da obra de LFC apresentada na Rede Globo, ou seja, os resultados desta pesquisa descrevem apenas uma das cartografias possíveis sobre os textos audiovisuais do diretor. Assim, assumimos a presença da subjetividade, que é outro pressuposto da cartografia – essencial, segundo os estudos de Kastrup (2007, 2008) –, mas de certa forma difícil de realizar com tantas práticas científicas objetivistas que nos são costumeiramente impostas e/ou requeridas.

A cartografia compromete o sujeito com a busca da diferença, ou seja, com a procura de elementos, estratégias, argumentos, linhas de raciocínio que estão pulsando no objeto e que ainda não foram trazidos à tona; aceita as limitações da pesquisa e do pesquisador, sendo que esse consente a existência de outros pontos de vista além do seu (KASTRUP, 2008, p. 211).

No entanto, Rosário (2008, 2016b) alerta que tal condição não significa que o envolvimento do cartógrafo com o objeto deixa de exigir uma observação cuidadosa e um discernimento do pesquisador, advertindo que – embora na perspectiva cartográfica a ciência não seja generalizante e construída sobre a rigidez – o rigor científico deve ser preservado. O trabalho pode ser atravessado pelos afetos de quem pesquisa, mas precisa apresentar uma condução reflexiva adequada, consistente. Se assim for, no processo da investigação o cartógrafo se transmuta e, ao final do trabalho, atinge um estado outro, caso em que a pesquisa cartográfica terá realizado uma de suas funções, que é a de provocar um deslocamento no próprio cartógrafo-pesquisador, que asseguramos que foi o nosso caso. Isso porque terá havido, nessa conexão do sujeito com o objeto, um "compromisso ético e político com a ciência" (ROSÁRIO, 2016b, p. 192).

Kastrup esclarece que as subjetividades se compõem por forças desiguais que se formam por vetores "sociais, políticos, tecnológicos, ecológicos, culturais, etc." (2008, p. 472). Atravessada por esses vetores, a cartografia se constitui na direção contrária dos discursos hegemônicos, incentivando, portanto, a busca pela alteridade.

O que difere nessa construção é que os critérios podem ser mudados no caminho, exatamente porque somos afetados por nossas sensibilidades. Além dos critérios, Rolnik (2006) diz ainda que devemos considerar as regras do fazer cartográfico, que são indispensáveis para definir como será limitada a pesquisa. Um roteiro também é um elemento necessário a ser considerado, sendo que, como já frisado várias vezes neste capítulo, poderá ser recriado a qualquer instante. Outro elemento que a autora sugere ser levado em conta é o princípio: este apresenta os norteadores do estudo, as suas motivações. No caso deste livro, trata-se da comunicação, em especial a audiovisual, mais especificamente as narrativas seriadas televisuais e os preceitos revelados no capítulo de introdução.

Nos tópicos a seguir, vamos apresentar o objeto empírico e elucidar alguns passos do fazer cartográfico realizado a partir dele. Lembrando que nesta investigação direcionamos nosso olhar para os modos de criar e produzir narrativas ficcionais na televisão, o que exigiu compreender as especificidades da linguagem audiovisual. Isso tornou realizável perceber as suas nuances, os seus deslocamentos e as suas sobreposições e, dessa forma, desvendar as diferenças e conexões que compõem a cartografia do nosso objeto. Apenas após esses passos foi possível criar os platôs, os estratos e plataformas que unem os pontos distintivos que se conectam a outros e se movem e atualizam. Segundo Deleuze e Guattari (1995), os platôs são zonas de intensidades contínuas atravessadas pelas irregularidades. No caso da problemática desta investigação, a construção dos platôs se efetiva pelas irregularidades encontradas em relação à linguagem televisual de ficção, o que nos levou a configurá-los de modo peculiar.

2.2 Por que as criações de Luiz Fernando Carvalho?

Naturalmente, como já observado, não vamos expor um "modelo" de procedimento metodológico aplicado de antemão ao trabalho, uma vez que o que foi traçado cartograficamente desencadeou um mapa dinâmico, que continua se movendo. Contudo, arriscamos nesta etapa do texto contar como se deu o caminho metodológico sobreposto e inacabado da pesquisa empírica, porque consideramos cruciais esses movimentos na constituição do trilhar metodológico. De fato, muitas vezes negligenciamos algumas fases desse período da investigação, e, com isso, cenas de bastidores deixam de vir à tona e não revelam informações que auxiliaram a compreender por que certas escolhas foram realizadas.

Rolnik (2006) evidencia que a subjetividade do cartógrafo é afetada pelo mundo ao seu redor – que, além de convocar a sua atenção, é povoado de elementos que a dispersam –, enquanto Kastrup (2007) propõe quatro variedades da atenção do cartógrafo, que nos conduzem na organização desta pesquisa: o rastreio, o toque, o pouso e o reconhecimento atento.

A primeira fase, a do rastreio, é um "gesto de varredura do campo" (KASTRUP, 2007, p. 18). Não se trata, nesse processo, de uma busca de informação, mas sim de uma procura por conhecimento do objeto que se quer estudar, a partir das inclinações pessoais do pesquisador. Realizamos essa varredura de dois modos: pelo viés da experiência empírica e também pela reflexão teórica, que será relatada adiante.

Num primeiro impulso, o desejo foi delimitar a presente pesquisa pelas minisséries, por acreditar que esse formato televisual por si só propicia a inserção de componentes de rupturas e desterritorialização de sentidos em sua construção textual. Não à toa, o movimento inicial foi pesquisar a realização das minisséries na TV Globo, que produziu mais de oitenta projetos em pouco mais de trinta anos de exibição do formato. As minisséries surgem depois da telenovela já ter se tornado o principal produto da ficção televisual brasileira. A primeira minissérie produzida pela emissora foi *Lampião e Maria Bonita*, escrita por Doc Comparato e Aguinaldo Silva e protagonizada por Tânia Alves e Nelson Xavier. A estreia foi em 26 de abril de 1982 e ocupou a faixa de programação das 22 horas. Consultamos informações sobre cada uma das minisséries no site Memória Globo, a fim de identificar quais eram adaptações literárias, quantas foram recriadas a partir de textos nacionais ou estrangeiros, quais eram comemorativas, quais são os principais diretores do formato e quais e em que época essas produções começaram a ter desdobramento também no cinema. A TV

Globo só não exibiu esse formato em 1987, 1996 e 1997, e mais da metade dessas produções foi inspirada em textos literários.

No fundo, nesse instante já considerávamos a possibilidade de trabalhar com a produção de um único diretor ou roteirista, mas não conseguíamos definir um critério como justificativa. Passada essa primeira visualização, optamos por trabalhar com produções de formatos distintos e não só com as minisséries, chegando a um *corpus* múltiplo, pois admitíamos que a variação de formatos também favorecia na distinção dos aspectos que seriam observados nas rupturas e desterritorializações de sentidos.

Mesmo sob esse prisma, a escolha se deu de certa forma aleatória, respeitando as obras televisuais que nos afetavam naquele instante. A seleção *a priori* foi a seguinte: as microsséries *Hoje é dia de Maria* (2005); *Capitu* (2008) e *O canto da sereia* (2013); a minissérie *Amores roubados* (2014); e as telenovelas *Meu pedacinho de chão* (2014) e *O rebu* (2014). Mas a miscelânea de formatos e os outros critérios não ajudavam tanto na argumentação que vinha sendo desenvolvida, e talvez um olhar mais aguçado sobre o trabalho de um único diretor com afinidades em sua obra audiovisual fosse mais salutar para defender a noção de telerrecriação.

Mais uma vez, retomamos uma atitude de rastreamento, dessa vez especificamente acerca da obra de LFC, e dedicamos alguns meses assistindo ao material dele e reavaliando nosso recorte empírico.

É importante sublinhar que, quando sob suspensão, a atenção que se volta para o interior acessa dados subjetivos, como interesses prévios e saberes acumulados, ela deve descartá-los e entrar em sintonia com o problema que move a pesquisa. A atenção em si é, nesse sentido, concentração sem focalização, abertura, configurando uma atitude que prepara para o acolhimento do inesperado (KASTRUP, 2007, p. 18).

Na ocasião, ainda não tínhamos consciência da cartografia, mas estávamos mudando a direção da nossa atenção e exercendo exatamente a atenção aberta, como sugere a prática cartográfica: "A atenção não busca algo definido, mas torna-se aberta ao encontro"[39].

Provavelmente por conta disso, nessa nova sondagem concluímos que o trabalho de LFC é representativo do audiovisual contemporâneo e pode ser pensado isoladamente, pois inquieta pela possibilidade de rupturas de sentidos, assim como pontualmente oferece rastros de explosões, algo do qual não nos havíamos convencido na primeira fase da investigação. Estávamos começando a ver mais claramente e, também, nos reencontrando: já havíamos trabalhado com uma produção de LFC na dissertação de mestrado[40] – a microssérie *Capitu* –, mas esse novo contato empírico nos pareceu grandioso diante do que havíamos produzido e, por já termos analisado uma obra do diretor, criamos uma resistência. Derrubada essa barreira, que caiu aos poucos durante o novo rastreio, o passo seguinte foi refazer um levantamento, agora mais minucioso, da produção audiovisual de LFC (relato a seguir) e relembrar a sua biografia.

LFC sempre fez muitos trabalhos na televisão; a sua formação teórica parte do cinema, mas ele também cursou Arquitetura e Letras, estudos que contribuíram sobremaneira para a produção audiovisual que o diretor descortina nas telas. Carvalho (2002) destaca, por exemplo, a sua paixão pela história da arte, acentuada na Faculdade de Arquitetura. Naquela época, nos anos 1980, LFC já fazia estágio em produções de cinema. Logo depois, foi contratado para trabalhar em um núcleo da TV Globo, o Globo Usina, como assistente de direção de minisséries e de produções de teledramaturgia especiais, que eram exibidas nas Terças e Quartas Nobres, um núcleo de criação de ficção seriada que já naquele período era considerado diferenciado dentro da emissora: "era um núcleo, digamos assim, da nata do que poderia se chamar televisão" (CARVALHO, 2002, p. 16).

LFC conta que, em seguida, entre um trabalho e outro na TV Globo, escreveu o curta-metragem *A espera* (1986), inspirado no texto *Fragmen-*

---

39. Ibidem, p. 17.
40. COCA, Adriana Pierre. **Tecendo rupturas**: o processo da recriação televisual de *Dom Casmurro*. 2013. 165 f. Dissertação (Mestrado em Processos Comunicacionais) – Universidade Tuiuti do Paraná, Curitiba, 2013. Disponível em: <http://tede.utp.br:8080/jspui/handle/tede/227>. Acesso em: 4 dez. 2016, 19:49.

tos de um discurso amoroso (1977), de Roland Barthes. E, certo dia, de uma hora para outra, durante as gravações da minissérie *Grande Sertão: Veredas* (1985), em pleno sertão, o diretor Walter Avancini reuniu toda equipe e elenco após um almoço e, sem aviso, anunciou: "Olhem, estou indo embora, o Luiz Fernando vai fazer o resto"[41], e foi assim que tudo começou. Era 1985. Nessa obra, ele assina a assistência da direção. Foi só dois anos depois que ele fez o seu primeiro trabalho como diretor de televisão, assumindo uma obra do começo ao fim, a telenovela *Helena* (1987), na TV Manchete. A sua primeira direção geral na TV Globo seria em 1993, com a telenovela *Renascer*.

Com o passar dos anos, LFC ganhou na TV Globo o *status* de diretor artístico, com perfil para trabalhos experimentais. Uma das distinções de suas obras é a fuga do eixo Rio-São Paulo e a predileção pelo interior do Brasil. Essa é uma das premissas do trabalho dele, que busca estar "mergulhado na questão da brasilidade, da necessidade de colocar na televisão alguma coisa menos estereotipada, mais humanizada, com mais verdade, privilegiando o rosto local..."[42].

O depoimento da produtora executiva Maria Clara Fernandez no diário de gravação da microssérie *A pedra do reino* fornece uma visão das mudanças que essa postura diferenciada acarreta à produção:

> Tínhamos absoluta consciência de que estávamos indo para a Praça do Meio do Fim do Mundo. Fora do eixo de produção audiovisual Rio-São Paulo, qualquer coisa que se distancie passa a ser uma grande dificuldade, porque significa infraestrutura zero (CARVALHO, 2007).

Outra distinção da linguagem hegemônica da teledramaturgia que se tornou marca estilística do diretor é a fuga ao "efeito de real", condição que pode ser dimensionada por outra profissional colaboradora de LFC em vários projetos, a figurinista Thanara Schönardie, que relata como foi

---
41. Ibidem, p. 17.
42. Ibidem, p. 29.

pensado, por exemplo, o figurino da recriação da telenovela *Meu pedacinho de chão*: "Usamos tudo o que estava à disposição para ser destituído de sua função original e que podia adquirir um novo significado na composição dos personagens" (em DALBONI, 2014, p. 28). Colega de criação coletiva de Schönardie e supervisor de efeitos visuais na telenovela *Meu pedacinho de chão*, Rafael Ambrósio auxilia a traduzir essa tarefa:

> A equipe precisou passar por um processo de desprendimento para entrar no projeto porque, normalmente, na teledramaturgia, buscamos o efeito mais próximo da realidade. Quanto menos o espectador perceber a interferência da computação gráfica, melhor. Já em *Meu pedacinho de chão* foi diferente. Tendo em mente o critério artístico, buscamos colorir com pinceladas uma fuga da realidade[43].

Acreditamos que, mesmo quando LFC trabalha uma teledramaturgia que busca o "efeito de real" – como quando fez a direção de *Os maias*, em 2001 –, ainda assim é capaz de inserir experiências com o potencial de desencadear rupturas de sentidos ao longo da narrativa. Essa obra rendeu ao diretor elogios pelos deslocamentos que provoca no ritmo dado à história e no tratamento impecável das imagens, mas ele fez mais do que isso. Destacamos a articulação do espaço-tempo, que depois se intensificou nas suas produções e que começou a cintilar nesta minissérie, recurso narrativo que consideramos uma desterritorialização de sentidos: a anamorfose cronotópica, proposta por Arlindo Machado (2011a, 2011b). De acordo com esse autor, passado e presente parecem contracenar em uma espécie de *flashback* fora dos padrões: na cena, o espectador visualiza o protagonista Carlos da Maia (Fábio Assunção) adentrar na sua lembrança e revivê-la como se a observasse por dentro[44]. Desenvolveremos essa questão no capítulo 7 de modo mais aprofundado. Importa saber que a cena é um sintoma do que seria produzido mais tarde, visto que esse tipo

---
43. Ibidem, p. 43.
44. Essa cena pode ser vista, a partir dos nove minutos, em: <www.youtube.com/watch?v=9tH7w_rIS10>. Acesso em: 29 abr. 2018, 21:23.

de desterritorialização de sentidos volta a aparecer na microssérie *A pedra do reino* e é intensificada em *Capitu*.

Cenográfica e tecnicamente – já que, em geral, uma alteração na cenografia modifica correlativamente o modo de conduzir os trabalhos técnicos –, o diretor também está associado a experiências que propõem irregularidades à linguagem, como será desenvolvido com detalhes nos capítulos seguintes. Por enquanto, gostaríamos de mencionar um exemplo, também da telenovela *Meu pedacinho de chão*, que, segundo Orofino (2015, p. 66): "Até prova em contrário, este recurso utilizado nesta obra marca a sua primeira experimentação na teledramaturgia brasileira". Trata-se do efeito de *doll house*, ou "casa de boneca", plano geral que mostra todos os cômodos do mesmo cenário e a movimentação dos atores em cena como se estivéssemos olhando para uma casa de bonecas, sendo que a câmera, além de focalizar todas as peças ao mesmo tempo, também possibilita passear entre esses espaços em plano-sequência. As cenas de dois núcleos da novela – um do coronel Epaminondas, ou coronel Epa (Osmar Prado), outro da personagem Pedro Falcão (Rodrigo Lombardi) – apareciam, com frequência, enquadradas dessa forma.

Na época do lançamento da minissérie *Os maias*, a autora Maria Adelaide Amaral, que adaptou o romance de Eça de Queiroz para a televisão, definiu a direção de LFC: "É um outro código televisivo, outra linguagem, com um ritmo mais lento", complementando o seu raciocínio dizendo que o "público ainda engolirá esse biscoito fino, mas vai precisar de tempo para se habituar"[45]. Reforçamos as colocações da escritora quando, durante o rastreio, vislumbramos que LFC podia estar reconfigurando os códigos da linguagem televisual e desconfiamos que, para o público "engolir" uma "nova" linguagem, era necessário desabituar o olhar, para sermos mais precisos teoricamente, segundo os pressupostos da Semiótica da Cultura, não se trata de uma nova linguagem, mas da ruptura e da reconfiguração dos códigos que compõem uma determinada linguagem,

---

[45]. Disponível em: <www.observatoriodaimprensa.com.br/artigos/qtv140220017.htm>. Acesso em: 6 dez. 2016, 14:49.

nesse exemplo, a televisual, mais especialmente a partir das estruturalidades da ficção seriada. O próprio LFC admite que esse é sempre o seu desejo: "Meu trabalho é fruto de necessidades. A necessidade de criar é a substância capaz de fundar uma nova linguagem. Sou alguém que acredita no processo criativo, independente do número de capítulos, gênero etc." (em DALBONI, 2014, p. 3).

Então, por que foram os trabalhos dele que se tornaram o objeto empírico da investigação? Porque algo nos afetou quando nos deparamos com as suas teleficções. Fomos capazes de nos colocar nesse processo de rastreio e ficar abertos ao inesperado. E, quando isso acontece, "Tudo caminha até que a atenção, numa atitude de ativa receptividade, é tocada por algo" (KASTRUP, 2007, p. 19). Esse "algo" ainda não sabíamos dizer como se dava na constituição das narrativas ficcionais na TV, mas estávamos em busca de compreender.

Em seu percurso na teledramaturgia, Carvalho conquistou um espaço físico na TV Globo, no Projac (Projeto Jacarepaguá), cidade do Rio de Janeiro: um galpão exclusivo com 170 m² e 10 m de pé direito que funcionou de 2013 a 2017, quando o diretor passou a trabalhar por obra, uma tendência de contratação entre as emissoras de televisão tanto pagas quanto abertas. O galpão foi inaugurado com a produção de *Helen Palmer em correio feminino*, quadros de teledramaturgia criados para a revista eletrônica *Fantástico* e inspirados em textos da escritora Clarice Lispector. Foi um local de ensaios, imersão e preparação do elenco, onde também se instalava a equipe de produção e apoio. Nesse ambiente, ficavam todos os profissionais responsáveis pela obra audiovisual coletiva, a qual LFC chama "colaborativa". Todos eram acolhidos no espaço, batizado de "Luizândia" por alguns e "TVliê" por outros (apelido que une TV e ateliê). Carvalho diz que, nesse lugar, ele era "apenas um alquimista, um sujeito que recolhe tudo isso e busca um sentido estético" (em DALBONI, 2014, p. 4). "Tudo isso" são as sugestões, ideias, memórias e referências de todos os envolvidos em cada projeto que passou pelo galpão. Carvalho explica: "O núcleo da minha equipe é o mesmo faz décadas, e isso hoje me tranquiliza muito. Antes de serem excelentes profissionais são sensíveis coautores" (em VILLALBA, 2010).

2.3 Selecionando os rastros da telerrecriação

2.3.1 Se movendo em *zoom in*

Após o rastreio vem o toque: quando o toque é acionado, ingressamos na segunda fase da atenção, que é a seleção, algo que nos fisga porque salta no conjunto do que está sendo observado (KASTRUP, 2007). Não é busca pela informação ainda, é um reflexo, um vislumbre que acontece no nível das sensações, que pode ter graus diferentes de intensidades, ritmos e sentidos, e que não deve ser desprezado, porque é nesse processo que aprimoramos a seleção e que os critérios ficam mais claros.

No caso deste estudo, foi nessa etapa que conseguimos estabelecer quais produções seriam analisadas de maneira mais apurada. O procedimento metodológico, na prática, foi assistir na íntegra toda a obra recente em ficção seriada do autor e diretor, que está disponível em DVD, com exceção das telenovelas, que acompanhamos no ar e, parcialmente, pelo site Gshow. Levamos cerca de seis meses para dar conta de rever *Os maias* (2001, 16h06min); as duas temporadas de *Hoje é dia de Maria* (2005, 9h26min); *A pedra do reino* (2007, 4h36min); *Capitu* (2008, 4h30min); *Afinal, o que querem as mulheres?* (2010, 3h08min); *Suburbia* (2012, 6h); *Helen Palmer em Correio Feminino* (2013, 2h); *Alexandre e outros heróis* (2013, 47 min); o que totaliza aproximadamente 46 horas de visualização de vídeo, isso sem somar vários capítulos das telenovelas por ele dirigidas, sobretudo *Meu pedacinho de chão* (2014) e *Velho Chico* (2015/2016), que foram as mais recentes e, portanto, de fácil acesso. No YouTube, além disso, conseguimos localizar na íntegra o telefilme *Uma mulher vestida de sol* (1994)[46].

Depois de muita reflexão, resolvemos dar mais atenção àquelas obras que nos afetaram mais nesse momento do toque: *Hoje é dia de Maria* (ambas as temporadas); *A pedra do reino*; *Capitu*; e *Afinal, o que querem as mulheres?* Há também dois critérios principais que nos fizeram optar por olhar mais detalhadamente para essas produções de LFC, e não para outras. Ao rea-

---

46. Disponível em: <www.youtube.com/watch?v=uwToKA_jKK0&t=42s>. Acesso em: 7 ago. 2017, 17:27.

lizar o rastreio desses textos televisuais, sem pretensão, compreendemos que: (1) os trabalhos que têm o texto final e também a direção assinados por LFC compõem um critério a ser levado em conta; e (2) considerar as marcas estilísticas que soam quase como uma assinatura dele também é importante, porque ao mesmo tempo que alguns elementos são recorrentes (como a repetição de atores, determinados tipos de cenas ou a trilha sonora – aspectos que serão explicitados nos capítulos subsequentes desta investigação), é possível perceber um frescor na maneira de ousar e romper com a forma de narrar na televisão, e assim compreender os pontos luminosos que buscamos no caminho da rupturas de sentidos e/ou explosões semióticas como tentativa de reconfiguração da linguagem da ficção seriada na televisão aberta no Brasil.

Logo, esses quatro textos televisuais pareciam apresentar elementos próximos de um texto que se concentra na periferia da semiosfera da teledramaturgia, ou que se enquadra a um texto explosivo como pensa Lotman (1996). Evidentemente, consideramos que nessas produções, mais do que nas outras realizações dele, esses aspectos se sobressaem, e por isso optamos por percorrer mais atentamente esses territórios. Contudo, não pudemos deixar de transitar sem tanto compromisso em trabalhos que consideramos relevantes da obra de LFC, sejam aqueles com autoria assinada por ele, como *Suburbia* (2012), sejam aqueles apenas com a direção sob seu comando, como as telenovelas *Meu pedacinho de chão* (2014), *Velho Chico* (2015/2016) e *Renascer* (1993). Logo depois dessa decisão, realizamos um levantamento sobre as obras escolhidas em busca de críticas, reportagens, entrevistas e artigos científicos que as abordavam. Esse material foi sistematizado em quadros, contendo as respectivas fontes, os links de acesso (para facilitar a localização posterior), o principal foco de cada material e as datas em que foram encontrados. Com a apuração, a seleção e a leitura desse material, tivemos uma visão mais atenta sobre cada uma das produções, que apresentamos brevemente a seguir.

Hoje é dia de Maria é uma adaptação de contos populares com influência folclórica e mítica, do dramaturgo Carlos Alberto Soffredini. O roteiro foi escrito por Luís Alberto de Abreu e Luiz Fernando Carvalho a partir de uma compilação de textos, e a produção fez parte das comemorações dos 40 anos da TV Globo. LFC explica como foi o início do projeto:

> Há uns 15 anos, tive a oportunidade de ler pela primeira vez os contos retirados da oralidade popular brasileira, recolhidos não só pelo Câmara Cascudo mas Silvio Romero, entre outros. Fiquei impressionado com as características de pequenos mitos. Convidei o Soffredini para estruturar dramaticamente. Era uma pequena aproximação, um guia, que poderia ser tanto para televisão quanto para cinema. Primeiramente, pensei na televisão que, com sua abrangência, seria a única capaz de devolver ao povo suas fábulas encenadas. É como se um ciclo se fechasse com mais perfeição (em SANTOS, 2005).

Duas das produções a serem cartografadas são adaptações literárias de livros, *A pedra do reino* e *Capitu*, realizações do Projeto Quadrante – uma idealização de LFC, que explica que alimentou por duas décadas o sonho de traduzir a brasilidade por meio de textos literários. Segundo LFC, o projeto busca trazer para a TV uma ética artística que esteja verdadeiramente preocupada com a educação, vindo daí a necessidade de percorrer o país e trabalhar com talentos locais. O idealizador do projeto esclarece: "é um desejo de reencontrar e contar o meu país e também minha declaração de amor à literatura"[47]. Carvalho completa afirmando que o Projeto Quadrante busca na literatura nacional uma maneira de fugir da encenação realista[48].

---

47. Declaração do caderno de anotações do diretor, escrito entre os meses de junho e dezembro de 2006, durante a produção do primeiro programa do Projeto Quadrante, na cidade de Taperoá, na Paraíba. Disponível na página inicial do Projeto Quadrante, em: <http://quadrante.globo.com>. Acesso em: 8 jan. 2017, 13:59.
48. A minissérie *Dois irmãos*, exibida em janeiro de 2017, foi a terceira adaptação literária planejada para ser produzida pelo Projeto Quadrante. O texto, escrito por Maria Camargo, foi inspirado no romance homônimo de Milton Hatoum, embora na ocasião da exibição da minissérie o Projeto Quadrante não tenha sido mencionado na mídia.

A inspiração principal para a microssérie *A pedra do reino* foi o livro *O romance d'a pedra do reino e o príncipe do sangue do vai-e-volta*, de 1971, do escritor paraibano Ariano Suassuna. A narrativa ficcional se baseia na história que relata que, no ano de 1836, em uma cidade do interior pernambucano, os moradores tentaram fazer ressurgir o rei português Dom Sebastião. Os sacrifícios humanos realizados em prol do rei morto são lembrados até hoje em uma manifestação popular conhecida como Cavalgada da Pedra do Reino. A produção foi exibida em comemoração aos 80 anos de Suassuna, completados no dia da exibição do último capítulo da microssérie.

A microssérie *Capitu* é uma recriação do clássico *Dom Casmurro*, de Machado de Assis, escrito em 1899 e publicado no ano seguinte, tornando-se uma das obras mais lidas e comentadas da literatura brasileira[49]. A produção foi ao ar para lembrar o centenário da morte do escritor.

Uma ressalva se faz necessária: não foi proposital a escolha de trabalhar majoritariamente com adaptações televisuais de obras literárias. Fatalmente faríamos escolhas dessa ordem, já que é recorrente traduções de textos literários para o audiovisual nas obras realizadas por LFC, mas queremos deixar claro que nossa busca neste estudo não se preocupa com as questões que envolvem as adaptações em si.

Afinal, o que querem as mulheres? é um roteiro original, idealizado por LFC. Quando a série foi exibida, Carvalho disse em entrevista que a produção era uma resposta à sua "versatilidade narrativa, à sua curiosidade por novos temas e linguagens"[50]. Nesse trabalho, ele diz que se inspirou na linguagem das redes sociais e que, por isso, os diálogos são mais curtos.

---

49. O romance é considerado uma das obras fundamentais da literatura brasileira e a obra-prima do escritor Machado de Assis, tendo sido traduzido para várias línguas, sendo, portanto, conhecido do público nacional e internacional. Outras informações podem ser consultadas na página da Biblioteca Virtual Miguel de Cervantes, site espanhol que lançou em 2013 um material com a vida e obra detalhada do escritor Machado de Assis. Disponível em: <www.cervantesvirtual.com/portales/joaquim_maria_machado_de_assis>. Acesso em: 7 jan. 2017, 13:19.
50. Informações disponíveis em: <http://memoriaglobo.globo.com/programas/entretenimento/seriados/afinal-o-que-querem-as-mulheres-/curiosidades.htm>. Acesso em: 8 jan. 2017, 16:49.

Na sequência, sintetizamos em uma linha do tempo (Quadro 3) as principais informações de cada produção: formato, número de capítulos, período de exibição e autoria específica. Além disso, nas páginas posteriores há um breve resumo das narrativas (Quadros 4 a 7) – e, ainda, as características gerais de produção dessas obras (Quadros 8 a 11).

Quadro 3 – Linha do tempo das produções analisadas com mais acuidade[51]

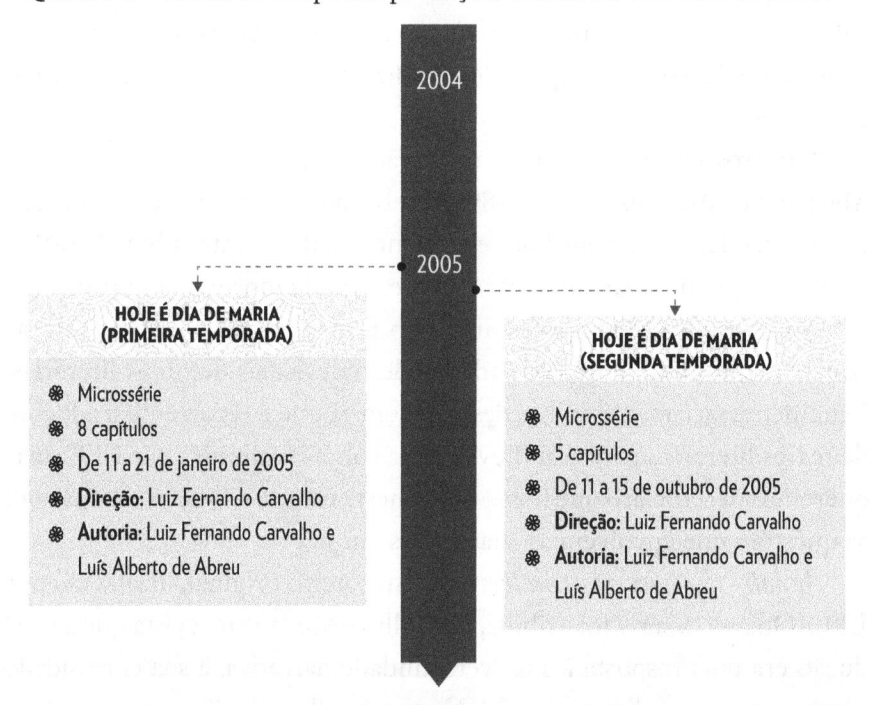

2004

2005

HOJE É DIA DE MARIA (PRIMEIRA TEMPORADA)
- Microssérie
- 8 capítulos
- De 11 a 21 de janeiro de 2005
- **Direção:** Luiz Fernando Carvalho
- **Autoria:** Luiz Fernando Carvalho e Luís Alberto de Abreu

HOJE É DIA DE MARIA (SEGUNDA TEMPORADA)
- Microssérie
- 5 capítulos
- De 11 a 15 de outubro de 2005
- **Direção:** Luiz Fernando Carvalho
- **Autoria:** Luiz Fernando Carvalho e Luís Alberto de Abreu

---

51. Informações disponíveis no site Memória Globo. *Hoje é Dia de Maria*: <http://memoriaglobo.globo.com/programas/entretenimento/minisseries/hoje-e-dia-de-maria/ficha-tecnica.htm>. Acesso em: 6 set. 2016, 11:46. *Hoje é Dia de Maria – Segunda Jornada*: <http://memoriaglobo.globo.com/programas/entretenimento/minisseries/hoje-e-dia-de-maria-segunda-jornada/ficha-tecnica.htm>. Acesso em: 6 set. 2016, 11:48. *A Pedra do Reino*: <http://memoriaglobo.globo.com/programas/entretenimento/minisseries/a-pedra-do-reino/ficha--tecnica.htm>. Acesso em: 6 set. 2016, 11:43. *Capitu*: <http://memoriaglobo.globo.com/programas/entretenimento/minisseries/capitu.htm>. Acesso em: 6 set. 2016, 11:25. *Afinal, o que querem as mulheres?*: <http://memoriaglobo.globo.com/programas/entretenimento/seriados/afinal-o-que-querem-as-mulheres-/producao.htm>. Acesso em: 6 set. 2016, 11:29.

```
2006
2007
2008
2009
2010
```

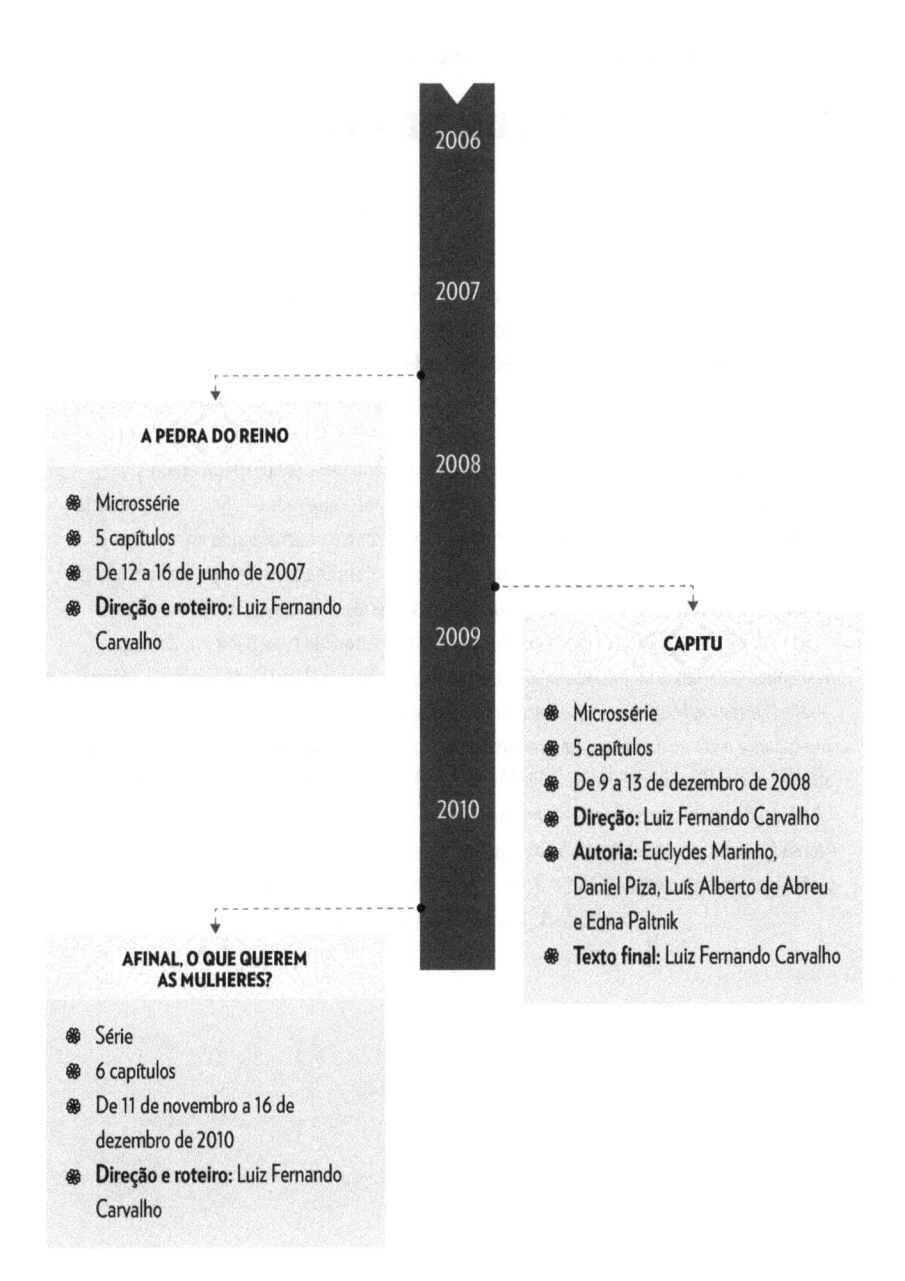

A PEDRA DO REINO

- Microssérie
- 5 capítulos
- De 12 a 16 de junho de 2007
- **Direção e roteiro:** Luiz Fernando Carvalho

CAPITU

- Microssérie
- 5 capítulos
- De 9 a 13 de dezembro de 2008
- **Direção:** Luiz Fernando Carvalho
- **Autoria:** Euclydes Marinho, Daniel Piza, Luís Alberto de Abreu e Edna Paltnik
- **Texto final:** Luiz Fernando Carvalho

AFINAL, O QUE QUEREM AS MULHERES?

- Série
- 6 capítulos
- De 11 de novembro a 16 de dezembro de 2010
- **Direção e roteiro:** Luiz Fernando Carvalho

Quadro 4 – Resumo de *Hoje é dia de Maria*[52]

HOJE É DIA DE MARIA

❋

A doce Maria (Carolina Oliveira) vive com o pai (Osmar Prado) bêbado e violento, em um sítio mal cuidado. Sua mãe (Juliana Carneiro da Cunha) morreu e os irmãos foram embora. Quando o pai de Maria decide se casar com a vizinha (Fernanda Montenegro), que tem uma filha da sua idade (Thainá Pina), a menina pensa que tudo vai melhorar, mas a madrasta a maltrata. Maria decide fugir e conhecer as "franjas do mar". Segue pela estrada do País do Sol a Pino, conhece pessoas boas e más: enfrenta o Asmodeu (Stênio Garcia), o diabo, que rouba sua infância e a transforma em mulher (Letícia Sabatella), e também o pássaro (Rodrigo Santoro), que a protege e por quem se apaixona. Maria também desperta amores no saltimbanco Quirino (Daniel Oliveira). Ela reencontra o pai – que morre –, recupera a infância e retorna para casa, onde vê sua mãe e irmãos felizes. Por isso, não entende em que tempo está, reconhece seu amor em um menino cigano e, enfim, chega às "franjas do mar". A segunda parte da história enfoca o consumismo, as guerras, as explorações de menores e a opressão feminina. Maria diante do mar se fascina, é engolida e vai parar em um lugar desconhecido. Mais uma jornada se inicia, a menina conhece o Pato (Rodolfo Vaz) e a Dona Cabeça (Fernanda Montenegro), a narradora da trama. Acompanhada por eles é engolida por um gigante e cai no lixão de uma grande cidade, onde volta a ser perseguida por Asmodeu (Stênio Garcia/Ricardo Blat/João Sabiá/André Valli) e se espanta com a intolerância humana. Ao lado de Dom Chico Chicote (Rodrigo Santoro), um poeta que vive nas ruas, e da ama Alonsa (Letícia Sabatella), Maria luta contra as injustiças e a favor dos sonhos. Ela também é protegida por Dr. Copélius (Osmar Prado), dono de uma loja de brinquedos antigos e tem a amizade da Dona Boneca (Inês Peixoto).

---

52. Informações disponíveis em: <http://memoriaglobo.globo.com/programas/entretenimento/seriados/afinal-o-que-querem-as-mulheres-/trama-principal.htm>. Acesso em: 7 jan. 2017, 21:05.

Quadro 5 – Resumo de *A pedra do reino*[53]

A PEDRA DO REINO

❈

No livro e na TV, a história é narrada por Dom Pedro Dinis Ferreira Quaderna (Irandhir Santos), poeta e escrivão que recorre a seus antepassados e memórias para buscar compreender o mundo. Quaderna sonha ser o Grande Gênio da Raça, o autor de uma grande obra literária que expresse a verdadeira identidade nacional. Quaderna é bisneto de João Ferreira Quaderna, o Execrável (Nill de Pádua), real líder sebastianista que se proclamou legítimo rei do Brasil e causou a morte de muitos fiéis, tudo em nome da ressurreição de Dom Sebastião, o rei português desaparecido em 1578, aos 24 anos, na batalha entre mouros e cristãos em Alcácer-Quibir, no Marrocos. O derramamento de sangue orquestrado por João Ferreira se deu em 1838, aos pés de duas rochas compridas e paralelas, conhecidas como Pedra Bonita (nome primitivo da Pedra do Reino), na região de São José do Belmonte, em Pernambuco. A história é contada em três tempos – infância, idade adulta e velhice – e espaços distintos – praça, prisão e corregedoria –, que se interconectam. Quaderna une à narrativa a morte do seu tio-padrinho, o fazendeiro Dom Pedro Sebastião Garcia-Barreto (Pedro Henrique), considerado por ele como um pai. Ele escreve sua epopeia da prisão, narrando sua versão dos fatos por meio do interrogatório que deu ao corregedor quando foi preso, acusado de insuflar uma rebelião popular.

---

53. Informações disponíveis em: <http://memoriaglobo.globo.com/programas/entretenimento/minisseries/capitu/trama-principal.htm>. Acesso em: 7 jan. 2017, 21:08.

Quadro 6 – Resumo de *Capitu*[54]

CAPITU

A história se passa na cidade do Rio de Janeiro, na segunda metade do século XIX. O narrador, Dom Casmurro (César Cardadeiro/ Michel Melamed), decide contá-la em um livro. Ele vive solitário em uma casa construída à semelhança da que morou na adolescência, quando se apaixonou pela vizinha Capitu (Letícia Persiles), de quem não esquece os "olhos de ressaca, de cigana oblíqua e dissimulada". Dom Casmurro, quando ainda era chamado de Bentinho (Bento Santiago), vai para o seminário por conta de uma promessa de sua mãe (Eliane Giardini). Desiste de ser padre por causa de sua paixão por Capitu, se forma em Direito e se casa com ela (Capitu adulta / Maria Fernanda Cândido) com quem tem um filho, Ezequiel (Fabrício Reis / Alan Scarpari). Após a morte de seu melhor amigo, o ex-seminarista Escobar (Pierre Baitelli), Bentinho passa a alimentar uma desconfiança doentia e a acreditar piamente que Capitu e Escobar foram amantes. O romance se alicerça na dúvida, que é alimentada pela personagem José Dias (Antônio Karnewale), o agregado da família, que coloca em xeque a idoneidade de Capitu. Moravam na casa de Bentinho também a prima Justina (Rita Elmôr) e o tio Cosme (Sandro Christopher). O casal se separa, Capitu vai para a Europa com o filho, onde morre anos depois. Bentinho se convence que Ezequiel é filho de Escobar. Sem saber de nada, após a morte da mãe Ezequiel volta para o Rio de Janeiro e fica alguns meses na casa de Bentinho, depois segue para uma viagem científica, adoece e morre de febre tifoide.

---

54. Informações disponíveis em: <http://memoriaglobo.globo.com/programas/entretenimento/minisseries/capitu/trama-principal.htm>. Acesso em: 7 jan. 2017, 21:08.

Quadro 7 – Resumo de *Afinal, o que querem as mulheres?*[55]

AFINAL, O QUE QUEREM AS MULHERES?

❈

A série é ambientada em Copacabana, no Rio de Janeiro, e conta a história de um escritor neurótico, André (Michel Melamed), que busca responder em sua tese de doutorado em Psicologia a questão freudiana que dá nome à série. O protagonista, na tentativa de compreender o universo feminino, acaba perdendo seu grande amor, Lívia (Paola Oliveira), momento em que pede colo para sua mãe (Vera Fischer), personagem que representa o amor incondicional. Vive se aconselhando com seu orientador-psicanalista (Osmar Prado), que assume a aparência de Sigmund Freud por meio de um boneco animado em *stop motion*. André segue em sua busca colhendo depoimentos de várias mulheres em ambientes diversos, se envolve com muitas delas e termina sua tese, que é lançada em um livro de sucesso e vira seriado de TV, com o astro Rodrigo Santoro interpretando o papel dele mesmo. André aparece sendo entrevistado no programa Altas Horas da TV Globo e, confuso com a fama repentina, é internado. Ele decide, então, escrever sobre: "o que querem os homens?" e lança outro livro, que é um fracasso. Conhece Amâncio, um radialista, e vai fazer um programa de rádio dando conselhos sentimentais. Por meio desse programa, reencontra seu pai, desaparecido há vinte anos. O tempo passa e Lívia se casa com outro homem – um *marchand* metrossexual visto como o homem perfeito. Dr. Klein anuncia sua aposentadoria e André, agora um psicanalista mais maduro do que aquele homem descontrolado do início da série, herda seu consultório. André ficou casado alguns anos com Sofia (Letícia Spiller), uma mulher descolada, e juntos tiveram uma filha, Maria (Maria Alice Martins / Gabriela Carius), mas o casamento acabou. Sofia agora tem uma namorada e André reaprende a amar o feminino através de Maria.

---

55. Informações disponíveis em: <http://memoriaglobo.globo.com/programas/entretenimento/seriados/afinal-o-que-querem-as-mulheres-/trama-principal.htm>. Acesso em: 7 jan. 2017, 21:05.

Quadro 8 – Características da produção de *Hoje é dia de Maria*[56]

HOJE É DIA DE MARIA

❀

Hoje é dia de Maria foi gravada em um ciclorama, um domo – ou cúpula –, com 360°, todo pintado à mão e com uma cenografia montada a partir de material reciclável, que deu vida, inclusive, ao figurino das personagens. Esse ciclorama onde foi rodada toda a microssérie foi o reaproveitamento do palco do Rock in Rio III. O cenário circular ficou montado em um terreno na Barra da Tijuca, no Rio de Janeiro. Conforme a protagonista Maria (Carolina de Oliveira) mudava de paisagem, o ciclorama era repintado, e não desmontado – o artista plástico Clécio Régis e toda uma equipe estava por trás dessas transformações cenográficas. A equipe de iluminação precisou instalar 420 refletores sucateados do antigo Teatro Fênix, também no Rio de Janeiro, porque o tipo de iluminação ideal para esse formato de estúdio não se fabrica mais. Além deles, outros quatro refletores se deslocavam pelo cenário e outro mais potente, de 20 mil watts, fazia às vezes do sol no País do Sol a Pino. Tecnicamente, destaque para as inserções das animações com os dois executivos no meio da estrada e no baile do príncipe com a técnica *pixilation*, em que cada gesto dos atores foi fotografado e depois animado, ambas as inserções na primeira jornada. Todos os objetos de cena foram envelhecidos para se adequarem à atmosfera da narrativa. O grupo de teatro de bonecos Giramundo participou da criação e manipulação dos bonecos da microssérie. O orçamento é estimado entre R$ 140 mil e R$ 200 mil por episódio. A primeira temporada da microssérie obteve uma média de 36 pontos de audiência, enquanto a segunda jornada obteve, em seu último capítulo, 27 pontos de audiência.

---

56. Informações disponíveis em: <http://memoriaglobo.globo.com/programas/entretenimento/miniseries/hoje-e-dia-de-maria/producao.htm> e <www.folha.uol.com.br/fsp/ilustrad/fq0409200507.htm>. Acesso em: 11 jan. 2017, 18:47.

Quadro 9 – Características da produção de *A pedra do reino*[57]

A PEDRA DO REINO

❦

Para *A pedra do reino* foi construída uma cidade-lápide cenográfica, inspirada em cemitérios, para remeter aos antepassados. O local foi erguido no final da rua principal de Taperoá, cidade do interior da Paraíba (onde foi rodada a microssérie) nos últimos meses de 2006, e incorporou a fachada de algumas casas originais do local. As filmagens mobilizaram o lugar, que recebeu 250 profissionais de produção e sessenta atores, todos nordestinos, a maioria desconhecida do grande público. O protagonista, o ator Irandhir Santos, estreou na TV nesta obra. A criação de objetos de arte e animais cenográficos exigiu a mobilização de 24 artesãos, entre eles o mestre mamulengueiro Zé Lopes, responsável pelos animais articulados que deram vida a uma cavalgada de quarenta cavalos. Entre as ousadias da caracterização, destaque para a personagem Margarina (Millene Ramalho), que levava uma máquina de escrever acoplada ao corpo – o figurino da atriz pesava sete quilos e meio. Tecnicamente a solução encontrada para estender o horário de trabalho sem que a luz intensa do sertão nordestino o interrompesse foi a criação de um imenso *butterfly* (uma espécie de filtro de tecido que ameniza a entrada da luz solar) construído para cobrir a cidade cenográfica com 2.500 m², o maior da América Latina, na época. Locais públicos foram usados para acomodar a equipe de produção e os profissionais contratados temporariamente, como costureiras, ferreiros, pedreiros, cozinheiras, artistas e outros – a maioria foi de Taperoá ou dos municípios vizinhos, o que movimentou a economia da cidade de 14 mil habitantes que vive, sobretudo, da agricultura e do comércio do leite de cabra. O orçamento da microssérie foi de R$ 3 milhões e sua audiência obteve uma média de onze pontos.

---

[57]. Informações disponíveis em: <http://memoriaglobo.globo.com/programas/entretenimento/miniseries/a-pedra-do-reino/producao.htm> e <http://cultura.estadao.com.br/noticias/geral,o-nordeste-mitico-invade-a-tela-em-ia-pedra-do-reinoi,20061128p61249>. Acessos em: 11 jan. 2017, 18:46.

Quadro 10 – Características da produção de *Capitu*[58]

CAPITU

❈

Capitu foi praticamente toda rodada no salão do prédio do antigo Automóvel Club do Brasil, no centro da cidade do Rio de Janeiro. Só algumas poucas cenas foram realizadas fora da locação. Um recurso técnico foi criado para as cenas de devaneio e sob o ponto de vista de Bentinho. Tecnicamente a novidade foi a criação de Luiz Fernando Carvalho de uma lente de 30 cm de diâmetro, cheia de água, que foi colocada na frente da câmera como uma espécie de "retina", com a função de dar uma dimensão ótica a partir da refração da água nas cenas de devaneio de Bentinho. A lente foi batizada de "lente Dom Casmurro". Os muros que dividiam as casas de Capitu e Bentinho adolescentes eram metaforicamente pintados com giz, em um chão preto, feito lousa no chão. O cenário minimalista possuía portas móveis que eram carregadas pelas personagens e camas e cortinas feitas de jornais, em homenagem a Machado de Assis. Os figurantes de cena eram desenhados em papelão. Figurinos do século XIX se contrastavam com objetos de cena do século XXI, como aparelhos de MP3, assim como um trem todo grafitado e fotos tiradas de uma câmera digital. As narrações e os diálogos foram mantidos como no livro e algumas frases foram escritas simulando um bico de pena na tela. Imagens de arquivo do século XIX foram inseridas à trama. As influências principais da microssérie foram: a ópera, o teatro, o cinema mudo e a cultura *pop*. O orçamento foi de R$ 5 milhões e a média de audiência alcançou quinze pontos.

---

58. Informações disponíveis em: <http://memoriaglobo.globo.com/programas/entretenimento/minisseries/capitu/curiosidades.htm>. Acesso em: 11 jan. 2017, 18:44.

Quadro 11 – Características da produção de *Afinal, o que querem as mulheres?*[59]

AFINAL, O QUE QUEREM AS MULHERES?
❈

Cerca de 90% da série foi gravada no bairro de Copacabana, na cidade do Rio de Janeiro, inclusive os dois apartamentos principais que aparecem em cena: do protagonista André (Michel Melamed) e da mãe dele (Vera Fischer). Tecnicamente, uma câmera digital teve sua estreia no Brasil nesta produção: a maioria das cenas noturnas foi realizada com uma Arri Alexa, que garante excelente qualidade de imagens, mesmo em condições com pouca luz. Destaque ainda para a animação do boneco Freud pela técnica de *stop motion / by one*. Freud era um boneco articulado de 40 cm, que, em vez de ter 12 quadros fotografados por segundo de cena, teve 24 quadros por segundo; foi assim produzido para obter maior fluidez nos movimentos. Além disso, a série ficou caracterizada pelo uso de gelatinas de cores vivas (rosa-choque, verde, azul, vermelha e amarela) para estar em sintonia com a estética conturbada de Copacabana e estabelecer um diálogo inspirador com a *pop-art* dos anos 1960. Fora a iluminação e os objetos de cena, a *pop-art*, o universo *kitsch* e o artista David LaChapelle foram referências também para os cenários e os figurinos. Como exemplo, a Lolita Tatiana (Bruna Linzmeyer) se vestia a moda das *pin-ups*, com salto alto rosa ou verde cítrico, cabelos ruivos na altura da nuca e roupas com muitos bordados, fitas e flores. Quanto ao figurino, ressaltamos também a produção realizada para a gravação do desfile de Zing (Rodrigo Pandolfo), para o qual foram produzidas cerca de seis mil cédulas de dinheiro falsas, sendo que 2.500 tiveram que ser dobradas em origamis para compor um vestido da cena. A série obteve uma média de audiência de doze pontos.

Depois dessa pausa para apresentar essas produções, retomamos com os passos da experiência empírica e a reflexão sobre a cartografia. Kastrup ressalta que "Através da atenção ao toque, a cartografia procura assegurar o rigor do método sem abrir mão da imprevisibilidade do processo de produção do conhecimento, que constitui uma exigência positiva do processo de investigação *ad hoc*" (2007, p. 19).

A fruição realizada na fase do toque já nos indicava alguns rastros do que suspeitávamos encontrar nesses textos televisuais, embora não tivés-

---

59. Informações disponíveis em: <http://memoriaglobo.globo.com/programas/entretenimento/seriados/afinal-o-que-querem-as-mulheres-/trama-principal.htm>. Acesso em: 7 jan. 2017, 21:05.

semos identificado ainda quais seriam esses elementos. No entanto, ao nos debruçarmos com atenção redobrada nas obras, foi possível perceber com mais clareza em quais cenas, sequências, personagens, figurinos e objetos de cena esses aspectos residiam.

A fase do pouso não foi tranquila e exigiu tempo: foi um pouso longo, mas recompensador. Nesse período, nos dedicamos a assistir novamente ao material selecionado, desta vez dando mais atenção às séries escolhidas como protagonistas deste livro, fazendo anotações e separando as imagens que nos afetavam. Isso gerou 24 páginas com notas e 34 imagens em *print screen*, depois da visualização de cerca de 21h 40 min de material em vídeo, que é o tempo total aproximado das séries somadas. Lembrando que há o vaivém de pausas nas cenas e que o tempo disponível para essa observação é muito maior do que o tempo de vídeos do material.

Era preciso perceber os pontos de intensidade, rupturas, repetições e desvios. Nas palavras de Kastrup, isso é possível quando realizamos, como em uma câmera de vídeo, um movimento de *zoom*: "há um trabalho fino e preciso, no sentido de um acréscimo na magnitude e na intensidade, o que ocorre para a redução do grau de ambiguidade da percepção" (2007, p. 20).

2.3.2 Do pouso longo ao reconhecimento atento

Os passos seguintes nos encaminharam para a reflexão e compreensão dos variados pontos e linhas que constituem os platôs, assim como a organização dos mesmos. É a fase do reconhecimento atento, a última variedade atencional sugerida por Kastrup (2007). Esse é também um gesto de suspensão, quando começamos a dar a devida atenção às rupturas e possíveis desterritorializações de sentidos pontuadas nas etapas anteriores e analisamos os modos de criação e reorganização dos códigos da teledramaturgia, movimento que reconduz aos contornos singulares do objeto de estudo. Nessa etapa, foi necessário testar a correspondência entre o que se encontrou nas materialidades e os aspectos teóricos que estavam em evidência na pesquisa. Também foi necessário entender como se concretizaram de forma diferenciada, nesse cenário, os modos de criar e produzir as narrativas de ficção seriada na televisão. Essa fase da cartografia permitiu que relacionássemos as linhas e conexões e identificássemos os aspectos que consideramos rupturas de sentidos e que observamos como processos explosivos nas produções. Ao longo do processo do reconhecimento atento, inúmeros esboços de cartografias foram desenhados e refeitos, atualizações que iam se movendo a cada mirada para o objeto e a cada conexão teórica.

Kastrup explica que é nessa ativação da atenção que a "percepção se amplia, viaja percorrendo circuitos, flutua num campo plano, produzindo dados que, enfim, já estavam lá" (2007, p. 21), sendo que essa experiência é desencadeada porque "De modo geral o fenômeno do reconhecimento é entendido como uma espécie de ponto de interseção entre a percepção e a memória"[60].

Esse viés da variação da atenção é o que demanda mais articulação com as relações teóricas, pois é o instante, segundo Kastrup (2007), em que os circuitos da cognição são acionados. Uma vez que as outras etapas de variação da atenção foram ativadas, essa condição permite a construção do seu próprio objeto de pesquisa a partir dos circuitos da atenção percorrida. É por essa via que a pesquisa se torna uma genuína cartografia, visto que "o método cartográfico faz do conhecimento um trabalho de invenção, como indica a etimologia latina do termo *invenire* – compor com restos arqueológicos"[61].

2.4 Os percursos teórico-metodológicos

Para um estudo chegar ao patamar do reconhecimento atento, com a criação dos platôs ganhando forma e movimento, significa que o caminho teórico também estava sendo traçado e que no trajeto o cartógrafo-pesquisador direcionou o funcionamento da atenção à teoria. Sendo assim, nesse

---
60. Ibidem, p. 20.
61. Ibidem, p. 21.

subitem vamos revelar como foi nosso percurso até as descobertas teóricas e como nos organizamos metodologicamente por essas trilhas, inspirados em um modelo de texto que propõe um relato em telas (janelas) que dão conta das etapas macros do percurso teórico-metodológico. "O leitor deve se preparar, portanto, para transposições de níveis focais no decorrer do texto, através de janelas, que lá estão colocadas para permitir um outro olhar em um mesmo percurso" (ROSÁRIO, 2011, p. 44). Apenas neste subitem optamos por dividir o texto dessa forma, para ser bem objetiva a apresentação do nosso processo de encontros e desencontros teóricos.

Num primeiro movimento, navegamos com concentração e sem focalização, embora ainda não seguíssemos à risca os conselhos de Kastrup (2007); na verdade, não seguíamos de maneira consciente. Reafirmando: essa foi a fase do rastreio, na qual as experiências nos chegavam fragmentadas, quando acolhemos o que não era esperado, porque nos colocamos à disposição do que nos afetava. A concentração existe, porque está em uma sintonia fina com o problema. Esse ponto de partida se dá quando a atenção do cartógrafo está disposta como um gesto que tateia, que explora ao redor, sem dar respostas ou esboçar nenhum tipo de ação imediata.

Quadro 12 – Herança, impacto e explosão

> A noção de telerrecriação, ainda incipiente – contendo um de seus pilares teóricos e o conceito de terceiro sentido ou sentido obtuso de Barthes (2009) –, assim como o conceito de cronotopia – que nos fornece elementos para análise do objeto empírico –, são conceitos que foram herdados do projeto de pesquisa e, portanto, mantidos na investigação, porque se sintonizam com a perspectiva teórica da Semiótica da Cultura. Este projeto de pesquisa começou a se transmutar imediatamente ao ingresso no doutorado.
>
> A primeira mudança significativa se deu com a leitura do livro *Cultura e explosão* (1999), do semioticista russo Iuri Lotman, que (não por acaso) foi concomitante à estreia da telenovela das seis horas da tarde da TV Globo, *Meu pedacinho de chão*, em abril de 2014, ano do início desta pesquisa. Como já dito neste capítulo, a telenovela teve a direção artística de Luiz Fernando Carvalho, o mesmo diretor da microssérie *Capitu*, e ambas são carregadas de lirismo. A novela, em especial, apresenta essa característica com experimentações quanto às cores, ao cenário, aos planos de câmera e à trilha sonora, elementos inesperados para o formato telenovela. Fomos afetados por essa experiência e transformamos a inquietação em reflexão. Ficamos nos questionando e buscando compreender se aquela história aparentemente ingênua – narrada por uma criança e tão distinta dos padrões da ficção seriada brasileira em seus aspectos formais – se configurava como uma explosão na teledramaturgia da TV Globo segundo os pressupostos de Lotman (1999), assim como nos pareciam os outros trabalhos dele e as outras narrativas ficcionais que observávamos na TV aberta. Para esses textos televisuais, desde os estudos do mestrado empregávamos o termo rupturas de linguagem, mas a proposição de Lotman em relação às desterritorializações de sentidos e os processos explosivos reluziam como um caminho teórico promissor.

A investigação passou a considerar a importância de refletir como se dão as rupturas de sentidos e as explosões observadas na teleficção (Quadro 12). Lembramos que, para Lotman (1999), a explosão é uma ruptura de sentidos avassaladora.

Passado esse primeiro sentimento de evidência, o segundo passo consistiu em se debruçar sobre a Semiótica da Cultura, ler outros livros e autores da perspectiva teórica e buscar, assim como percorremos no trajeto do *corpus*, os pontos de intensidade da teoria que eram reveladores para iluminar o objeto de estudo.

Quadro 13 – Rastreio teórico

Com o avanço das leituras sobre a Semiótica da Cultura, nos deparamos com outros conceitos caros a essa perspectiva teórica, como as concepções de texto e memória. O texto que tece linguagens, que pode assumir três funções possíveis, entre elas a mnemônica. A cultura é pensada como um texto complexo, que detém a memória coletiva e tem dinamicidade, uma vez que está em contínuo processo de transformação desencadeado por tensionamentos. Nós nos reconstruímos porque estamos vinculados a essa imensa rede de significação que contempla textos dentro de textos. Desse modo, evidencia-se que o interesse da SC são as relações entre os textos que coexistem na semiosfera; a cultura só se realiza na linguagem, na tessitura de linguagens, quando capaz de gerar significação. A partir daí, outros conceitos mais complexos da SC começaram a estruturar a investigação: a criação do texto artístico; e a tradução e os processos explosivos, que já nos haviam fisgado. A noção de criação de Lotman (1978b), em especial, parecia dialogar, sobremaneira, com o sentido obtuso de Barthes (2009). Com essas noções em mente, tais conceitos passaram a nortear a pesquisa, aliados à noção de transcriação nomeada por Campos (2013a) como tradução poética. As tratativas sobre o conceito de textos dentro de textos estão no livro *Cultura y explosión* (1999).

A reflexão rumo ao conceito de transcriação (Quadro 13) veio ao encontro da pesquisa no segundo semestre do doutorado, durante a disciplina Seminário de Semiótica, quando tivemos como indicação de leitura o texto "Da tradução como criação e como crítica" (CAMPOS, 2013a) para nos ajudar a pensar a tradução intersemiótica. Essa leitura proporcionou traçar relações de correspondência do texto telerrecriado com a verve da transcriação de Campos (2013a, 2013b), que se apresenta como um processo crítico e criativo. O autor faz duas associações teóricas preliminares para pensar a tradução poética: com a "transposição criativa", elaborada pelo linguista Roman Jakobson; e com a "informação estética", pensada pelo filósofo Max Bense. Além disso, ele busca conexões em outros autores que também tiveram como foco a tradução em algum momento das suas reflexões, como as discussões dos filósofos alemães Wolfgang Iser e Walter Benjamin.

Depois de alguns meses amadurecendo essas ideias, houve, de fato, um pouso, conforme orienta Kastrup (2007), no sentido de ter ocorrido um processo capaz de reconfigurar a percepção sobre a Semiótica da Cultura, perspectiva teórica à qual tínhamos sido apresentados e com a qual trabalhávamos havia dois anos. "De todo modo, é preciso ressaltar que em cada momento na dinâmica atencional é todo o território da observação que se reconfigura"[62]. No entanto, no período da seleção e apreensão conceitual houve a produção de artigos[63] que foram apresentados em eventos e publicados em periódicos. Mas foi a etapa posterior que impulsionou a escritura deste texto, quando houve o maior envolvimento com a teoria, por causa da disciplina Semioses da Cultura, no início do terceiro ano de doutorado (Quadro 14).

---

62. Ibidem, p. 20.
63. Disponíveis em: <http://revistas.unisinos.br/index.php/fronteiras/article/view/fem.2015.172.11> (*Revista Fronteiras Estudos Midiáticos*, 2014); <http://portalintercom.org.br/anais/nacional2015/indiceautor.htm> (Intercom, 2015); <http://seer.ufrgs.br/index.php/intexto/issue/current/showToc> (*Revista Intexto*, 2015); <https://sopcom2015.wordpress.com/informacao-util-2/programa-sessoes-paralelas/semiotica> (Sopcom, 2015); <http://alaic2016.cua.uam.mx/documentos/memorias/GI2.pdf> (Alaic, 2016); e <www.revistacomunicacion.org/pdf/n14/Articulos/A2_Pierre-Oprocesso-de-reconfiguracao-da-dramaturgia-brasileira-contemporanea.pdf> (*Revista Comunicación*, 2016). Acesso em: 6 jan. 2017, 11:10.

Quadro 14 – "Dança das cadeiras"

Acreditamos que foi durante as leituras da disciplina, inéditas ou revisitadas, que despertamos para o que nos interessava conceitualmente de fato, e conseguimos afunilar o campo e realizar "o movimento de *zoom*" sugerido por Kastrup, que explica que "Quando a atenção pousa em algo nesta escala" (2007, p. 20), há uma redução da ambiguidade da percepção. A escala a que a autora se refere é a escala focal, no caso, o olhar mais apurado, como se fosse com uma lente em movimento em *zoom*, olhando mais perto do objeto investigado. Atribuímos esse impulso dado à pesquisa também à decisão de alterar o *corpus* e analisar apenas as produções de LFC, resolução que coincidiu com esse período. Logo, também foi nessa época que realizamos um levantamento de dados específico sobre o autor e diretor e escolhemos as obras para serem analisadas. Ou seja, concomitantemente ao amadurecimento teórico, também se deu a seleção do objeto empírico e a definição mais criteriosa dos aspectos dele que seriam observados. Essa pesquisa exploratória foi feita em sites com críticas de televisão, como UOL, Estadão, Terra, além de blogs especializados de autores que nos despertam credibilidade, como Nilson Xavier, Maurício Stycer, Flávio Ricco e pontualmente outros que consideramos o texto com informações adequadas para consulta posterior. Depois de visualizar dezenas de sites, e fazer uma primeira triagem, selecionamos os links que nos interessavam e organizamos esse material em tabelas, com as seguintes informações: fonte (site); fonte (crítico); data da publicação; principal assunto da notícia; data de acesso; hora de acesso; e link. Criamos pastas para cada uma das produções do *corpus* da pesquisa. Isso foi feito para a etapa seguinte, a efetivação da escrita da tese.

Quadro 15 – Exemplos de quadro de organização de dados de produção

Fonte (site)	Terra - Diversão & Arte
Fonte (crítico)	Fátima Cardeal
Título da publicação	Hoje É Dia de Maria – Segunda Jornada: Com rara beleza e magia, microssérie criada por Luiz Fernando Carvalho foi uma obra de arte na tevê
Data da publicação	Não consta
Principal assunto da notícia	Como a segunda jornada foi excelente e como, junto à primeira, a microssérie é a melhor produção do ano. Fala brevemente sobre os aspectos técnicos e a interpretação dos personagens
Link	www.terra.com.br/istoegente/323/diversao_arte/tv_dia_maria.htm

| Data de acesso | 19/09/16 - 09:27 |

Fonte (site)	Estadão - Cultura
Fonte (crítico)	Agência Estado
Título da publicação	Carequinha participa de "Hoje é Dia de Maria"
Data da publicação	24/8/2005
Principal assunto da notícia	Breve sinopse da segunda temporada, que estava para começar, e enfoque nos treinamentos vocais que o elenco estava fazendo e na importância da música para a história
Link	http://cultura.estadao.com.br/noticias/geral,carequinha-participa-de-hoje-e-dia-de-maria,20050824p5171
Data de acesso	19/09/16 - 09:38

Fonte (site)	Folha de S.Paulo - Ilustrada
Fonte (crítico)	Laura Mattos
Título da publicação	Nada é inocente na 2ª jornada de "Hoje É Dia de Maria"
Data da publicação	13/10/2005
Principal assunto da notícia	A história da segunda jornada e como LFC quis mostrar com esse trabalho que é possível inovar na televisão
Link	www.folha.uol.com.br/fsp/ilustrad/fq1310200510.htm
Data de acesso	19/09/16 - 10:05

Fonte (site)	A arca
Fonte (crítico)	Francine Guilen
Título da publicação	Crítica: Hoje é Dia de Maria - Segunda Jornada
Data da publicação	25/10/2005
Principal assunto da notícia	Crítica detalhada de cada um dos cinco episódios da segunda jornada, com curiosidades
Link	www.a-arca.com.br/2005/10/critica-hoje-e-dia-de-maria-segunda-jornada/
Data de acesso	19/09/16 - 11:37

Fonte (site)	O Fuxico
Fonte (crítico)	Andréia Takano
Título da publicação	Hoje é dia de Maria estreia dia 11
Data da publicação	22/09/05
Principal assunto da notícia	A estreia da segunda temporada, com breve sinopse
Link	www.ofuxico.com.br/noticias-sobre-famosos/hoje-e-dia-de-maria-estreia--dia-11/2005/09/22-9221.html

Data de acesso	19/09/16 - 11:58

Fonte (site)	O Fuxico
Fonte (crítico)	Elba Kriss
Título da publicação	Hoje é dia de Maria estreia sua segunda jornada
Data da publicação	23/09/05
Principal assunto da notícia	A história da segunda temporada
Link	www.ofuxico.com.br/noticias-sobre-famosos/hoje-e-dia-de-maria-estreia-sua-segunda-jornada/2005/09/23-9302.html
Data de acesso	19/09/16 - 14:02

Fonte (site)	Área VIP
Fonte (crítico)	Não consta
Título da publicação	Segunda jornada de Hoje é dia de Maria ganha exposição na estação República do Metrô, em São Paulo
Data da publicação	06/10/05
Principal assunto da notícia	Fotos, figurinos, bonecos e partes do cenário da segunda temporada serão expostos no metrô de São Paulo
Link	www.areavip.com.br/noticias/segunda-jornada-de-hoje-e-dia-de-maria-ganha--exposicao-na-estacao-republica-do-metro-em-sao-paulo.html
Data de acesso	19/09/16 - 14:09

Fonte (site)	Folha de S.Paulo - Ilustrada
Fonte (crítico)	Daniel Castro
Título da publicação	O próximo dia de Maria
Data da publicação	04/09/05
Principal assunto da notícia	A preparação para a segunda temporada: uso do lixo do Projac para o cenário, preparação dos atores, custo de cada episódio, estúdio utilizado (palco do Rock in Rio), tempo de gravação de cada episódio, diferenças da primeira para a segunda temporada, inovações
Link	www.folha.uol.com.br/fsp/ilustrad/fq0409200507.htm
Data de acesso	21/09/16 - 16:55

Fonte (site)	Deluca Blogspot
Fonte (crítico)	Mauro Ferreira
Título da publicação	Urdida com lirismo, trilha de 'Hoje é dia de Maria' carece das imagens da série
Data da publicação	09/10/05

Principal assunto da notícia	O lançamento da trilha sonora da segunda jornada, com comentários sobre como ela foi produzida e interpretada pelos atores
Link	http://deluca.blogspot.com.br/mauroferreira/2005/10/urdida-com-lirismo-trilha-de-hoje-dia.html
Data de acesso	21/09/16 - 17:07

Fonte (site)	UOL Entretenimento
Fonte (crítico)	Da Redação
Título da publicação	"Hoje é dia de Maria": saiba como será a 2ª temporada da série
Data da publicação	07/10/05
Principal assunto da notícia	Os temas que serão abordados na segunda jornada, com enfoque na produção musical, e dá a sinopse de cada episódio.
Link	http://televisao.uol.com.br/ultimas-noticias/2005/10/07/hoje-e-dia-de-maria-saiba-como-sera-a-2-temporada-da-serie.jhtm
Data de acesso	21/09/16 - 17:15

Fonte (site)	UOL Notícias
Fonte (crítico)	Da Redação
Título da publicação	Leia a íntegra do bate-papo com Ricardo Feltrin
Data da publicação	17/10/05
Principal assunto da notícia	Não há matérias de Ricardo Feltrin sobre a série, somente esse bate-papo, em que a história é mencionada umas quatro vezes
Link	http://celebridades.uol.com.br/ooops/ultimas-noticias/2006/12/18/leia-a-integra-do-bate-papo-com-ricardo-feltrin-nesta-segunda.htm
Data de acesso	21/09/16 - 17:39

Fonte (site)	Prêmio Novelas
Fonte (crítico)	Pedro Neto
Título da publicação	Foi simplesmente histórico!!!
Data da publicação	29/05/16
Principal assunto da notícia	O Prêmio Novelas 2006, que a série ganhou na categoria melhores efeitos especiais
Link	http://premionovelas.blogspot.com.br/2006/05/foi-simplesmente-histrico.html
Data de acesso	21/09/16 - 17:46

Fonte (site)	Terra Notícias
Fonte (crítico)	Redação
Título da publicação	"Hoje é Dia de Maria 2" estreia nessa terça

Data da publicação	11/10/05
Principal assunto da notícia	A nova temporada, com curiosidades, o que muda de uma pra outra e mudança de personagens, mas não de atores
Link	http://diversao.terra.com.br/gente/noticias/0,,OI3542112-EI13419,00-Hoje+e+-Dia+de+Maria+estreia+nesta+terca.html
Data de acesso	21/09/16 - 17:49

Fonte (site)	Bombril na Antena
Fonte (crítico)	Guilherme
Título da publicação	Último dia de Maria
Data da publicação	16/10/05
Principal assunto da notícia	O fim da série, trazendo uma crítica de Thomas Villena
Link	http://bombrilnaantena.zip.net/arch2005-10-09_2005-10-15.html
Data de acesso	21/09/16 - 17:52

Fonte (site)	O Fuxico
Fonte (crítico)	Vera Jardim
Título da publicação	Estreia de Hoje É Dia De Maria dá 25 pontos
Data da publicação	12/10/05
Principal assunto da notícia	A estreia da segunda temporada, com comentários sobre as novidades que traz (musical, um pouco sobre a interpretação e direção e os bonecos)
Link	www.ofuxico.com.br/noticias-sobre-famosos/estreia-de-hoje-e-dia-de-maria--da-25-pontos/2005/10/12-10622.html
Data de acesso	22/09/16 - 14:21

É interessante registrar que, no caso desta pesquisa, as produções têm materiais extras publicados. *Hoje é dia de Maria* e *Afinal, o que querem as mulheres?* têm os roteiros publicados em livros. A microssérie *A pedra do reino* tem um caderno de filmagens e diário de elenco e equipe sob a ótica do diretor Luiz Fernando Carvalho, enquanto *Capitu* conta com um livro homônimo dividido em duas partes: a primeira delas com os depoimentos de profissionais/especialistas em psicanálise, história e comunicação, que ministraram oficinas teóricas à equipe de concepção da microssérie; e a outra com imagens do resultado da *mise-en-scène*.

O passo derradeiro, o reconhecimento atento, como já colocado neste capítulo, reconfigura novamente a percepção do cartógrafo-pesquisador e aciona a memória por meio de circuitos.

Quadro 16 – O reconhecimento atento

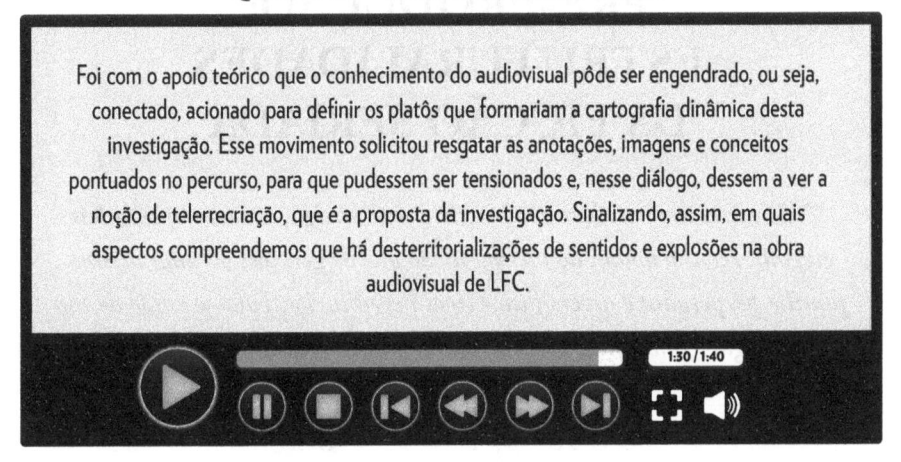

> Foi com o apoio teórico que o conhecimento do audiovisual pôde ser engendrado, ou seja, conectado, acionado para definir os platôs que formariam a cartografia dinâmica desta investigação. Esse movimento solicitou resgatar as anotações, imagens e conceitos pontuados no percurso, para que pudessem ser tensionados e, nesse diálogo, dessem a ver a noção de telerrecriação, que é a proposta da investigação. Sinalizando, assim, em quais aspectos compreendemos que há desterritorializações de sentidos e explosões na obra audiovisual de LFC.

Assim, as reflexões tecidas durante o reconhecimento atento deram encaminhamentos aos capítulos seguintes, que constituem a base teórica fundante desta pesquisa e que tratam das regularidades do audiovisual, especialmente as narrativas de ficção na televisão, que compõem os capítulos 3 e 4. Na sequência, o capítulo 5 se dedica a explicitar como podem ser concretizadas as irregularidades nesses textos da cultura.

- CAPÍTULO 3 -
PRÉ-PRODUÇÃO: ESTRUTURALIDADES DA FICÇÃO SERIADA

"Não existe arte moderna, não existe arte antiga, existem apenas leis eternas, reencarnadas, do mesmo modo que as gerações de uma mesma família perpetuam e diversificam tipos hereditários. Fala-se então de um mesmo sangue. Também a arte faz correr um sangue único por detrás destes rostos variados, que colora e anima."
René Huyghe, *O poder da imagem*, 1986

Num primeiro momento, entendemos ser importante nos atermos às considerações sobre o eixo diacrônico da teledramaturgia: as sucessões retidas pela memória coletiva e os aspectos que a constituem no território da cultura. Este capítulo foi dividido, então, pelos vieses hereditários das narrativas de ficção na TV, que formam, a nosso ver, a base das estruturalidades da teledramaturgia, isso porque a

> Estruturalidade é a qualidade textual da cultura sem a qual as mensagens não podem ser reconhecidas, armazenadas, divulgadas. Diríamos que o sistema modelizante cria estruturalidades ao mesmo tempo que é determinado por ela num processo de impregnação mútua (MACHADO, I., 2003, p. 158-159).

Compreender as estruturalidades é reconhecer as "gramáticas" que organizam determinada linguagem, que se modelizou a partir de um modo organizado de codificação para a transmissão de mensagens.

Assim, os itens iniciais do capítulo são "A herança melodramática" e "A dinâmica folhetinesca", que introduzem as raízes da teleficção. Essa reflexão é complementada pelo tópico "Dialetos da memória", no qual discorremos sobre o papel da memória na construção das narrativas ficcionais televisuais segundo os estudos da SC. O capítulo é encerrado com "A composição da imagem na televisão", discussão que segue os movimentos da história da arte para mostrar como se forma a imagem televisual, com informações que dão suporte ao capítulo seguinte, que tratará mais especificamente das regularidades dos códigos da linguagem audiovisual.

Abordaremos os dois eixos que são potenciais na constituição do sistema sígnico da teledramaturgia – o melodrama e o folhetim –, além das questões da visualidade, que nos ajudam a compreender os elementos que formam a imagem na TV, porque, embora, tenhamos consciência de que eles não são os únicos e nem dão conta da diacronicidade da ficção seriada, todos conferem os elementos de base na estruturação da linguagem. Assim, as técnicas narrativas enraizadas nas matrizes clássicas de escrever histórias ficcionais para TV, que herdam características do melodrama e do folhetim, auxiliam na compreensão do papel da memória dos sistemas culturais (LOTMAN, 1996, 1998, 2000) na composição da teleficção, isso pensando a cultura como uma memória coletiva, por incorporar a historicidade dos sistemas de signos. Após tal percurso, a discussão sobre a composição da imagem na TV reforça a importância do papel da memória nessa trama e como, de fato, a cultura funciona como memória da humanidade.

Ainda que corroboremos com a manutenção desses alicerces, partimos do pressuposto de que há uma desconstrução[64] da matriz tradicional de narrar na televisão nas obras que se apresentam, de alguma maneira, como crítica à forma canônica de contar histórias de ficção seriada. Neste estudo, especialmente, nos referimos aos trabalhos que em algum aspecto trazem

---

64. O termo desconstrução está sendo empregado no sentido de desfazer, desmontar, desconstruir, e não está vinculado a nenhuma teoria e a nenhum autor específico, como Jacques Derrida.

algo de irregular ao texto televisual. No entanto, devemos esclarecer de antemão o que compreendemos por esse modo tradicional de fazer TV. Essa é a função deste capítulo, que inicia um debate que se estende até o capítulo 4.

A televisão formou o seu próprio sistema modelizante, assegurado pelos mecanismos regulares que a regem. Os sistemas modelizantes são "Sistemas relacionais constituídos por elementos e por regras combinatórias no sentido de criar uma estruturalidade que se define, assim, como uma fonte ou um modelo" (MACHADO, I., 2003, p. 167). De modo simplificado, todo sistema semiótico da cultura é modelizante, ou seja, é um sistema sígnico estruturado por um conjunto de regras e se presta a transmitir determinado conhecimento do mundo. Exemplos: literatura, música, mitos, pintura, xadrez, moda etc. Nessa direção, a teleficção também construiu seus modelos no decorrer da sua história.

Luiz Fernando Carvalho diz que, ao longo do tempo, "Fomos adestrados para compreender e gostar de apenas um modo de narrar"[65] e que, por isso, ele procura fugir dessa condição, porque a vê como hegemônica e industrial. Esse jeito corriqueiro de narrar o que estamos habituados é parte de alguns paradigmas enraizados há décadas na memória dos espectadores e que foram se estabelecendo como códigos próprios da linguagem televisual. A TV, na atualidade, é excessivamente naturalista e didática, critica Carvalho (2002), mesmo assumindo acreditar no potencial da linguagem audiovisual como comunicação e educação. LFC acrescenta: "'Ah, televisão é ruim, cinema é bom...'. Eu não acredito nisso. No caso específico da dramaturgia, eu percebo que existem coisas boas tanto num veículo quanto no outro, e coisas ruins tanto num quanto noutro" (CARVALHO, 2002, p. 18). As colocações nos parecem consistentes, bastando recordar que a TV no Brasil existe desde 18 de setembro de 1950 e que em 2020 chegará aos seus 70 anos. Como observa a introdução desta investigação, a telenovela conquistou um público vasto e teve seu tempo áureo nos anos 1970. Com esse formato, a TV Globo estabeleceu, sim, um "modo

---

65. Disponível em: <www.folha.uol.com.br/fsp/ilustrad/fq1006200712.htm>. Acesso em: 6 dez. 2016, 19:05.

de narrar" que se instituiu como "padrão" na televisão brasileira. Como isso se consolidou é o que procuramos problematizar ao refletir sobre as estruturalidades da linguagem da ficção seriada a seguir.

É importante dizer que a TV Globo compõe o segundo maior grupo de televisão comercial do mundo[66] (DUARTE, 2016) e, ao lado da Televisa, rede mexicana, assume um papel de destaque no âmbito latino-americano. Em se tratando de teledramaturgia, a TV Globo é referência, principalmente pela produção de telenovelas, que já foram exportadas para mais de 150 países. A internacionalização das novelas levou a TV brasileira a ser conhecida no restante do mundo. Ainda hoje, mesmo com a queda constante da audiência dos programas de teledramaturgia, a produção nacional resiste e mantém um público cativo. Aliás, a TV aberta continua sendo o meio de comunicação mais utilizado no Brasil, com 89% de adesão segundo dados da Pesquisa Brasileira de Mídia 2016, que sinaliza os hábitos de consumo de mídia pela população. A internet ocupa o segundo lugar, com 49%[67].

Acreditamos que esses números refletem o quanto o espectador brasileiro ainda cultiva o hábito de ver televisão, mesmo que, paradoxalmente, outros indicativos[68] mostrem uma migração constante para outras telas, sobretudo as telas móveis que concentram os canais de vídeos por demanda, como a Netflix, que já considera o público no Brasil o mais promissor da América Latina. O fenômeno provocado pela Netflix precisa ser observado de perto, porque se trata de um canal exclusivo de produção, exibição e distribuição de narrativas ficcionais e de alguns documentários seriados que, somente em 2016, dobrou o número de assinantes no país, passando

---

66. A primeira é a ABC, do grupo American Broadcasting Company, do maior investidor de mídia norte-americano, que fica na cidade de Nova York e é de propriedade do grupo Walt Disney. Outras informações disponíveis em: <http://midiainteressante.com/2008/11/200811as-maiores-emissoras-de-televiso-do-html.html>. Acesso em: 28 dez. 2016, 18:31.
67. Informações no link: <www.pesquisademidia.gov.br/#/Geral>. Acesso em: 28 dez. 2016, 20:03.
68. Informações no link: <http://noticiasdatv.uol.com.br/noticia/mercado/apos-dobrar-tamanho-em-um-ano-netflix-diz-que-brasil-e-um-foguete-14079>. Acesso em: 15 fev. 2017, 18:01.

de três para seis milhões[69]. Por isso, é instigante pensar que, ainda assim, no mesmo ano, a TV se sustenta como a mídia tradicional mais "acessada" pelos brasileiros. É evidente que não se pode deixar de registrar que o contexto histórico do ano de 2016 e também de 2017 foi devastador em termos políticos, econômicos e sociais no Brasil. Sem mencionar as questões mundiais, que também refletem nesse mercado, por aqui um acontecimento se destacou: o *impeachment* sofrido pela então presidente da república Dilma Rousseff, em 31 de agosto de 2016, que desencadeou, entre outras graves consequências na economia, a subida crescente do desemprego, atingindo taxas recordes: no primeiro trimestre de 2017, alcançou 13,7%, o que corresponde a mais de 14 milhões de brasileiros sem emprego – o maior índice da série histórica desde que o dado começou a ser medido, em 2012[70]. Posto esse breve contexto, importa-nos pensar sobre os porquês desse vínculo ser tão denso e desse hábito se manter tão arraigado em plena era da cultural digital.

3.1 A herança melodramática[71]

A cultura é compreendida por Lotman (2000) como uma memória coletiva que se organiza a partir da combinação de vários sistemas de signos, cada um com codificação própria, e que se estabelece na relação entre esses sistemas. Nessa memória coletiva, alguns textos podem se conservar e se atualizar sob alguma invariante de sentido, permitindo que a *memória informativa* seja assegurada pela presença de alguns textos constantes

---

69. Informações disponíveis em: <http://noticiasdatv.uol.com.br/noticia/mercado/apos-dobrar-tamanho-em-um-ano-netflix-diz-que-brasil-e-um-foguete-14079>. Acesso em: 15 fev. 2017, 18:01.
70. Informações consultadas em: <http://g1.globo.com/economia/noticia/desemprego-fica-em-137-no-1-trimestre-de-2017.ghtml>. Acesso em: 6 ago. 2017, 13:27.
71. Parte das reflexões referentes ao melodrama e ao folhetim já foi realizada e publicada em: COCA, Adriana Pierre. As continuidades e as aproximações ao gênero melodrama na adaptação televisual de Dom Casmurro. Verso e Reverso (Unisinos. Online), v. 28, p. 69-80, 2014. Disponível em: <http://revistas.unisinos.br/index.php/versoereverso/article/viewFile/ver.2014.28.68.02/4183>. Acesso em: 1 fev. 2017, 15:00.

e pela unidade dos códigos (ou por sua invariância), mas também pelo caráter ininterrupto de sua transformação. Existe também a *memória criadora*, responsável pela edificação de novos textos na cultura e própria da arte; ela está em potência e pode se atualizar nos textos, como no caso da criação de diversos formatos e narrativas para contar histórias de ficção no audiovisual.

> Cada cultura define seu paradigma do que se deve recordar (isto é, conservar) e o que se deve esquecer. Este último é o que deve ser apagado da memória da conectividade, é como se deixasse de existir. Mas o tempo passa e o sistema de códigos culturais e as mudanças do que é esquecido também (LOTMAN, 2000, p. 160)[72].

Assim, memória e cultura estão correlacionadas, sendo que a primeira se compõe pela conjugação de simultaneidades e de sucessões e, nesse percurso, segundo Lotman (1996), assume um caráter pancrônico. Essa correlação entre diacronia e sincronia permite entender que:

> O processo de envelhecimento dos diversos métodos de geração de sentido, constantemente ativo, é compensado, por um lado, pela introdução e pelo uso de novas estruturas geradoras de sentido, antes proibidas; e, por outro, pelo rejuvenescimento das velhas, já esquecidas (LOTMAN, 1999, p. 36)[73].

Essas novas estruturas geradoras de sentido se apresentam à cultura como textos. Esclarecemos que o conceito de texto para a SC se configura

---

72. No original: "Cada cultura define su paradigma de qué se debe recordar (esto es, conservar) y qué se ha de olvidar. Esto último es borrado de la memoria de la conectividade y es como si dejara de existir. Pero cambia el tiempo, el sistema de códigos culturales, y cambia el paradigma de memoria olvidado".
73. No original: "El proceso de 'envejecimiento' de los diversos métodos de generación de sentido, constantemente activo, es compensado, por un lado, por la introducción y el uso de nuevas estructuras generadoras de sentido, antes prohibidas; y, por outro, por el rejuvenescimiento de las viejas, ya olvidadas".

pelo princípio da trama, já que, ao recorrer à etimologia da palavra, o autor observa que o termo inclui a ideia de entramar-se nos fios do tecido. O texto é visto como um complexo dispositivo composto por vários códigos e, dessa forma, não se apresenta como a realização de uma mensagem em uma só linguagem, pois é capaz de transformar as mensagens recebidas e gerar novas (LOTMAN, 2003). O texto é um gerador de sentidos que inclui tanto a dimensão do emissor quanto a do receptor, bem como elementos casuais e, nessa via, abriga a interação de múltiplos sistemas semióticos, bem como a contradição e a indefinição de sentidos.

Logo, a teledramaturgia se constitui como um desses textos da cultura, que remete a várias memórias e está sujeito a renovação, um texto que, na América Latina, em especial, fala para um público vasto. Os pesquisadores Martín-Barbero e Rey justificam e expõem os riscos da repercussão dessas narrativas televisuais:

> No que diz respeito à televisão, é certo que do México à Patagônia argentina, essa mídia convoca hoje as pessoas, como nenhuma outra, mas o rosto de nossos países que aparece na televisão é um rosto contrafeito e deformado pela trama dos interesses econômicos e políticos, que sustentam e amoldam essa mídia. Ainda assim, a televisão constitui um âmbito decisivo do reconhecimento sociocultural, do desfazer-se e do refazer-se das identidades coletivas, tanto as do povo como as de grupos (2001, p. 114).

A citação suscita questionamentos e indica que a televisão pode desencadear o reconhecimento sociocultural dos povos. Assim, a teledramaturgia se constitui como o "drama do reconhecimento" (MARTÍN-BARBERO, 2009, p. 306), um drama que tem como base para a sua construção o gênero melodramático. Martín-Barbero, em seu texto referencial *Dos meios às mediações: comunicação, cultura, hegemonia* (2009), ratifica: nenhum outro gênero agrada tanto como o melodrama na América Latina, "É como se estivesse nele o modo de expressão mais aberto ao modo de viver e sentir da nossa gente"[74]. Afirmação que remete a outro estudioso do assunto, Peter Brooks, na obra *The melodramatic imagination* (1995), na qual diz que, mais que um gênero, o melodrama se configura como um modo de vida, o modo melodramático, uma espécie de consciência fundamental na contemporaneidade.

Pode-se perceber que elementos como o drama do reconhecimento, o modo de vida, a convocação feita pelas histórias, as tramas deformadas pelos interesses econômicos e políticos – entre outros que têm herança do melodrama – se atualizam em formas e velocidades diferentes na televisão dos países da América Latina. Nesse sentido, é preciso considerar, com Lotman, que são evidentes as diferenças de forma e de velocidade na dinâmica do sistema televisual e, consequentemente, na história de seus componentes.

> Os aspectos semióticos da cultura se desenvolvem melhor segundo leis que recordam as *leis da memória*, sendo que o que passou não é aniquilado nem passa a inexistência, mas sim, sofrendo uma seleção e uma complexa codificação, passa a ser conservado para, em determinadas condições, voltar a se manifestar (LOTMAN, 2008, p. 109, grifo do autor)[75].

As reflexões de Lotman evidenciam que cada sistema cultural tem suas especificidades e que há relevância em se fazer um rastreamento dos elementos que vão se manifestando no eixo diacrônico, deixando suas marcas de diversas maneiras na memória coletiva (na cultura). Por isso, recorre-se ao melodrama (e mais adiante ao folhetim) para resgatar memórias inerentes à teleficção.

A noção mais original de melodrama está associada às emoções acentuadas, mas o gênero configura muito mais do que apenas um "drama exage-

---

74. Ibidem, p. 305.
75. No original: "Los aspectos semióticos de la cultura (por ejemplo, la historia del arte) se desarrollan, mas bien, según leyes que recuerdan las leyes de la memoria, bajo las cuales lo que pasó no es aniquilado ne pasa a la inexistencia, sino que, sufriendo una selección y una compleja codificación, pasa a ser conservado, para, en determinadas condiciones, de nuevo manifestarse".

rado e lacrimejante" (THOMASSEAU, 2005, p. 9), como já apontaram os autores Martín-Barbero e Rey (2001). Historicamente, o melodrama surge no teatro popular, que se desvia dos critérios clássicos de contar histórias no palco e utiliza a música como apoio para os efeitos dramáticos. E, embora a origem da palavra tenha surgido no século XVII, na Itália, para designar "um drama inteiramente cantado"[76], foi na França, após a revolução de 1789, que o gênero se desenvolveu. A relação que se faz é que os tempos de crise daquele momento histórico impulsionaram consideravelmente o gosto pelo teatro[77]. Assim, a gênese do melodrama está associada à ópera italiana, especificamente à opereta, que é um tipo de ópera popular, mais leve. Porém, o gênero só se acentua no século seguinte, em um período histórico conturbado, no qual a Europa vivenciava profunda crise.

No cenário que antecedeu a Revolução Francesa, os salões de arte eram acessíveis apenas às elites, e as expressões artísticas do povo recuperavam nas ruas as narrativas orais, por meio dos contadores de histórias, do teatro de saltimbancos, dos espetáculos de mímicas e das histórias de amor encenadas por atores mascarados. Essas manifestações encaminharam o surgimento do *vaudeville*, no século XVIII, na França, espetáculo que despontou como um teatro popular associado às comédias, com personagens ingênuos. Mais tarde, os *vaudevilles* fizeram muito sucesso nos Estados Unidos também oferecendo uma espécie de teatro de variedades, com acrobatas, ilusionistas, músicos e animais treinados. São os *vaudevilles* que passam a designar todo tipo de teatro, menos aquele que pertencia à companhia nacional francesa, a *Comédie-Française* (BULHÕES, 2009).

Martín-Barbero lembra que, entre o final do século XVII e o início do século XIX, "disposições governamentais 'destinadas a combater o alvoroço' proíbem na Inglaterra e na França a existência de teatros populares nas cidades" (2009, p. 163). A justificativa da proibição era: não corromper o verdadeiro teatro. A proibição em Paris foi suspensa em 1806[78].

---

76. Ibidem, p. 16.
77. Ibidem.
78. Nesse ínterim, surge a obra de origem do melodrama, reconhecida por vários autores no contexto europeu como Coelina ou a Filha do Mistério, escrita por René-Charles

Esses momentos históricos que marcaram a diacronicidade do sistema do teatro como forma narrativa se conectam à afirmação de Lotman (2000) de que as configurações dos códigos culturais vão definindo os seus paradigmas sobre o que deve ser conservado e o que deve ser esquecido, a passagem do tempo mostrando também que esses padrões podem mudar e que o que está esquecido pode ser reincorporado novamente ao sistema. Nessa perspectiva, é possível entender que o melodrama foi se atualizando constantemente e incorporando uma série de modelizações, sendo que, nesse processo, conservou muitas de suas características significativas e, por vezes, reincorporou outras tantas. É dessa forma que a cultura se atualiza e cria novos sistemas modelizantes, que são sistemas de signos que possuem uma estruturalidade com regras e códigos específicos. É importante lembrar que, para a Semiótica da Cultura, todos os sistemas são modelizáveis, isto é, estão sujeitos à semiotização[79].

Quando surgiu, o melodrama revolucionou a criação das narrativas de ficção. De maneira genérica, pode-se dizer que os textos melodramáticos se estruturam sobre o paradigma da luta entre o bem e o mal absolutos, luta essa repleta de obstáculos, mas que, no final, reserva o castigo aos vilões e a recompensa aos virtuosos. Nessa construção há, ainda, o alívio cômico e o tributo ao inesperado, como os acidentes. É dessa forma que as histórias melodramáticas abrem espaço para as emoções e para a imaginação do público (THOMASSEAU, 2005), traços dos quais encontramos resquícios na ficção seriada de TV.

Deve-se levar em conta que, à época da criação do melodrama, o público que passa a ter acesso às suas encenações ainda está sensibiliza-

---

Guilbert de Pixerécourt, escrita em 1800 (THOMASSEAU, 2005).
79. "A língua natural é um sistema modelizante, uma vez que se constrói a partir de outros mecanismos tais como fonação, grafismo, convenções socioculturais. A língua natural foi definida pelos semioticistas como sistema modelizante primário exatamente por ser dotada de estrutura codificada" (MACHADO, I., 2003, p. 162). Assim, todos os outros demais sistemas da cultura são secundários, isto é, "usam a linguagem natural como material, acrescentando outras estruturas e todos eles são construídos em analogia com as linguagens naturais (elemento, regras de seleção e combinação, níveis) que funcionam como metalinguagem universal de interpretação" (MACHADO, I., 2003, p. 167-168).

do pelas experiências vividas na Revolução Francesa e se reconhece no palco. É nessa relação que o melodrama se converte no "espelho de uma consciência coletiva" (MARTÍN-BARBERO, 2009, p. 164).

No início do século XIX, o melodrama já assumia um estatuto ambíguo: amado pelas plateias e repudiado severamente pelos críticos e historiadores da literatura (THOMASSEAU, 2005), apreciadores do teatro culto, predominantemente literário. A encenação era privilegiada no melodrama, em contraponto ao teatro das elites. Na França, os críticos consideravam um absurdo a ação dramática ter mais destaque do que a palavra, o texto (nesse caso, estritamente verbal). O espetáculo visual, os efeitos sonoros, as pantomimas e a dança ganhavam espaço nos palcos, e a música servia para "marcar os momentos solenes ou cômicos, para caracterizar o traidor e preparar a entrada da vítima, para ampliar a tensão ou relaxá-la, além das canções e da música dos balés" (MARTÍN-BARBERO, 2009, p. 166). Com essas especificidades, o melodrama conquistou também o público internacional, sendo levado para Inglaterra, Alemanha e Estados Unidos, tornando-se assim um dos mais bem-sucedidos gêneros do teatro do século XIX.

Com base nisso, já se compreende o porquê de o melodrama deixar as suas marcas nas narrativas ficcionais dos séculos vindouros. As matrizes do melodrama vão para as radionovelas, para o cinema e, por consequência, chegam também à televisão, sendo a telenovela sua cristalização mais evidente no Brasil. A música e os efeitos sonoros nas narrativas ficcionais, por exemplo, ganham resplendor nas radionovelas. Já os efeitos óticos, vindos das trupes de teatro que utilizavam fantasmagorias e sombras chinesas, foram absorvidos pelo cinema.

Quatro personagens alicerçam as histórias melodramáticas: o traidor, perseguidor ou agressor; a vítima, que, em geral, é o herói ou a heroína; o protetor ou justiceiro; e o bobo. Outra característica importante é a ênfase na atuação, que irá permear as encenações que se seguem com as produções audiovisuais. O gesto é um aspecto de forte codificação na cultura popular, antes mesmo do advento dos espetáculos melodramáticos, quando o teatro popular era combatido pela burguesia. Isso porque, desde 1680, os diálogos não podiam existir na arte feita nas ruas; como consequência, as expressões e os gestos dos atores ganhavam destaque. Também eram utilizados cartazes e faixas que correspondiam às falas, às canções. Sendo assim, o teatro que surge com o melodrama tem necessidade, quase uma emergência, de se expressar/falar, fazendo isso por meio do excesso de gestos e pela ênfase nos sentimentos para "uma cultura que não pôde ser 'educada' pelo padrão burguês" (MARTÍN-BARBERO, 2009, p. 167). Pode-se perceber que esses aspectos têm sofrido algumas atualizações na linguagem da ficção seriada brasileira contemporânea. As categorias de personagens persistem ainda hoje em muitas das tramas de ficção seriada televisuais, mas seus traços nem sempre são tão marcados, nem representados de forma tão simplificada. Os gestos que assinalavam as telenovelas brasileiras dos primeiros tempos, e mesmo as produções mexicanas, atualmente não são tão enfatizados na dramatização.

É importante reforçar que, nessa condição, o gênero se torna uma vertente popular, tanto que Martín-Barbero afirma que o melodrama se coloca no "vértice mesmo do processo que leva do popular ao massivo: lugar de chegada de uma memória narrativa e gestual e lugar de emergência de uma cena de massa" (2009, p. 164). Na contemporaneidade, percebemos um traço marcante nas telenovelas, que vai do popular ao massivo: são apreciadas pelo público médio da televisão, criticadas por uma camada da intelectualidade e, aparentemente, menosprezadas pelas elites.

Nesse sentido, Martín-Barbero observa que alguns estudiosos rechaçam o gênero melodramático, denunciando que a moral é o que fica dos espetáculos apresentados, convertendo-se numa forma de propaganda de determinados valores. Contudo, o autor discorda e completa: "o melodrama não se esgota aí, tem outra face, outro espaço de desdobramento e outra significação pela qual se liga com aquela matriz cultural que vínhamos rastreando"[80]. Ele se refere ao modo de simbolizar o social, vivido de maneira metafórica por meio da retórica do excesso, que exige do público uma resposta, seja com risadas, lágrimas ou temores.

---

80. Ibidem, p. 171.

Os argumentos desenvolvidos até aqui dão indícios para responder à pergunta que implicitamente norteou este tópico: por que a televisão, em especial a teledramaturgia, agrada/seduz tanta gente? De maneira breve, sem se aprofundar em cada uma dessas questões, mas refletindo o que foi discutido até este ponto, é possível responder que um dos motivos se deve à teleficção carregar traços do melodrama e, ao manter esses elementos como padrão no sistema da narrativa televisual, ela faz conexão com a memória coletiva e com o drama do reconhecimento: tem forte carga de subjetividade, opera sobre as emoções e, assim, constrói intensa capacidade de vínculo com o público; cria uma (estereotipada) identidade coletiva articulando modos de vida; traz narrativas simples que se constituem basicamente sobre a luta entre o bem e o mal e, assim, funciona como espelho de uma consciência comum a todos. A partir daqui, vamos enveredar pelas searas de outro gênero importante na construção da teledramaturgia que se filia ao melodrama: o folhetim.

3.2 A dinâmica folhetinesca

O folhetim, do francês *feuilleton* (folha de livro), foi o primeiro gênero de massa da narrativa de ficção seriada escrita. O folhetim começou a ser publicado nos jornais franceses em 1830, onde ocupava a primeira página do jornal, como nota de rodapé. A princípio, eram publicados ao lado de notícias de variedades, geralmente associadas a fatos bizarros, piadas e até receitas culinárias. Em 1836, os jornais passam a funcionar comercialmente e a ter anúncios, que eram cobrados por palavras, época em que os jornais parisienses *La Presse* e *Le Siècle* dão início "à publicação de narrativas escritas por novelistas da moda" (MARTÍN-BARBERO, 2009, p. 177). Tais narrativas, logo depois, começaram a ser publicadas no espaço destinado ao folhetim e, por isso, as histórias foram assim batizadas[81].

---

81. O primeiro folhetim foi *Lazarillo de Tornes*, publicado em agosto de 1836 no jornal *Le Siècle*. Em outubro do mesmo ano, o jornal *La Presse* inicia a publicação de um texto de Honoré de Balzac como romance-folhetim. Mas atribui-se como primeiro romance-

Um folhetim que fez muito sucesso no final do século XIX e início do XX, e que depois teve desdobramento em muitas adaptações, inclusive no cinema, foi a história do detetive inglês Sherlock Holmes, criada por Arthur Conan Doyle, originalmente publicada no jornal britânico *The Strand* (GEMINIS, 2012)[82].

Uma intervenção tecnológica acompanhou um impacto social importante nesse período: a criação da máquina de impressão rotativa, que aumentou consideravelmente o número de jornais impressos na época. Consequentemente os romances-folhetins puderam ser lidos pelo grande público, as massas que migravam para os centros urbanos, onde se concentravam as indústrias. O folhetim passou a servir como apelo de vendas e, ainda, se mostrou eficiente na fidelização do público.

Nas novelas – como narrativas literárias publicadas em uma única edição ou fragmentadas nos jornais – podia-se perceber um elemento também presente no melodrama: a emoção. Ao referir-se às novelas, no caso os romances literários, Lotman (2000) observa que esse gênero cria uma terceira pessoa (além da confluência do autor e do leitor no texto) que enriquece a aura emocional pela marcada expressividade das emoções. O autor explica que, objetivamente, a novela se coloca fora do mundo do autor e do leitor, mas o seu processo subjetivo coloca ambos dentro da trama e, dessa forma, a construção mais objetiva do texto não contradiz a subjetividade do leitor. Lotman adverte que na novela (romance) a mensagem se transfere do espaço dos nomes comuns para o espaço dos nomes próprios.

As histórias fragmentadas, contadas em capítulos, que assistimos hoje na televisão, encontram, portanto, a gênese do seu formato nos jornais do século XIX, com os folhetins. Mas não só: "Os formatos ficcionais da TV são herdeiros de um vasto caudal de formas narrativas e dramatúrgicas prévias: a narrativa oral, a literária, a radiofônica, a teatral, a pictórica, a fílmica e a

---

-folhetim, escrito para esse fim, *As memórias do diabo*, de Frédéric Soulié, publicado em setembro de 1837 no *Journal des débats* (MARTÍN-BARBERO, 2009).
82. Informações disponíveis em: <www.geminis.ufscar.br/2012/05/comentarios-da-aula--ficcao-seriada-transmidiatica-2305-game-of-thrones>. Acesso em: 19 set. 2016, 19:00.

mítica, entre outras" (BALOGH, 2002, p. 32). Não cabe à nossa reflexão destrinchar cada uma dessas heranças. Cumpre apenas desvelar que o primeiro modelo de narrativa seriada audiovisual foi oferecido pelo cinema, por volta de 1913, quando surgem as primeiras experiências de serialização, posteriormente incorporadas pela televisão. A maioria das salas de cinema nessa época se apresentava ainda como o antigo *nickelodeon*, que exibia filmes curtos que o público assistia em pé ou acomodado em bancos de madeira desconfortáveis. Os longas-metragens (*feature films*) exibidos nos salões de cinema ainda eram pouco acessíveis ao grande público, mas podiam ser vistos na periferia, em partes, nos *nickelodeons*[83]. O que nos primórdios do cinema aparentava certo amadorismo, com a televisão "ganharia expressão industrial e forma significante" (MACHADO, A., 2009, p. 87).

Por um lado, se mostra a continuidade de certos traços do modo de contar histórias advindos do folhetim e, antes dele, da história oral, do circo, do teatro, da ópera. Por outro lado, as inovações tecnológicas permitem a mudança de suporte e, em decorrência disso, significativas adaptações e reconfigurações de códigos e linguagem. A memória vai se conservando, mas ao mesmo tempo se ajustando aos formatos e às criações que atravessam a dinâmica cultural. Seguindo esse raciocínio, é só pensar nos exemplos das webnovelas ou "telenovelas *express*", como foram batizadas nos Estados Unidos, que ocupam um espaço considerável no ciberespaço. "As webnovelas são produtos seriados compostos por episódios de curta duração destinados a sua distribuição e consumo nas plataformas digitais"[84] (SCOLARI, 2015)[85]. São webnovelas de sucesso: *Amor a ciegas*, TV Azteca, México; e *Mia mundo*, Telemundo Media (Divisão da NBCUniversal), Estados Unidos. Esta última é destinada à comunidade latina que vive em território norte-americano, tem a particularidade de ser

---

83. São séries cinematográficas *Fantômas* (1913-1914), de Louis Feuillade, e *The perils of Pauline* (1914), de Louis Garsnier (MACHADO, A., 2010).
84. No original: "Las *webnovelas* son productos seriales compuestos por episodios de corta duración destinados a su distribución y consumo en las plataformas digitales".
85. Para consultar outras informações acesse: <https://hipermediaciones.com/2015/06/01/el-futuro-de-la-telenovela-entre-la-webnovela-el-transmedia-y-la-fanfiction>. Acesso em: 5 mar. 2017, 16:51.

denominada webnovela, mas já está na terceira temporada, ou seja, é um novo formato, um híbrido entre as melodramáticas telenovelas em capítulos, pensadas para a televisão, e as séries televisuais exibidas na internet.

Lembremos que razões intrínsecas à natureza televisual devem ser consideradas quando se pretende estudar as características do seu modo de contar histórias. Entre elas está uma audiência dispersa, que exige que o enunciado televisual seja capaz de solicitar o telespectador para si. Trata-se de uma forma de convocar o sujeito, como já buscavam fazer o melodrama e o folhetim, mas que precisa ser pensada estrategicamente, agora associada a outras táticas, apropriadas ao meio audiovisual. A necessidade de inserir anúncios publicitários no fluxo televisual constituiu suas narrativas, marcadamente, pela fragmentação. No que se refere à ficção, a serialização se mostra como uma das suas principais formas de estruturação, o que implica conceber um padrão que se repete. Logo, "chamamos de *serialidade* essa apresentação *descontínua* e *fragmentada* do sintagma televisual" (MACHADO, A., 2009, p. 83, grifos do autor).

Foi a serialização que impôs à televisão uma das suas principais técnicas narrativas: a existência de ganchos de sentido, herdada do gênero literário folhetim. Os ganchos são informações impactantes que ficam sem respostas, que só serão dadas no próximo capítulo – hoje em dia, talvez apenas na próxima temporada ou mesmo deixadas por responder, isso se considerarmos o nível de complexidade narrativa que algumas tramas apresentam. O gancho é uma suspensão do sentido narrativo, capaz de segurar a tensão, que deve ser retomada na sequência do relato da história. A sua função é criar expectativa: "Trata-se de inventar um meio, mais ou menos nobre, de fazer com que o espectador volte a procurar o capítulo do dia seguinte – como, outrora, a dona de casa ia, em busca da sequência do folhetim, no jornal ou no fascículo" (PALLOTTINI, 2012, p. 103). Assim, não é mera coincidência a telenovela ser conhecida como folhetim eletrônico.

Importante que se diga que, além da função de explorar os ganchos de tensão narrativos como um recurso para assegurar a audiência, assim como a técnica do suspense utilizada nos folhetins, na televisão, o corte para o *break* ou intervalo comercial tem uma imposição econômica, que é a necessidade de financiamento da emissora comercial. Logo, como já alertou Arlindo Machado (2011b), esse é um princípio organizativo do sintagma televisual. Por outro lado, complementa o autor, há ainda uma outra função, que é a de permitir um "respiro" para quem assiste, já que seria inconcebível prender a atenção de alguém diante da TV por duas ou três horas durante um debate, por exemplo.

Lotman (1998) auxilia a pensar sobre esses arranjos da memória que ligam folhetim a teledramaturgia. Para o autor, os códigos da memória têm disposições específicas que por vezes correspondem a composições com base em épocas mais remotas e/ou mais recentes, ou mesmo ensejam a criação de novos códigos. Cabe ao pesquisador buscar os modos de deciframentos mais adequados.

> A constante atualização de diversos textos de épocas passadas, a constante presença – consciente ou inconsciente – de estados profundos, às vezes muito arcaicos da cultura no corte sincrônico desta, o diálogo ativo da cultura do presente com várias estruturas e textos pertencentes ao passado, fazem duvidar que o evolucionismo trivial – segundo o qual o passado da cultura se assemelha aos fósseis de dinossauros, e a rigorosa linearidade de seu desenvolvimento – sejam instrumentos de investigação adequados (LOTMAN, 1998, p. 109)[86].

O autor evidencia nessa citação que, na cultura, vamos encontrar elementos constituidores de aspectos das narrativas de ficção seriada audiovisuais atuais que não estão necessariamente organizados numa linearidade cronológica. Como já apontado, o folhetim e a telenovela são textos separados por séculos que podem se conectar por meio da memória, bem

---

86. No original: "La constante atualización de diversos textos de épocas pasadas, la constante presencia – consciente e inconsciente – de estados profundos, a veces muy arcaicos, de da cultura en el corte sincrónico de ésta, el diálogo activo de la cultura del presente com vanadas estructuras y textos pertenecientes al pasado, hacen dudar que el evolucionismo trivial, según el cual el pasado de la cultura se asemeja a los dinosaurios fósiles, y la rigurosa linealidad de su desarollo sean instrumentos de investigación adecuados".

como as personagens encarnadas como vilões e heróis, já presentes nas narrativas orais e resistentes ao tempo, que vão se atualizando nas telenovelas em seus formatos mais hegemônicos. Por outro lado, há marcas que se mostram com mais força em determinadas épocas e se apagam em outras.

Isso posto, compreendemos que o gênero teledramaturgia se organiza a partir de formatos associados às lógicas de produção e usos (MARTÍN-BARBERO, 2009) e, assim, podemos dizer que dentro do gênero teledramaturgia existem vários formatos que, convencionalmente, podem ser divididos em: séries; minisséries; microsséries, que são derivações das minisséries; seriados; unitários; telefilmes, filmes produzidos para exibição na TV; e telenovelas, o formato mais popular no Brasil.

A telenovela é um formato caracterizado por ser uma narrativa de longa duração, com cerca de duzentos capítulos estruturados com ganchos narrativos (PALLOTTINI, 2012). Na verdade, nos últimos anos houve, paulatinamente, uma redução no número de capítulos das telenovelas que hoje vão ao ar no horário nobre. Atualmente, a média é de 175 capítulos[87] pelo menos é o que indicam as tramas exibidas de 2012 (considerando as telenovelas iniciadas ainda em 2011) ao início de 2017. Esse é um sintoma de remodelação do formato, ou seja, a realização de narrativas televisuais mais curtas. Ponderamos que essa lapidação no formato é também uma reação à predileção e ao culto às séries norte-americanas.

São estruturalidades da telenovela os núcleos dramáticos que ela comporta, além dos protagonistas, das personagens secundárias e do fato dessa narrativa ser uma obra aberta, produzida enquanto vai ao ar. Esse tipo de drama televisual geralmente se estrutura a partir do tipo teleológico, que Arlindo Machado (2009) atribui a narrativas que estabelecem logo de início um conflito matriz enquanto toda a evolução dos acontecimentos visa a resolver o desequilíbrio instalado por esse conflito de base, o que às vezes só acontece nos capítulos finais.

Divididos em temporadas, os *seriados* distinguem-se dos demais formatos

---

[87]. Informações disponíveis no site: <www.teledramaturgia.com.br>. Acesso em: 3 abr. 2017, 15:00.

por terem episódios autônomos e enredos que se resolvem no mesmo dia em que são exibidos (PALLOTTINI, 2012), ao contrário das *séries*, que se estruturam em capítulos e, assim como as telenovelas, instauram ganchos de sentidos que possibilitam a sua compreensão a partir do todo. Atenção: admitimos que a complexificação narrativa está cada vez mais elaborada e já torna recorrente a hibridação de formatos, sobretudo entre as séries e os seriados. Isso quer dizer: há séries com várias temporadas, estruturadas em episódios autônomos e com arcos narrativos em aberto, que às vezes só vão se resolver nas temporadas vindouras, formato que caracteriza a produção seriada norte-americana. Mittell (2012) define a complexificação narrativa da maneira mais elementar e declara que o melodrama, aos poucos, vem sendo abandonado no horizonte das narrativas complexas.

> Em seu nível mais básico, é uma redefinição de formas episódicas sob a influência da narração em série – não é necessariamente uma fusão completa dos formatos episódicos e seriados, mas um equilíbrio volátil. Recusando a necessidade de fechamento da trama em cada episódio, que caracteriza o formato episódico convencional, a complexidade narrativa privilegia estórias com continuidade e passando por diversos gêneros. Somado a isso, a complexidade narrativa desvincula o formato seriado das concepções genéricas identificadas nas novelas – muitos programas complexos (embora certamente não sejam todos) contam histórias de maneira seriada ao mesmo tempo em que rejeitam ou desconsideram o estilo melodramático (MITTELL, 2012, p. 36-37).

Não nos parece que na América Latina, mesmo com a premente necessidade de reconfiguração dos formatos, haja uma fuga ao gênero melodramático, pelo menos não como sinaliza Mittell, que atribui isso à complexificação narrativa. Por enquanto, acreditamos que, aqui no Brasil, outros vieses, além desse, se mostram como alternativas para mudanças e atualização das histórias de ficção seriada no que tange à TV aberta, como pretendemos colocar em discussão neste estudo.

Quanto aos formatos, há também os *unitários*, programas especiais que vão ao ar isoladamente, em finais de ano ou ocasiões comemorativas. A serialidade, neste caso, se dá por conta da fragmentação da narrativa devido à interrupção dos intervalos comerciais. E tem ainda a *minissérie*, dividida em capítulos e não episódios (PALLOTTINI, 2012). Aqui, naturalmente, o telespectador necessita compreender todos os capítulos para que possa conhecer a totalidade da história. Para essa autora, a minissérie é uma mininovela. Nas duas primeiras décadas de exibição do formato na TV Globo, as minisséries somavam em torno de vinte a trinta capítulos, sendo que hoje já são recorrentes as microsséries que vão ao ar com menos de dez capítulos. Os produtores justificam a redução na realização desse último formato devido aos custos de investimento, em geral, bem maiores se comparados ao capítulo de uma telenovela[88], mas já vimos na introdução deste livro que o contexto audiovisual da contemporaneidade também solicita narrativas mais sucintas. Nessa via, é bom lembrar que fazem parte do foco cartográfico desta pesquisa três microsséries: *Hoje é dia de Maria* (2005), dividida em duas temporadas; *A pedra do reino* (2007); *Capitu* (2008); e, além delas, a série *Afinal, o que querem as mulheres?* (2010).

Outro formato pouco produzido no Brasil é a *sitcom*, abreviatura do inglês *situation comedy*, ou comédia de situação, um formato nascido na televisão estadunidense na década de 1950 com *I Love Lucy*. Caracterizada por uma forma narrativa encenada para um auditório (presente ou presumido), a *sitcom* utiliza poucos cenários e um elenco fixo que satiriza situações cotidianas. O espectador, quando presente, interage com as cenas através de aplausos e risadas ou, quando ausente, suas risadas são inseridas na trama, recurso que é uma marca registrada do formato (COCA; SANTOS, 2014; FURQUIM, 1999). No Brasil, os programas *Sai de baixo* (Globo, 1996-2002) e *Toma lá, dá cá* (Globo, 2007-2009) são exemplos desse formato.

Questionado sobre a sua nova inclinação para a comédia quando estreou

---

88. O custo médio do capítulo de uma telenovela das nove horas da noite na TV Globo é de R$ 300 mil. Cada capítulo da microssérie *Capitu*, em comparação, custou cerca de R$ 1 milhão. Informações disponíveis em: <http://forum.cinemaemcena.com.br/index.php?/topic/3283-capitu-miniserie-globo>. Acesso em: 8 fev. 2017, 15:15.

a série *Afinal, o que querem as mulheres?*, Luiz Fernando Carvalho respondeu que não sabia fazer comédia, que não seria capaz de escrever uma *sitcom* e que a série era apenas uma tentativa de se aproximar desse formato e

> da linguagem das redes sociais, das mídias modernas, do diálogo curto, do diálogo fazendo o papel dos comentários da rede, com mais acidez, mais risco, uma linguagem mais direta, sem tantas reiterações da dramaturgia televisiva. Nunca pensei em comédia romântica, por não saber o que seja exatamente isso. E apesar da aparente leveza, há um conjunto de linguagens por trás desse trabalho que me interessa e que, na verdade, torna o todo algo bem indefinido em termos de gênero (CARVALHO em VILLALBA, 2010).

Essa colocação nos dá pistas do processo de criação de LFC e reitera a sua vontade de ir em busca da experimentação de novos formatos. Já a discussão sobre a gênese dos formatos televisuais evidencia que não é só o número de capítulos ou episódios e o fato de ser uma obra fechada ou aberta que distinguem os formatos televisuais – é também o tempo destinado aos bastidores da produção (geralmente mais extenso no caso das séries e minisséries), a preparação diferenciada dos atores, os custos envolvidos e o espaço na grade de programação da emissora, entre outros fatores. Algumas dessas condições são mais favoráveis às séries e minisséries porque esses formatos se distanciam, em certa medida, da produção industrial imposta às telenovelas diárias e aos seriados semanais, por exemplo. Desse modo, as séries e minisséries estão mais abertas às experimentações, para as quais Balogh está atenta:

> Dentro do conjunto de formatos televisuais há diferenças ponderáveis e cabe à minissérie, formato privilegiado em termos de roteiro e elaboração em geral, a primazia no tocante à artisticidade; seria, em princípio, diversamente dos seriados e novelas, com uma tendência muito maior ao aproveitamento de fórmulas e esquemas (2002, p. 37).

Pallottini endossa essa noção quando pensa a minissérie brasileira como uma "produção cuidada, história concisa, coerente, de dimensões razoáveis e unidade garantida" e que traz na sua origem, que é europeia, a moderação. Esse cenário é inverso da telenovela, com as suas vertentes latino-americanas, ou seja, "desmesurada, mágico-realista, absurda, apaixonada, temperamental" (2012, p. 35-36). Mesmo assim, o autor crê que foi por conta desse realismo, retratado por meio de produções de excelente qualidade e das boas histórias contadas, que a telenovela brasileira conquistou o mundo.

3.3 Dialetos da memória

Se no âmbito do audiovisual a teledramaturgia é compreendida como gênero que contém diversos formatos, expostos anteriormente, na Semiótica da Cultura é mais produtivo analisar as suas configurações por meio dos textos produzidos nesses âmbitos (sem desconsiderar gênero e formato). Como apontamos, o texto televisual, entre outras especificidades, traz consigo traços herdados do melodrama e do folhetim em seu âmago, organizando-se pela sua característica mnemônica, mas não se pode esquecer da sua complexidade e do seu caráter informativo e criativo, porque, como nos alerta Lotman: "[...] a memória não é para a cultura um depósito passivo, se constitui parte de um mecanismo formador de textos"[89] (1996, p. 111).

Entre os tantos aspectos possíveis de serem pinçados do eixo diacrônico para pensar a teledramaturgia, especialmente a brasileira, vamos nos dedicar aos dialetos da memória para explanar o raciocínio de Lotman (1996), fazendo uso de telenovelas da TV Globo, por sua significância no mercado e porque são objetos cartográficos desta investigação. Para Lotman, os dialetos de memória se configuram a partir da organização

---

89. No original: "[...] la memoria no es para la cultura un depósito pasivo, sino que constituye una parte de su mecanismo formador de textos".

interna dada por uma coletividade que, neste caso, constituiria o mundo da ficção seriada. Esses dialetos fazem surgir semânticas locais e podem ser pensados como subestruturas culturais que assumem diferentes composições e volumes de memória, bem como diversos graus de elipticidade nos textos circundantes nas subcoletividades culturais.

A telenovela brasileira, apesar da circulação global (exportação) e de temáticas que afetam diversos tipos de público, configurou um modo próprio de construção de narrativas e de organização de seus textos, tanto no que diz respeito ao formato quanto no que tange às marcas narrativas. Nessa última perspectiva, o dialeto da telenovela brasileira se configura, por exemplo, por meio da pergunta "Quem matou Odete Roitman?"[90], bem como pelas meias de lurex listradas e coloridas usadas com sandália pela personagem Júlia Mattos (Sônia Braga) na telenovela *Dancin' Days* (TV Globo/1978-1979). Mas esse dialeto também se encontra no chacoalhar de pulso do sinhozinho Malta (Lima Duarte) na telenovela *Roque Santeiro* (TV Globo/1985-1986) ou na explosão de dona Redonda (Ilza Carla na primeira versão, Vera Holtz no *remake*) exibida na telenovela *Saramandaia* (TV Globo/1976, *remake* em 2013). Perguntas, usos, gestos como esses nem precisam de referência ao nome da novela, e na verdade isso pouco importa, porque eles já estão incorporados ao dialeto da telenovela e, por consequência, à cultura midiática brasileira.

Numa outra via, há as estruturas de maior abrangência, que remetem parcialmente aos traços do melodrama e do folhetim e que se constituem em categorias de composição textual que se repetem diacronicamente, parecendo sempre funcionar, e, por isso, sendo reproduzidas. Isto é, as regularidades da linguagem. Por exemplo: toda telenovela tem um par romântico que enfrenta dificuldades e, em geral, só fica junto no final da trama. Assim, toda novela deve ter pelo menos um casamento. Contudo, outras tramas estruturantes repercutem: a luta do bem contra o mal; a pessoa que era pobre e ficou rica; o filho da empregada que (de início) é tratado como se fosse da

---

90. Odete Roitman foi uma personagem interpretada pela atriz Beatriz Segall na telenovela *Vale tudo* (TV Globo/1988-1989).

família; a mocinha de vida sofrida, mas que tem esperança e vive sorrindo.

Esse percurso nos faz defender que há uma linguagem clássica da teledramaturgia brasileira, marcada pela memória, pelos modos de produção, pelos usos e apropriações, pelos vieses econômicos e políticos. Resumidamente, quando falamos na linguagem clássica/convencional das narrativas ficcionais na televisão, nos referimos ao modelo de representação da TV Globo que foi, sobretudo, imposto pela produção das novelas a partir dos anos 1970. Modelo este que privilegia, entre outros aspectos, certa linearidade narrativa, o uso convencional dos planos de câmera (decupagem clássica), a serialização, as histórias padronizadas, geralmente com dois ou mais eixos dramáticos e com ganchos causais muitas vezes previsíveis (MACHADO, A., 2009, 2011b), aspectos que compreendemos como estruturalidades da linguagem, embora não as esgotem completamente.

Sabemos que faz parte desse modelo um modo majoritário de representação da *mise-en-scène* que também se construiu ao longo do tempo buscando incessantemente o "efeito de real" (BARTHES, 2012), que não deve ser confundido com o estilo realista, nem mesmo com o naturalismo, pois há distinções. Ribeiro e Sacramento (2010a) ponderam que existem diferentes estéticas na teledramaturgia. Segundo os autores, "a modernização teledramatúrgica se valeu de diferentes estéticas: da realista e da naturalista, mas também do fantástico e até mesmo do grotesco e do romantismo melodramático" (p. 124). Uma dessas possibilidades se cristalizou com mais ênfase na produção de telenovelas, que foi o realismo, comumente confundido por pesquisadores brasileiros com o naturalismo. Discorreremos mais assertivamente no capítulo seguinte sobre essas distinções e as condições que primam pela tradução da realidade na teledramaturgia.

Isso posto, reforçamos que não ignoramos que há uma função criativa do texto no momento em que os processos graduais da dinamicidade dos sistemas são atravessados pelas imprevisibilidades e, consequentemente, pela criação, conforme sugere Lotman (2000). Tanto que o autor nos chama a atenção para o papel ordenador da memória na geração desses novos textos, alertando que, de tempos em tempos, resgatamos da memória cultural coletiva determinado texto, por ora esquecido. Por isso, ele enfatiza: "A memória cultural como mecanismo criador não só é pancrônica, mas se opõe ao tempo. Conserva o passado, como algo que está." (LOTMAN, 1996, p. 110)[91].

3.4 A composição da imagem na televisão

O raciocínio de Lotman (1996) se faz notório quando atentamos para a composição da imagem televisual, que também é uma das estruturalidades dessa linguagem e, consequentemente, da ficção seriada. A imagem na televisão assegura parte da memória cultural da humanidade, porque também é impregnada de historicidade.

A partir desse ponto, nosso trajeto será seguido a passos largos, isto é, sem nos aprofundarmos nas características e contextos históricos dos períodos artísticos em questão. Vamos apenas pontuar as contribuições à composição da imagem audiovisual, que é o que importa a esta reflexão. Faremos isso, principalmente, segundo as orientações de Balan (1997), cuja pesquisa *A iluminação em programas de TV: arte e técnica em harmonia* discute a formação da imagem na televisão e perpassa movimentos da história da arte.

Muito tempo antes da invenção da TV, os artistas gregos desenvolveram uma técnica que se firmou como um dos princípios basilares de enquadramento na fotografia e na imagem em movimento: o princípio do ponto dourado ou ponto de ouro. Huyghe supõe que "o Egipto foi o primeiro a conceber todos os recursos que a arte pode encontrar nas relações calculáveis, mas foi manifestadamente a Grécia que as transformou numa das bases da estética" (1986, p. 51). Dito isso, compreendemos por que a técnica do ponto de ouro (ou seção de ouro, batizada também de "divina proporção" no tratado escrito pelo pintor italiano Luca Pacioli) foi desenvolvida, e não

---

91. No original: "La memoria cultural como mecanismo creador no sólo es pancrónica, sino que se opone al tiempo. Conserva lo pretérito como algo que está".

criada pelos gregos: acredita-se que a seção de ouro pode ter sido calculada e aplicada em obras de arte desde a Antiguidade.

A busca dos artistas da Grécia era pela beleza das imagens, pois acreditavam em um mundo em que os deuses eram imortais e se assemelhavam aos homens. A arte grega antiga, que foi dividida em três períodos (arcaico, clássico e helenístico), teve na escultura a produção determinante para a evolução estética do Ocidente, principalmente depois da sua redescoberta no Renascimento (BROCVIELLE, 2012), e a técnica do ponto dourado (regra dos terços, dos cinco oitavos, da divina proporção ou da seção de ouro) foi decisiva nessa procura.

A regra consiste em dividir uma cena/tela/imagem em linhas equidistantes na horizontal e na vertical e manter o centro de interesse no ponto de interseção das linhas horizontais e verticais a cinco oitavos de qualquer das margens. Dessa forma, a cena proporciona equilíbrio e afasta a monotonia visual. Os gregos elegeram a intersecção do primeiro quadrante como a mais impactante, já que é a primeira a ser visualizada por um observador. A maioria dos programas televisuais que vão ao ar são enquadrados a partir desse princípio básico.

Saltamos do período da arte grega para o Renascimento, que compreende um período próspero da produção cultural que durou aproximadamente do fim do século XIV ao final do século XVI e que oferece outra contribuição fundamental para a composição da imagem audiovisual. A arte renascentista se preocupou em traduzir "fielmente" a realidade, a natureza, o mundo ao seu redor, tendo como aliada nessa missão a técnica da pintura a óleo[92], tanto assim que é criação dos artistas daquela época o *trompe l'oeil*, técnica de sombreamento da pintura que provoca uma ilusão de ótica, dando a impressão de uma imagem tridimensional.

Balan (1997) revela que a imagem audiovisual herdou as características principais da pintura renascentista: a triangulação, a simetria e a perspectiva, além da dimensão primordial da luz nessa relação. Um triângulo formado por três linhas imaginárias guia os componentes da imagem. No

---

92. Ibidem.

topo desse triângulo imaginário fica sempre o centro de interesse, ou seja, o conteúdo mais relevante que se quer mostrar. E, claro, os elementos menos perceptíveis, complementos da imagem/cena, ocupam os vórtices do triângulo. São as linhas da perspectiva que nos carregam, portanto, para o que interessa ser visto primeiro pelo observador/espectador.

Balan analisa os princípios da arte do Renascimento na pintura *A ceia* (1495-1497), de Da Vinci, que concernem também à imagem televisual.

> Na obra "A Ceia" de Leonardo da Vinci observamos que a composição básica é formada por uma grande linha horizontal tendo ao meio a figura de Cristo que marca o eixo vertical. A triangulação formada em Cristo tem Sua cabeça como centro. O prolongamento de todas as linhas das perspectivas das paredes se cruzam num ponto de fuga que não outro senão a própria cabeça de Cristo. A simetria tem como centro de interesse o corpo de Cristo. A luz já aparece como elemento central neste quadro com a função de chamar a atenção do centro de interesse: está ao fundo, como uma moldura clara onde Cristo aparece com muito bom contraste. É uma primeira demonstração do aspecto iluminação como fortalecedor do centro de interesse (1997, p. 33).

O autor supõe, ao discutir o ponto dourado, que a maioria dos profissionais de televisão, acaso questionados sobre essas regras, provavelmente não iriam associá-las aos movimentos de história da arte ou sequer nomear tecnicamente os enquadramentos que realizam. No entanto, todos trabalham intuitivamente com esses parâmetros básicos de formação da imagem quando realizam a captação de cenas na TV. Também devemos levar em conta que há um hábito modelizado no nosso modo de organizar a imagem, que é cultural. Sem dúvida, não são necessários muitos argumentos para atestar isso, basta nos relacionarmos com alguns profissionais de televisão ou, menos ainda, observar as cenas.

A herança renascentista é evidente na composição da imagem audiovisual, só que a Renascença ainda não privilegiava a luz e a sombra, o que só veio a acontecer com a arte barroca, que se semeia na Europa, a partir da Itália, no fim do século XVIII. Esse movimento artístico surge na Igreja como uma reação ao protestantismo que avançava no Velho Continente. Na tentativa de conquistar mais fiéis, a Igreja Católica, que estava perdendo sua força, solicita aos artistas imagens (pinturas e esculturas) que suscitem mais emoção, dramaticidade e movimento (BROCVIELLE, 2012).

Balan (1997) sustenta que, com isso, a imagem pictórica ganhou textura, porque o tipo de luz que passou a ser empregada como recurso para garantir tais características proporciona a tridimensionalidade. O autor assegura que o mesmo acontece quando usamos esse tipo de iluminação no audiovisual e avalia a imensa contribuição do trabalho realizado com a luz nas telas de Caravaggio[93], um dos mestres da arte barroca, para a imagem na dramaturgia audiovisual. Segundo Balan, "a técnica de iluminação de Caravaggio é utilizada na produção cinematográfica e televisiva nas cenas onde a alta dramaticidade e suspense são necessários, para levar ao telespectador sensações de preocupação e terror" (1997, p. 36).

O barroco, ao retratar nos quadros o sofrimento agudo na pele de pessoas comuns e ao tratar, inclusive, temas bíblicos com essas nuances, se opôs às convenções da arte clássica, porque se distanciou da "beleza ideal" tão venerada na Renascença. Essa exposição é que chocava os espectadores das obras barrocas. Nas palavras do historiador da arte Ernst Gombrich, o barroco tem uma "honestidade intransigente" (1985, p. 306) que poucos souberam apreciar na época em que o estilo foi criado, mas que foi decisiva para os artistas vindouros, que a incorporaram nas artes visuais e audiovisuais, como já dito.

A técnica à qual Balan (1997) assente que foi imprescindível para o audiovisual é o contraste entre luz e sombra reconfigurado a partir do *chiaroscuro*[94], palavra italiana traduzida literalmente como claro-escuro. A técnica

---

93. Michelangelo Merisi, conhecido como Caravaggio (1571-1610), nasceu na cidade de Caravaggio, na Itália. Teve uma vida pessoal conturbada, o que não o impediu de se tornar um pintor cultuado pela Igreja. Suas telas foram consideradas revolucionárias, sobretudo pela forma como trabalha a luz, tal como destacado no texto, e por retratar as personagens religiosas como pessoas humildes, indo de encontro aos propósitos da Igreja naquele momento (BROCVIELLE, 2012).
94. Informações disponíveis em: <www.brasilcultura.com.br/artes-plasticas/tecnicas-de-

surge com o cientista e artista Leonardo da Vinci, no século XV, e é também chamada de perspectiva tonal, mas são os pintores barrocos que levam o *chiaroscuro* ao extremo. A luz contrastante, bem demarcada – explorada em grande parte das imagens da microssérie *Capitu* como uma espécie de atualização da pintura barroca – ficou também conhecida como tenebrismo, por conta das características da luz, que denunciam uma preocupação dos artistas com as implicações psicológicas das personagens retratadas e com a dramaticidade das cenas, tanto que as pinturas barrocas eram comparadas à arte dramática – ao teatro –, pois imprimiam um efeito teatral à tela.

Caravaggio explora uma gama incessante de tonalidades escuras, o que faz com que o claro-escuro exposto em seus quadros seja violento. Essa intensidade dramática se aproxima de temáticas da arte romântica (séculos XI e XIII), que imprimiu emoções exacerbadas nas telas, com apelo trágico. O romantismo cedeu à televisão uma técnica que em determinados textos expõe apenas um foco de luz, arguto, pontual, permanecendo o entorno dele, o restante da cena, apenas como uma penumbra, pouco perceptível. Esse tipo de luz é comum nos textos teledramatúrgicos, mas também usual no telejornalismo, quando há depoimentos em que o rosto do entrevistado não pode ser revelado. O nome técnico para esse recurso na televisão é luz recortada. Na pintura, o exemplo são as telas de Goya que deram abertura para as expressões que marcaram e possibilitaram o movimento romântico e, mais tarde, a manifestação do expressionismo, segundo estágio da arte moderna.

Dando um salto dos clássicos para os modernos, contemplamos, por fim, um dos aspectos do primeiro período da arte moderna, o impressionismo, que também auxilia na constituição da imagem audiovisual. O movimento impressionista é resultado de uma inquietação em relação à nova Paris, que se modernizava. Os artistas que deram as pinceladas iniciais da arte moderna são, a princípio, repudiados no *Salon*, principal salão de exposições da cidade-luz, porque suas imagens estavam em desencontro com a arte realista, reproduzida na tela (quadro) por tanto tempo, du-

---

-pintura-chiaroscuro>. Acesso em: 21 jan. 2017, 18:08.

rante os períodos anteriores da história da arte, em que só a figuração foi apreciada como representação do mundo. No entanto, os impressionistas não queriam reproduzir o mesmo que os pintores academicistas da época. No palco, para romper com esse modo de representar a vida, passaram a buscar o movimento, as impressões da cena, registrando o cotidiano fora dos ateliês e ao ar livre, principalmente ao redor de Paris, que naquele momento é a cidade do proletário, mas também das festas e da solidão – eis a Paris do século XIX (IMPRESSIONISMO, 2012).

Se, até então, os artistas buscavam eternizar situações e personagens considerados nobres, o Impressionismo partiu para a experimentação de uma pintura que captasse as coisas passageiras, a velocidade dos acontecimentos e a vida cotidiana[95].

A passagem da imagem mimética para a imagem vaporizada nas artes visuais deixou uma herança emblemática para o audiovisual: o tratamento em primeiro plano e em segundo plano dado à imagem, recurso muito utilizado na televisão.

Quando se deslocam dos ateliês para o ar livre e passam a pintar nos parques, praças e jardins, os artistas começam a refletir a luz na superfície dos objetos da cena e a trazer a cor para a pintura com mais força. Tanto que uma nova técnica surge nessa fase da pintura: o empaste. No desejo de trabalhar com a cor em excesso, o artista colocava a tinta diretamente sobre a tela e com o pincel a modelava: assim surge um trabalho de cores único que introduz o tom sobre tom nas artes visuais. Van Gogh[96] teria sido o pioneiro nesse tipo de pintura (BALAN, 1997). Na televisão, o contraste de uma cor sobre a mesma cor, ou seja, o tom sobre tom da pintura, nos ensinou, portanto, a "destacar o objeto em primeiro plano usando um fundo em segundo plano

---

95. Ibidem, p. 2.
96. Vicente van Gogh (1853-1890), pintor holandês, foi um mestre da pintura que, em dez anos de produção, revolucionou a arte com propostas inventivas. São obras de destaque do artista *Os girassóis* (1888); *Noite estrelada* (1889); *Autorretrato com a orelha cortada* (1889); e *Campo de trigo com corvos* (1890) (BROCVIELLE, 2012).

bastante contrastado em relação ao primeiro"[97].

Para concluir este capítulo, recuperamos sinteticamente o que foi observado. Vimos que as histórias de ficção seriada variam pouco em sua constituição, segundo os moldes das narrativas ficcionais clássicas, mesmo sabendo que estas se reconfiguram diante das novas maneiras de se relacionar com a televisão na atualidade e mantêm características que falam diretamente a uma memória coletiva que faz jus à colocação de Martín-Barbero, que enfatiza o melodrama como o "drama do reconhecimento" (2009, p. 306), principalmente no contexto latino-americano.

Somos cientes de que a teledramaturgia brasileira vive um momento de transformações intensas diante das questões impostas pela multiplicidade de formatos que vêm surgindo no audiovisual e em virtude do cenário da convergência midiática que, consequentemente, impõe mudanças nos modos de ver e produzir imagens na contemporaneidade. No entanto, seria ingênuo usar a expressão "não temos memória", pelo menos em se tratando de audiovisual, especialmente da ficção seriada. A autora de telenovelas brasileiras Thelma Guedes, em entrevista ao programa *Donos da história* (GNT), endossa essa noção, revelando: "Não acredito em inovação da teledramaturgia, tirando da telenovela o que ela tem de sua estrutura. Isso é fundamental"[98]. E a autora parece ter razão, mas isso não significa que a teleficção não possa se renovar, pois o que Lotman (1996) propõe é a coexistência dessas duas estruturalidades: uma não anula a outra, há um condicionamento mútuo.

Nessa via, é importante considerar que a cultura enquanto memória se reporta ao passado e também funciona como um sistema modelizante de comportamentos e, por isso, visa ao futuro (MACHADO, I., 2003, p. 163).

---

97. Ibidem, p. 45.
98. Relato disponível em: <http://canalviva.globo.com/programas/donos-da-historia/materias/donos-da-historia-deste-domingo-e-com-dupla-dura-rachid-e-thelma-guede.htm>. Acesso em: 2 de jul. 2017, 19:30.

- CAPÍTULO 4 -
A PRODUÇÃO DOS CÓDIGOS DA LINGUAGEM AUDIOVISUAL

Este capítulo examina alguns códigos da linguagem audiovisual, especialmente aqueles que, posteriormente, serão vistos no estudo como desterritorializados. As informações trazidas nesta reflexão também fazem parte do processo cartográfico, compondo uma cartografia televisual mais ampla, que observa para além da obra de Luiz Fernando Carvalho e se sobrepõe à cartografia teórica, auxiliando-nos a identificar as regularidades da linguagem da teledramaturgia e aliada às informações de documentos midiáticos e ao nosso repertório construído com a observação atenta da teleficção.

Em nosso entendimento, é relevante apresentar as regularidades da linguagem e compreender seus referenciais hegemônicos para somente depois ser possível depreender em quais aspectos há as rupturas de sentidos e como se encaminham as explosões semióticas (as rupturas de sentidos intensas). Portanto, é essa a função deste capítulo, que foi organizado em três itens principais: "Regularidades técnicas"; "Regularidades espaço-temporais"; e "Regularidades cenográficas". Essa subdivisão corresponde diretamente aos três platôs (cartografias menores) encontrados na cartografia empírica. Entendemos ser importante desenvolvê-los teoricamente com vistas a encontrar as regularidades e as previsibilidades desses elementos. Assim, dão nome aos capítulos de análise que encerram o trabalho, a saber: "Platô rupturas de sentidos da técnica e os rearranjos do saber-fazer teledramaturgia" (capítulo 6); "Platô rupturas de sentidos da cronotopia: um quebra-cabeças do espaço-tempo" (capítulo 7); e "Platô rupturas de sentidos da cenografia: um *patchwork* de referências" (capítulo 8).

Essa relação precisa ficar notória porque não temos a pretensão de refletir sobre as características da linguagem audiovisual como um todo, interessando-nos trazer à tona as regularidades dos pontos que vão compor essa cartografia da obra de LFC.

Uma última ressalva antes de adentrarmos as regularidades técnicas que se refere ao conceito de realismo. Neste estudo, admitimos por realismo a definição esclarecedora de Sacramento (2014), que, pautado pela concepção de Longhurst (1987), alerta para a confusão que se estabelece quando não distinguimos realismo e naturalismo e endossamos o que seria um "realismo naturalista", implícito nas pesquisas sobre as telenovelas modernas e, assim, assumindo como a possibilidade de representação dominante (RODRIGUES, 2009; SACRAMENTO, 2014). Sacramento explicita:

> Os elementos centrais da narração realista – a ação e a tipicidade – não se apresentam no caráter inanimado da descrição naturalista. Além disso, o romantismo se opõe ao realismo (pelo excesso de subjetividade) e ao naturalismo (pelo aparente excesso de objetividade, nas "coisas" e não nas pessoas e processos). O realismo, como estilo narrativo teledramatúrgico, conta com três características básicas: 1) desenvolve uma "extensão social" do drama, ao considerar pessoas comuns e trabalhar com os "tipos sociais" mais em voga; 2) relata um conjunto de eventos no presente – a ação é contemporânea; e 3) tem a ação inspirada por questões seculares. Já a narrativa naturalista privilegia a ação das personagens nas relações com outras personagens como motor narrativo, deslocando o centro do relatar para como a determinação do meio social (do espaço habitado) se materializa em ações (LONGHURST, 1987) (SACRAMENTO, 2014, p. 157).

Com isso em mente, sempre que falarmos em realismo estamos partindo desses pressupostos, sendo que a maior parte das colocações se refere não ao estilo realista, mas aos recursos cênicos em prol do "efeito de real".

4.1 Regularidades técnicas

4.1.1 A fotografia televisual

Abrimos a discussão acerca das regularidades técnicas pensando sobre o comportamento da fotografia na televisão, sintonizadas com a última reflexão do capítulo anterior, que apresentou as estruturalidades da composição da imagem em movimento. Os parâmetros apresentados no item "A composição da imagem na televisão" dialogam intimamente com a iluminação na produção da cena; mais do que isso, a fotografia é um recurso imprescindível também na construção de personagens e afinação do tom de um programa de TV (dito de outro modo, na execução do que foi concebido como conceito-guia de uma produção televisual). A fotografia na imagem audiovisual é basicamente como trabalhamos a iluminação, ou seja, como é pensada a luz. Na tradução de Balan, a fotografia na televisão é "a harmonia estética entre o arranjo dos elementos que compõem a cena e a iluminação ambientada" (1997, p. 59). Um comentário de Lotman complementa essa definição. Ele alerta que, em certos enquadramentos, "a iluminação é um elemento mais significante do que a representação dos objetos" (1978a, p. 104). Para o semioticista, todos os elementos de uma cena no audiovisual podem ser carregados de significação e exercer um papel fundamental na narrativa.

Certos disso, sabemos que a fotografia é um dos pontos marcantes da obra de LFC, que será aqui abordada como uma das irregularidades exercidas pelo diretor. É fato que os seus textos audiovisuais já se tornaram conhecidos por esse diferencial, ou seja, pela textura impressa nas imagens concebidas por ele. Optamos por deixar esse movimento de desterritorialização de sentidos vinculado à técnica, porque, para tingir as imagens com os tons que as diferenciam e lhe asseguram uma assinatura, LFC antes de tudo precisou quebrar regras tecnicamente impostas pela fotografia na televisão.

Balan lembra que "o telespectador tem em seu repertório o pré-conhecimento dos ambientes reais onde vive", logo "o programa de TV proporcionará melhor grau de convencimento se os cenários e iluminações utilizadas proporcionarem ambientes que correspondam a realidade já conhecida pelo cidadão comum" (BALAN, 1997, p. 21).

Imaginemos como exemplo uma cena que ocorra em uma cozinha. Já é do conhecimento, pela vivência, do telespectador o padrão normal de luz, cor de paredes, tipos de sombras que são projetadas. Em uma cena de novela se a cozinha não parecer ao telespectador como natural, vai proporcionar-lhe a impressão de um ambiente irreal o que, por sua vez, provocará ruídos na interpretação do conteúdo da cena. Este repertório, ou pré-conhecimento do telespectador é adicionado, no dia a dia, ao ver revistas, jornais, filmes, os mais variados programas de TV, que além do real trazem embutido certos padrões de luz e enquadramento de imagens[99].

Os padrões aos quais se refere o autor, em se tratando de fotografia audiovisual, perpassam, como já discutido, a história das artes visuais – que testou os efeitos da iluminação na cena quando os artistas ainda davam suas pinceladas à luz de vela e que teve um ápice com a luz elétrica, invenção que permitiu a criação de efeitos óticos. A composição fotográfica começou a ser pensada no audiovisual nos primeiros anos do cinema, quando os cineastas ainda espalhavam tecidos brancos pelo *set*[100] de filmagem com a intenção de favorecer a distribuição da luz. No entanto, a iluminação gerada por esse recurso era sempre difusa, não condizente com a iluminação real dos ambientes, isso porque estamos habituados a observar sombras bem definidas, que são aquelas desenhadas por uma fonte de luz chamada de "dura", como o sol. Para reproduzir no *set* de filmagem o contraste entre claro e escuro com nuances mais próximas da realidade do espectador, foram criadas fontes de luz artificiais. Nesse instante é que se descobriu a necessidade de ter uma fonte de luz suave

---

99. Ibidem.
100. *Set* é o local, o espaço onde será realizada a cena, no cinema ou na TV.

em contrapartida a uma fonte de luz dura, que antes tinha só a função de clarear a cena. A distinção foi que a "luz deixou de ser um elemento utilizado para 'clarear' passando a ser um elemento destinado a 'iluminar'" (BALAN, 1997, p. 57).

Independentemente de ser no estúdio ou em uma gravação externa, as fontes de luz básicas para uma gravação televisual constituem-se de uma fonte dura e outra suave. A principal, a luz dura, é aquela, portanto, que vai produzir sombras mais densas e um foco bem distinto, por isso, também é chamada de luz direcional. Complementar, a luz suave produz uma luz mais difusa e feixes mais espalhados. As gradações de cada uma delas são garantidas pelo tipo de refletor utilizado, sendo que existem muitas possibilidades[101]. No caso dos refletores de luz direcional, há sistemas óticos e lentes que auxiliam na tarefa de regulação dos contrastes e intensidades da luz, sendo normalmente do tipo Fresnel, com lentes e bandeiras ao redor do foco de iluminação que impedem que a luz incisiva invada outros elementos do cenário.

Quando a gravação é em uma locação externa, fora do estúdio, o princípio da luz dura e da suave é o mesmo: a luz solar funciona como a luz dura, em geral principal fonte de iluminação das gravações externas, e que pode ter como fonte de luz suave os rebatedores[102], que atenuam as sombras demarcadas por ela produzidas. Se a cena estiver sendo gravada em um ambiente em que há uma parede branca, essa parede pode funcionar como um rebatedor da luz principal e refletir feixes mais difusos, que vão funcionar como uma fonte de luz suave. No estúdio, a essa referência basilar é somada um terceiro ponto de luz, a contraluz, que contribui para a definição dos contornos das personagens e objetos de cena e que constitui, ao lado das outras duas fontes de iluminação, a chamada "luz de três pontos", fundamental para assegurar o efeito de realidade na fotografia televisual.

---

101. Para informações mais detalhadas sobre os diferentes tipos de refletores usados em um estúdio de TV, cf. Balan, 1997, p. 86-89.
102. O rebatedor, em geral, é um tecido que pode ser prateado, branco ou dourado; existe em diferentes formatos e funciona como o segundo ponto de luz, suavizando as sombras provocadas pelo ponto de luz principal. É usado para fotografias e também para a captação de imagens em movimento.

Tecnicamente, convencionou-se que em um estúdio de televisão existem pelo menos três câmeras, numeradas sempre da esquerda para a direita, sequencialmente (1, 2 e 3); as demais câmeras, se existirem (as câmeras móveis, instaladas em gruas[103] ou manipuladas com *steadicam*[104]), serão numeradas a partir desse padrão básico. Observando o atual cenário do *Jornal Nacional* (TV Globo/1969-atual), inaugurado em junho de 2017, é possível identificar as posições protocolares das câmeras em um estúdio de TV. As principais são três câmeras traqueadas, ou seja, remotas, sendo duas delas suspensas, o que permite a inserção dos cenários virtuais[105]. Há uma quarta câmera móvel e ainda uma quinta, só utilizada quando há entrevistas na bancada. É o posicionamento das câmeras e o movimento das personagens e/ou dos apresentadores em cena que determinam os pontos de luz, que seguem o princípio da luz de três pontos.

A luz de três pontos é posicionada por três refletores (Quadro 17), cada um assumindo uma função: um ponto é a luz principal, luz-chave (*key-light*), luz dura ou direcional; o segundo é a luz atenuante, a *fill-light*, a luz difusa ou suave, considerada como luz de preenchimento; e o terceiro ponto, a *back-light*, que serve também como luz de cenário, de fundo. Essa é a contraluz, posicionada atrás do apresentador ou ator, em relação à câmera que faz a tomada, ou *take*[106]. É esse ponto de luz que destaca o cabelo, os ombros, o volume dos objetos de cena. Alguns profissionais ignoram esse ponto de luz e o consideram desnecessário na composição

---

103. A grua é um equipamento com o mecanismo de um guindaste usado para manipulação de câmeras móveis, remotas. Normalmente, usa-se para a captação de plano geral ou grande plano geral. Há gruas em que o *cameraman* vai junto sobre o sistema de gangorra e, nesse caso, é o operador de câmera que controla a câmera.

104. *Steadicam* é um equipamento usado pelo operador de câmera como uma espécie de colete. Serve para suavizar os movimentos da câmera, dando estabilidade às imagens captadas. O nome *steadicam* é a marca registrada desse equipamento de suporte de câmera.

105. As projeções acontecem em um cilindro de vidro com 15 m de curvatura, que acolhe a bancada e os apresentadores e varia do opaco ao transparente para poder receber as animações. Atrás dos apresentadores são realizadas projeções em LED em um telão com 3 m de altura por 16 m de largura, o qual recebe as imagens em realidade aumentada.

106. Os *takes*, ou tomadas de câmera, compõem os planos que constituem as cenas. O termo em inglês quer dizer, ao pé da letra, "tomada", do verbo "tomar", que no audiovisual passou a designar "tomada de cena", "cena".

fotográfica. Nós acreditamos que a *back-light* é indispensável, sobretudo na iluminação de pessoas (BALAN, 1997).

Quadro 17 – Diagrama de iluminação de três pontos

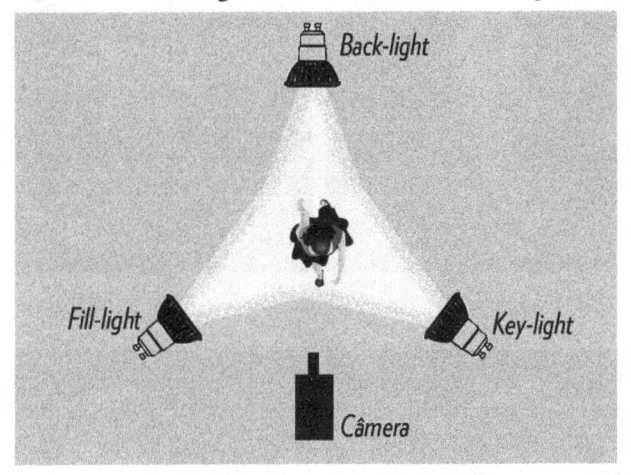

Fonte: baseado em Balan (1997). **Arte:** Jaqueline Fofonka.

Figura 1 – Iluminação de três pontos, ponto a ponto

Apenas *"Key-light"* — Apenas *"Fill-light"* — Apenas *"Back-light"* — Iluminado pelos três pontos

Fonte: C. Biehl Estúdio Fotográfico.

Quando há mais apresentadores ou atores contracenando, a organização básica para iluminar a cena é a mesma, sendo que a luz principal de um ator pode funcionar como luz atenuante ou contraluz para outro, dependendo do posicionamento e movimento das personagens (Quadro 18).

Quadro 18 – Diagrama de iluminação com três personagens

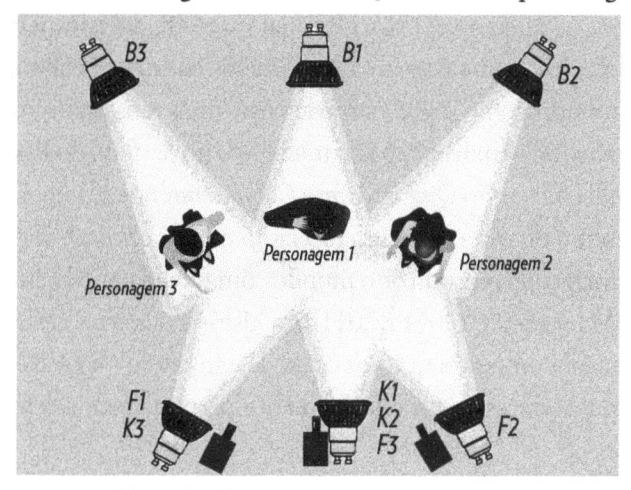

Legenda

K1: *key-light* Personagem 1	F1: *fill-light* Personagem 1	B1: *back-light* Personagem 1
K2: *key-light* Personagem 2	F2: *fill-light* Personagem 2	B2: *back-light* Personagem 2
K3: *key-light* Personagem 3	F3: *fill-light* Personagem 3	B3: *back-light* Personagem 3

Fonte: Balan (1997). **Arte:** Jaqueline Fofonka.

Desse modo, é fácil pensar que com um ator em movimento necessitamos de vários refletores iluminando o ambiente, porque há diferentes marcações de luz. Não é à toa que o teto dos estúdios de televisão é composto por uma infinidade de refletores.

Dito isso, reforçamos que para cada programa de TV há um conceito-guia que orienta toda a produção e, consequentemente, pauta a fotografia. O conceito-guia é a proposta do programa, as referências artísticas e audiovisuais que o inspiram, o contexto que o cerca, a paleta de cores e a atmosfera de sentimentos que envolvem as personagens e, claro, o gênero dramático ao qual a produção pertence (no caso da teledramaturgia, se é drama, comédia ou terror, por exemplo). Lembramos ainda que os princípios elementares da iluminação na TV visam a garantir o efeito de realidade, que se alia ao repertório visual inerente ao telespectador.

Contudo, a fotografia é só um dos recursos na busca pela objetividade e imitação do mundo, como já preconizavam os artistas renascentistas, que perseguiam a beleza ideal – e talvez por isso tenha sido no período do Renascimento, também conhecido como *Quattrocento* e *Cinquecento*, que se generalizou o uso da câmara escura ou câmera escura (do latim *camera obscura*), dispositivo que tinha como finalidade reproduzir o mundo com fidelidade. No entanto, como nos orienta Machado, A. (2011a, 2011b), a história das artes visuais não é tão coerente e linear como procuramos contá-la, tanto que foi no Renascimento que surgiram as técnicas que, propositalmente, permitiam uma deformação dos

> raios visuais em direção ao ponto de fuga que estavam sendo elaborados. Como consequência, podia-se fazer com que um pequeno espaço se dilatasse a dimensões infinitas ou que grandes distâncias fossem reduzidas a um ínfimo qualquer, ou ainda que espaços curvos, irregulares e disformes fossem invocados [...] (MACHADO, A., 2011b, p. 207).

Esse fator importa a este texto, porque esse tipo de perversão do código perspectivo renascentista, chamado de anamorfose, também é um dos recursos técnicos que LFC recorre em seus trabalhos, em contraposição à imagem figurativa. A anamorfose técnica está vinculada diretamente à deformação da imagem na tela. Há ainda outro viés dessa faceta que também implica uma desfiguração na narrativa, agora associado ao espaço-tempo representado: trata-se da anamorfose cronotópica, que identificamos como característica recorrente na obra de LFC (que será evidenciada e discutida no capítulo 7, "Platô rupturas de sentidos da cronotopia"). Esse modo pontual de anamorfose contradiz o modo de pensar o espaço-tempo na televisão, que também segue os ditames de uma leitura sintagmática. A regularidade dos elementos espaço-temporais é o que será revelado adiante no item "Regularidades espaço-temporais". Por enquanto, seguimos com os aspectos previsíveis em relação à animação na teledramaturgia.

4.1.2 A animação nas narrativas ficcionais

Este item trata da animação na ficção seriada, e não da teledramaturgia animada, a exemplo das séries de animação produzidas para televisão, como *Uma família da pesada* (1999-2002/2005-atual), *Os Simpsons* (1989-atual) e *El Chavo Animado* (2006-2016). Em nosso primeiro platô, identificamos esse ponto como uma das desterritorializações de sentidos comum às quatro produções analisadas – *Hoje é dia de Maria*, *A pedra do reino*, *Capitu* e *Afinal, o que querem as mulheres?* –, todas apresentando experiências de rupturas em relação à maneira regular como a animação é engendrada na maior parte das narrativas ficcionais na televisão.

Geralmente, na ficção seriada, as técnicas de animação são pouco utilizadas em interação com atores reais, uma vez que a maior parte do que é produzido na teledramaturgia prima pela busca do "efeito de real" (BARTHES, 2012). Logo, essas técnicas costumam ser usadas a serviço dessa premissa, funcionando como um recurso em busca da impressão da realidade. Essa é uma regularidade na ficção televisual, o que ficará mais patente com os exemplos adiante.

Antes deles, esclarecemos que pode parecer espaço demasiado para um aspecto que aparentemente tem uma importância menor como regularidade na teledramaturgia, mas nos pareceu necessário pensar os modos de produção da animação em seus detalhes porque consideramos esse um dos pontos que se coloca com forte intensidade como ruptura de sentidos em relação à técnica na ficção seriada de LFC.

Começar por uma situação irregular da animação na teleficção talvez nos auxilie a comprovar o que seria um comportamento regular. Trata--se da personagem da canguru Flor, na telenovela *Pega pega* (TV Globo/ 2017-2018, exibida na faixa das 19h). Essa boneca animada (por meio de manipulação em algumas cenas em 2D e em outras com o recurso da computação gráfica em 3D, técnicas que serão mais bem detalhadas na sequência) interagia com a adolescente Bebeth (Valentina Herszage), que sofria de alucinações na trama. Desde o primeiro capítulo, a menina conversava com a boneca, que não falava, mas respondia com o olhar e gestos. No entanto, com menos de vinte capítulos no ar a animação foi tirada da novela. A autora Claudia Souto diz que isso já estava programado para acontecer, o que nos parece coerente, porque, como veremos adiante neste capítulo, manter uma personagem animada no ritmo de gravação de uma telenovela, sobretudo uma personagem que tinha aparições frequentes, demanda tempo e um custo elevado. Mas o que nos chama mais a atenção é que a personagem animada teve uma rejeição grande por parte do público, que se manifestou com veemência nas redes sociais. Alguns espectadores alegavam que não conseguiam compreender o papel dela, outros que era interessante mas que, ainda assim, Flor causava estranhamento[107]. Parafraseando Bakhtin (1988), esse "discurso estranho" desencadeou uma ruptura de sentidos, porque esse diálogo animação/atores não é recorrente no sistema de signos da teledramaturgia.

Sydenstricker (2013) esclarece que existem dois tipos principais de animação: aquelas que são realizadas em 2D (duas dimensões), que contemplam técnicas rudimentares como *hand-drawn* ou *cel animation* – que é a animação realizada a partir de desenhos feitos a mão e gravados quadro-a-quadro[108] sobre papel físico ou *cel* (folha transparente de celuloide) – e também a de recorte, que

> é feita a partir do recorte de figuras e personagens desenhados e pintados em papel. Esse tipo de animação permite movimentos rápidos, mas com grandes pausas entre um e outro. É possível trabalhar com as partes separadamente, porém a manipulação de personagens se torna mais fácil se houver algum tipo de junção entre elas. No processo de filmagem de uma animação de re-

---

107. Informações disponíveis em: <https://extra.globo.com/tv-e-lazer/telinha/pega-pega-canguru-flor-deixa-novela-bebeth-faz-tratamento-medico-21468447.html>; <http://portalovertube.com/2017/06/13/canguru-animado-de-pega-pega-saira-de-cena-em-breve>; <http://e10blog.blogspot.com.br/2017/06/o-pior-da-semana-canguru-de-animacao-em.html> e <https://rd1.com.br/questionada-pelo-publico-canguru-flor-deixa-pega-pega-na-proxima-semana>. Acesso em: 23 jun. 2017, 14:21.

108. Quadro, ou *frame*, é a unidade mínima de uma imagem eletrônica. Um *frame* corresponde a uma imagem completa realizada em 1/30 segundo no sistema de cores usado para transmissão no Brasil, que é o PAL-M.

cortes, utiliza-se uma mesa especial, chamada truca, para que o material seja fotografado quadro a quadro, minuciosamente (SYDENSTRICKER, 2010, p. 109).

Digitalmente, a técnica de recorte consiste em fazer desenhos separados das personagens (braços, pernas, feições etc.) e arquivá-los em uma biblioteca digital; as imagens são movimentadas em cartelas padronizadas, com articulações mínimas de fundo. A animação digital de recortes é realizada com *softwares* chamados de vetoriais, que otimizam os custos e o tempo da produção. Há ainda o *anime* (que é a expressão audiovisual dos mangás, as histórias em quadrinhos japonesas), considerado uma técnica em 2D específica e muito simples, que usa muitas cenas estáticas, nas quais apenas os elementos essenciais da ação se movem (SYDENSTRICKER, 2010, 2012, 2013).

O outro tipo dominante de animação é a 3D (três dimensões), que inclui a tradicional *stop motion*, animação quadro a quadro com fotografias, atores reais ou objetos, e não desenhos. A técnica *stop motion* pode dar vida a animações realizadas com areia[109] e apresenta variações (*animutation, fanimutation, scanimation* e *pixilation*[110]) que podem ser mescladas umas às outras. A técnica *pixilation*[111] é uma das mais antigas colocadas em prática: trata-se de registrar atores ou objetos quadro a quadro, deslocando-os

---

109. "Animação com areia: utiliza uma mesa de luz (mesa com tampo de vidro e lâmpadas por baixo) coberta com areia e pode ser fotografada *frame* a *frame* ou filmada enquanto o/a artista desenvolve sua criação (nesse último caso, deixa de ser *Stop Motion* e passa a ser animação em tempo real). Há também a animação sobre vidro, que pode ser feita em tempo real (que, portanto, deixa de ser *Stop Motion*) ou não, utilizando materiais como areia, tintas, grãos e outros materiais" (SYDENSTRICKER, 2012). As obras da artista ucraniana Kseniya Simonova são exemplo desse tipo de animação.
110. "*Animutation*: animação feita a partir de desenhos e fotografias recortadas e 'coladas', como uma espécie de *patchwork*, editadas de forma um tanto aleatória, combinando frases, música e sons sobre imagens e legendas. O trabalho é editado no programa de computador *Adobe Flash*, dando movimento às imagens. A técnica é atribuída a Neil Cicierega, que teria criado o primeiro *animutation*, intitulado *Japanese Pókerap*". *Fanimutation*: qualquer *animutation* não criada por Neil Cicierega. A técnica é a mesma do *animutation*" (SYDENSTRICKER, 2012).
111. Não podemos associar a técnica de animação *pixilation* ao termo *pixelation*, que tem relação com *pixels* (*picture element*), unidade mínima que forma a imagem eletrônica (seja

pouco a pouco diante da câmera, para depois editar as imagens em sequência dando movimento a elas.

Também são 3D as técnicas de computação gráfica (3DCG), como vemos nas séries animadas *The Backyardigans* (2004-2010) e *Pocoyo* (2005-atual); nelas, as imagens foram criadas e finalizadas no computador e, posteriormente, passadas para a mídia digital – no caso de um longa-metragem, o processo poderia ser finalizado transferindo o material para a película. São também 3D as técnicas artesanais de manipulação de fantoches e bonecos ou materiais diversos.

Logo, sob essas condições, animar é dar vida a seres inanimados. Animação vem do termo latino *anima*, que significa alma, sopro vital; também é atribuída à animação o poder de transformar a realidade: "Animar é dar vida e alma a um desenho, não por meio de uma cópia, mas por meio da transformação da realidade"[112] (WELLS, 1998, p. 10).

A teledramaturgia, segundo Sydenstricker (2012), prioriza o uso de técnicas que garantam baixo custo e rapidez na produção. É por isso que, quando a animação faz parte de uma narrativa ficcional, em geral o roteirista deve evitar solicitações como "movimentos giratórios; muitos personagens na mesma cena e; utilização de elementos naturais (chuva, água, fogo). Assim, a animação de vetor é uma solução técnica bastante adotada para oferecer mais agilidade de produção" (SYDENSTRICKER, 2013). Personagens com movimentos muito elaborados e com muitos detalhes (como cabelos, dentes e olhares diversos) também representam dificuldade em uma obra televisual de dramaturgia, porque exigem o uso da computação gráfica, que tem como processo de finalização a *renderização*, etapa demorada mesmo quando as imagens são simples, motivo pelo qual o uso da animação em uma rotina industrial de gravação – como a de telenovelas e seriados semanais – precisa ser cuidadoso e quase sempre é evitado. Outro complicador pode ser o tempo destinado à criação dos *wireframes* (esqueletos das cenas animadas) e dos *body shapes* (as modelagens dos corpos das personagens,

---

ela digital ou analógica) e que tecnicamente seria uma espécie de granulação da imagem.
112. No original: "Animate is to give life and soul to a design, not through the copying but through the transformation of reality".

criações de texturas e cores e, como já dito, dos detalhes), processos que também contribuem para elevar o custo da produção.

O molde da canguru Flor na novela *Pega pega* (2017-2018) foi capturado com a técnica de 3D fotogrametria[113], que permite a reconstrução de um espaço tridimensional (chamado de espaço-objeto) a partir de imagens bidimensionais (chamadas de espaço-imagem). Depois da captação de cada cena, a imagem era digitalizada para a construção do esqueleto computadorizado. O trabalho para a criação da canguru envolveu quatro designers e três animadores.

Sydenstricker (2012) é contundente: quando a animação é associada à teledramaturgia "O roteirista poderá enriquecer e modificar o seu roteiro desde que conte com a parceria do *storyboardista*"[114]. Esse é mais um quesito a ser considerado, visto que "Enquanto o roteiro para a imagem real é destinado à análise do diretor e/ou produtor, na animação os leitores primordiais são o *storyboardista*, o ilustrador e o animador". É desses profissionais a função, entre outras, de iluminar a cena com a "luz digital", isto é, seguir o conceito-guia da narrativa e imprimir nas imagens animadas a mesma proposta de fotografia prevista para o estúdio em que as cenas reais estão sendo rodadas, seguindo os mesmos parâmetros. Melhor dizendo, no caso de um trabalho que une animação e captação de cena com atores reais, a sintonia entre a equipe da criação em computação gráfica e o diretor artístico precisa ser afinada.

Nas produções analisadas neste estudo, tais técnicas de animação aparecem pelo menos uma vez em cada uma das obras, como veremos no

---

113. A American Society for Photogrammetry and Remote Sensing define a fotogrametria como arte, ciência e tecnologia de obtenção de informações confiáveis sobre os objetos físicos e o meio ambiente através de processos de gravação, medição e interpretação de imagens fotográficas e padrões da energia eletromagnética radiante e outros fenômenos (ASP, 1980). Para mais informações, consulte: <http://asprspotomac.org>. Acesso em: 2 jul. 2017, 14:57.
114. Profissional responsável pela criação do *storyboard*, que é um guia visual, o roteiro da cena, filme ou anúncio publicitário traduzido em desenhos. O *storyboard* pode ser detalhado, indicando plano a plano da ação, mas em geral revela as principais cenas do roteiro e reproduz com fidelidade como foram pensados os planos e movimentos de câmera que devem ser realizados e/ou produzidos em uma animação, gravação ou filmagem.

capítulo 6. No audiovisual, a experiência com a animação vem desde o primeiro cinema – a intenção de colocar atores reais contracenando com personagens animadas, por exemplo, já tem história e se intensificou depois que foi desenvolvida a rotoscopia, técnica de desenhar (ou redesenhar) sobre a película de um filme. Lucena Júnior (2005) resgata de 1914 o curta-metragem *Gertie, the Dinosaur*, dirigido por Winsor McCay, e Schneider (2012) lembra o sucesso dos Estúdios Disney na década de 1980 com o filme *Uma cilada para Roger Rabbit* (1988), dirigido por Robert Zemeckis, apenas para citarmos uma experiência pioneira e outra popular.

É inequívoco que a animação atual é devedora das invenções que nascem com o cinema e muito, também, das formas de animação pré-cinematográficas.

As tecnologias de fixação de imagem como a heliografia desenvolvida por Niépce (1926), o daguerreotipo de Louis Daguerre (1839), a calotipia de William Fox-Talbot (1841), assim como o uso de placas gelatinosas secas por Richard Maddox (1871) e o filme flexível concebido por George Eastman (1877) foram algumas das responsáveis pela redução nos custos e pela aceleração do processo de obtenção de imagens. A adaptação entre estas técnicas com diferentes avanços no campo da química e da mecânica permitiram a captação sequencial de imagens, marcando a transição de uma temporalidade da imagem fixa para a linearidade da sequência (NADAL, 2014, p. 166).

No contexto de hoje, a produção de imagens traz consigo um princípio endossado por Santaella (2010) e Machado (2011b), que é o inevitável hibridismo entre as linguagens – sem cair na armadilha de nos estendermos na definição do que é uma imagem híbrida, atentamos para o alerta dos autores de que na atualidade a mestiçagem das imagens resulta em algo que une naturezas distintas. Arlindo Machado (2011b) reconhece que a convergência midiática remodelou os meios em formatos híbridos, contexto que possibilita o uso da animação com mais desenvoltura nos programas de TV, assim como o avanço das tecnologias de computação gráfica, que permitem a execução de tais efeitos, inclusive na teledramaturgia.

É relevante que se diga que a animação sem a interferência da tecnologia sempre fez parte da rotina televisual, bastando se lembrar do programa infantil que ficou famoso na década de 1970, *Vila Sésamo* (TV Globo/1972-1977; TV Cultura/2007; TV Cultura e TV Brasil/2017[115]), que teve e ainda tem personagens-bonecos contracenando com humanos. Vinte anos depois, as histórias contadas no *Castelo Rá-Tim-Bum* (TV Cultura/1994-1997) também utilizaram as técnicas de fantoches animados contracenando com atores reais. Lembramos, ainda, do conhecido Louro José, o papagaio fantoche que está no ar desde 1997[116] e que hoje faz parte do *casting*[117] do programa matinal *Mais você* (TV Globo/1999-atual) ao lado da apresentadora Ana Maria Braga e de seus convidados.

Já as animações em computação gráfica na televisão são recorrentes, sobretudo, nas vinhetas dos programas. Para dar dois exemplos distantes no tempo e que são da teledramaturgia, citamos a bem elaborada abertura da telenovela *Novo mundo* (TV Globo/2017-atual), que foi ao ar às seis da tarde e que resume o enredo da trama em um minuto, com uma moeda de ouro percorrendo a corte europeia, o trabalho dos ferreiros, as batalhas nos navios, o alto-mar, o novo continente (abarcando a monarquia brasileira, os índios e os escravos), um casamento e uma referência à declaração de independência do Brasil. Em forma de animação, a abertura situa o espectador no período em que se passa a história, de 1817 a 1822.

---

115. A atual versão do programa infantil *Vila Sésamo* é uma parceria com a produtora americana *Sesame Workshop*, que firmou um contrato para a realização de duas temporadas de 52 episódios com as emissoras públicas brasileiras TV Brasil e TV Cultura. Informações: <www.folha.uol.com.br/ilustrada/2016/09/1811926-vila-sesamo-retorna-a-cultura-e--a-tv-brasil-em-meio-a-crise-nas-emissoras.shtml>; <http://tvcultura.com.br/programas/sesamo>; e <http://memoriaglobo.globo.com/programas/entretenimento/infantojuvenis/vila-sesamo/ficha-tecnica.htm>. Acessos em: 24 mar. 2017, 15:17.
116. Disponível em: <http://anamariabraga.globo.com/louro-jose>. Acesso em: 6 abr. 2017, 12:05.
117. *Casting* é o "processo de escolha dos atores para um filme, uma peça ou um programa". Disponível em: <www.infopedia.pt/dicionarios/lingua-portuguesa/casting>. Acesso em: 6 abr. 2017, 11:15.

Outro exemplo é a abertura da telenovela *O dono do mundo* (1991-1992)[118], que insere imagens animadas de mulheres sensuais dentro do globo terrestre com o qual brinca Charles Chaplin satirizando Hitler na clássica sequência do longa-metragem *O grande ditador* (1940), enquanto, sobre a cena, entram os créditos da novela. Nesse espaço da programação já é de se esperar o abuso no uso das animações, isso desde que o designer alemão Hans Donner criou o departamento de arte da TV Globo, em 1974, quando veio morar no Brasil e remodelou o modo de criação das vinhetas da emissora carioca.

As animações também são comuns na utilização dos cenários virtuais, que fazem uso do *chroma key*[119]. Nesse caso, a revista eletrônica *Fantástico* (1973-atual) e o programa de esportes *Esporte espetacular* (1973-atual), ambos exibidos aos domingos pela TV Globo, mostram como a computação gráfica pode se tornar uma das marcas visuais dos programas de TV. Só que todas essas experiências não são narrativas ficcionais.

Na teledramaturgia, os cenários virtuais em *chroma key* também são utilizados para viabilizar a redução dos custos com gravações externas, de forma que os atores gravam no estúdio sem a necessidade de estarem nas locações, como a cena final da telenovela *Totalmente demais* (2015-2016), em que o casal de protagonistas se despede da trama em uma cena apaixonada em uma Paris virtual[120] porém muito real aos olhos de quem assiste. Nesse tipo de inserção temos o que Schneider (2012) denomina "imagem animada" num contexto híbrido, e não exatamente uma anima-

---

118. Vinheta da telenovela *O dono do mundo* disponível para visualização em: <www.youtube.com /watch?v=nk-lnCv5Qro>. Acesso em: 22 mar. 2017, 11:22.

119. Termo usado para designar o tipo de cenário pintado nas cores azul, verde ou vermelha, que formam o sistema RGB (*red, green* e *blue*), que funciona nas câmeras de TV como o olho humano, ou seja, nosso olho possui cones sensibilizados para receber as cores primárias e, a partir delas, formar todas as outras. "A mistura proporcional destas cores básicas pode gerar qualquer outra do espectro de luz visível" (BALAN, 1997, p. 74). O *chroma key* permite fundir duas cenas, isto é, sobrepor imagens ou animações gráficas por meio da anulação da cor do *chroma key*.

120. Informações em: <http://noticiasdatv.uol.com.br/noticia/novelas/globo-improvisa-e--usa-fundo-verde-para-gra var-totalmente-demais-em-paris-11418>. Acesso em: 22 mar. 2017, 18:04.

ção construída em 3D. Isso porque, nesse caso, há apenas um efeito visual, tecnicamente chamado de efeito especial. A imagem animada é, portanto, a cena inserida pelo uso da computação gráfica no cenário virtual do *chroma key*, embora nem sempre configure uma animação, como expusemos anteriormente. Nos exemplos dos programas *Fantástico* e *Esporte espetacular*, há animações que invadem o cenário e, por vezes, até contracenam com os apresentadores, assim como também há momentos em que são apenas inserções de imagens no *chroma key*.

A imagem animada na ficção seriada também é usual quando há cenas perigosas ou impossíveis de serem registradas *in loco*. As ações dos atores são, então, rodadas em estúdio ou em locação similar e depois inseridas no cenário indicado pelo roteiro. Nessas ocasiões, o efeito visual produzido não deve ser notado, já que é um recurso que almeja dar a impressão da realidade. A seguir, um exemplo de uma telenovela das seis da tarde da TV Globo, *Além do tempo* (2015-2016), em que o casal protagonista morre quando cai de um penhasco em uma queda d'água. É uma cena-chave na história, marcando a passagem de tempo entre épocas distintas, e uma sequência de imagens delicada de ser rodada, porque teve imagens acopladas a um cenário virtual de *chroma key* por meio de computação gráfica.

Por mais que a gravação de uma cena como essa, com uso de efeito especial, exija uma produção complexa, uma equipe que produz teledramaturgia tem experiência em realizá-la, o que já não se confirma quando a animação é parte inerente da narrativa. César Coelho, um dos criadores do festival Anima Mundi[121] e parceiro de LFC em obras televisuais, esclarece que um dos motivos para essa disparidade é que a produção de uma cena em animação e uma cena rodada em estúdio ou locação com atores reais se distinguem sobremaneira, isso porque "os métodos e cronogramas de

---

121. O Anima Mundi é um festival criado em 1993 para fortalecer o mercado de animação no Brasil. Foi idealizado por quatro animadores: Aída Queiroz, César Coelho, Lea Zagury e Marcos Magalhães. Atualmente, além do festival, o Anima Mundi é uma "plataforma de animação que oferece experiências para animadores, educadores, produtoras e, claro, animaníacos". Algumas das iniciativas da plataforma são: a distribuição de conteúdos, o projeto Anima Escola e o Anima Mundi Itinerante. Disponível em: <www.animamundi.com.br/pt/animamundi-institucional>. Acesso em: 7 abr. 2017, 11:35.

gravações de atores de verdade e de atores animados são completamente diferentes" (COELHO em CARVALHO, 2014, p. 14). É por isso que Coelho diz ter sido uma aposta ousada incluir animações no fluxo de trabalho da produção da telenovela *Meu pedacinho de chão* (2014), na qual ele dirigiu as animações e LFC assinou a direção artística.

Na sequência, vamos discutir os paradigmas espaço-temporais da teledramaturgia, que têm regras que também costumam ser respeitadas na concepção de uma animação para TV, ou mesmo em uma animação que se insere em uma dramaturgia de televisão com atores reais, sempre partindo do princípio artístico da narrativa.

4.2 Regularidades espaço-temporais

Xavier explica que "Classicamente, costuma-se dizer que um filme é constituído de sequências – unidades menores dentro dele, marcadas por sua função dramática e/ou pela sua posição na narrativa" (2005, p. 26), e é assim também na narrativa ficcional televisual. Uma sequência é dividida em cenas, contempladas cada uma delas por sua unidade espaço-temporal; uma cena é composta por planos de câmera, que correspondem a cada tomada de cena (*take*), ou seja, o plano é um segmento contínuo da imagem. Tecnicamente o plano pode ser definido desse modo, mas, como coloca Lotman, não devemos ignorar que "Uma das principais funções do plano é ter uma significação" (1978b, p. 11).

O enquadramento é estipulado a partir do ponto de interesse (o objeto/ação que está sendo alvo de gravação), assim como os ângulos de câmera. Um ângulo plano é aquele que leva em conta a altura dos olhos de um observador de estatura média; e um ângulo alto é quando a câmera está posicionada com o ponto de vista de cima para baixo (*plongée*) ou de baixo para cima (*contra-plongée*). A escala dos planos de câmera se apresenta (*grosso modo*, já que essa definição pode apresentar sutis variações dependendo do lugar e do profissional) da seguinte forma: plano geral, que tem por objetivo localizar toda a ação, tomada ampla externa ou em ambientes interiores; plano médio, ou conjunto, focaliza o conjunto dos envolvidos na ação, personagens e cenário, sendo menor que o geral (embora seja arbitrária a maneira de definir esses dois planos, a cena é que irá guiar a abrangência do enquadramento); plano americano, mostra as personagens da cintura para cima, sendo que há quem prefira classificá-lo desde os joelhos para cima, como o plano de câmera que revela os oponentes em um duelo nos filmes de faroeste americanos; e, finalmente, o primeiro plano (*close-up*), quando a câmera está próxima do ponto de interesse e enquadra o detalhe da cena, da personagem, tendo como variação o primeiríssimo plano, que é o maior detalhamento possível do que se quer revelar.

O plano é a unidade básica, mínima, da linguagem audiovisual. Cada corte, cada mudança de plano define dois parâmetros: o espacial e o temporal. A composição e os movimentos, entradas e saídas de campo são igualmente organizadores de uma narrativa audiovisual, nos diz Noël Burch (1973). O que o autor problematiza é que dividir tempo e espaço no cinema – no nosso caso, na televisão – não é só planificar, definir os planos de câmera que serão realizados. Burch alertou, décadas atrás, para a necessidade de rever a função e a natureza dessa mudança de plano, porque acreditava que tal mudança seria "a base das estruturas infinitamente mais complexas dos filmes do futuro" (1973, p. 21). Nessa mesma via, Lotman (1978b) parece corroborar Burch (1973) quando discorre sobre o cinema, pois o autor concorda que o plano é definido pela sua continuidade temporal e espacial e pelos limites do enquadramento, mas também entende que o "plano supera o seu isolamento temporal, graças à montagem: a sucessão de dois planos (como já haviam referido os teóricos dos anos vinte) não é a soma de dois planos, mas a sua fusão numa unidade de sentido complexo, de um nível superior" (LOTMAN, 1978b, p. 56). E é nessa relação que "a linguagem cinematográfica estabelece o conceito de plano ao mesmo tempo que o contraria, originando nesta luta novas possibilidades de expressão artística"[122]. Pois a expressão artística é paradoxal: nela coexistem o regular e o irregular de determinado sistema sígnico. Lotman (1978a) esclarece que a

---

122. Ibidem, p. 57.

montagem mais evidente de ordenação dos planos é a regularidade, mas há o que ele chama de formas escondidas de montagem, e nessas sequências uma imagem é confrontada com a que lhe segue, o que dá origem a um terceiro sentido[123]. Veja-se que ele sinaliza, nessa reflexão, de que modo podem se dar as rupturas de sentidos. Mas o que importa neste capítulo é refletir sobre as regularidades, então, seguimos refletindo sobre elas.

O que Xavier caracteriza como decupagem clássica, apontada no capítulo anterior como um dos princípios de base da linguagem audiovisual, é ser um sistema cuidadosamente elaborado

> de repertório lentamente sedimentado na evolução histórica, de modo a resultar num aparato de procedimentos precisamente adotados para extrair o máximo rendimento dos efeitos da montagem e ao mesmo tempo torná-la invisível (2005, p. 32).

Entre esses procedimentos está o encaminhamento do espaço-tempo. Com tais apontamentos, o autor traz à tona a discussão sobre a transparência e a opacidade: o cinema de transparência coloca o espectador como alguém ausente do aparato, aquele que se deixa envolver quando é seduzido pela narrativa por meio da identificação e que, portanto, tem a subjetividade alienada. Essa situação pode ser percebida sem muito esforço diante do cinema e da ficção televisual hegemônicos, que fisgam os espectadores por meio de recursos como os apresentados até este ponto da reflexão. Já o cinema da opacidade deixa o aparato visível: o espectador sabe que está diante de um filme. É como se no cinema da opacidade a "quarta parede" fosse derrubada. Nossa hipótese é que recursos explorados nas produções analisadas conduzem o telespectador pelo caminho da opacidade, como observado por Xavier (2005). Por outro lado, também observamos aspectos que, ao mesmo tempo que rompem com a narrativa ficcional televisual clássica, também permitem a transparência.

A transparência é regida por regras de organização do espaço-tempo,

---

123. Ibidem, p. 105.

que garantem na montagem (montagem/cinema e edição/televisão) das imagens o "efeito de janela", fazendo uso de elementos que reforçam a busca pela "Reprodução fiel das aparências imediatas do mundo físico"[124]. E, desse modo, "Tudo aponta para a invisibilidade dos meios de produção dessa realidade"[125] e constitui a ilusão de que a plateia está em contato direto com o mundo representado, tornando o dispositivo transparente. Como explicitado por Xavier, é imprescindível notar ainda alguns cuidados atribuídos ao princípio naturalista, como "a interpretação dos atores que busca uma reprodução fiel do comportamento humano, através de movimentos e reações 'naturais'"[126]. Quanto aos planos e ângulos de câmera, deve-se respeitar os pontos de vista, as regras de equilíbrio e a compatibilidade do espaço-tempo semelhante ao real, para estabelecer continuidade na ação dramática. O "efeito de janela" é desencadeado, então, na identificação de quem assiste com o espaço representado.

Uma combinação importante nessa diretriz é o enquadramento campo/contra-campo, que fica muito evidente na gravação de diálogos. Trata-se de quando a câmera assume o ponto de vista ora de uma personagem, ora da outra, procedimento que lança o telespectador para dentro do diálogo: "Ele, ao mesmo tempo, intercepta e identifica-se com duas direções de olhares, num efeito que se multiplica pela sua percepção privilegiada das duas séries de reações expressas na fisionomia e nos gestos das personagens"[127].

Como adverte Machado, A. (2011b), o que se estabeleceu como linguagem audiovisual foi se constituindo ao longo do tempo. Relata o autor que "O que caracterizava o primeiro cinema era o fato de tudo ser colocado de forma simultânea dentro do quadro" (2011b, p. 95) e que o encadeamento linear de narrar uma história de ficção, que se fixou no cinema e foi incorporado pela televisão, tem seu gene na literatura. O cinema não custou a abandonar a "'confusão' do quadro primitivo"[128],

---

124. Ibidem, p. 42.
125. Ibidem, p. 41.
126. Ibidem, p. 42.
127. Ibidem, p. 35.
128. Ibidem, p. 95.

passando a contar histórias que vão se tornando cada vez mais complexas. Nesse momento a tradição verbal se fez presente, porque "só pode entrar no domínio dos signos e ganhar sentido aquilo que se encontra linearizado, conforme o modelo significante por excelência: a linguagem escrita"[129]. Contudo, o processo de linearização "é algo tão óbvio para nós, espectadores modernos, que se torna até difícil deixar de entendê-lo como 'natural' e inevitável. No entanto, ele é resultado de uma convenção que se cristalizou ao longo de uma sucessão infinita de filmes"[130].

Filme a filme, as relações espaço-temporais foram sendo codificadas; os planos de câmera assumiram a função de fragmentos de ações dramáticas que, ordenados, determinavam a leitura pensada para a história, assim como, dependendo de como eram recortados, direcionavam o olhar do espectador. Assim, a linguagem da narrativa ficcional no audiovisual passou a considerar como princípio "uma sequência sintagmática *sui generis*, na qual o que conta, acima de tudo, é a continuidade do tempo e a homogeneidade do espaço"[131].

Talvez não devesse surpreender o fato de que a espacialidade no audiovisual se constrói a partir de dicotomias. Recorrendo a García Jiménez (1996), Balogh compreende o espaço audiovisual a partir de duetos como: "natural/artificial, urbano/rural, grande/pequeno, cheio/vazio, acessível, inacessível, definido/indefinido etc." (2002, p. 72). No caso do cinema, a autora busca referência nos filmes de faroeste, que rapidamente associamos aos desfiladeiros, imagens de natureza, planos gerais e vazios. Quanto à televisão, acreditamos ser fácil identificar nas telenovelas brasileiras as casas de uma família rica e de uma família pobre: uma será uma mansão espaçosa para poucas pessoas, com uma sala ampla com móveis devidamente decorados, com piscina; enquanto a outra deverá apresentar uma saturação de objetos e possivelmente muitos moradores para um espaço muito menor do que o da família rica, o que normalmente caracteriza os momentos em que todos falam ao mesmo tempo, algo que não condiz com o ambiente da classe mais alta. Se rememorarmos a mesa de jantar com a família reunida

---

129. Ibidem.
130. Ibidem.
131. Ibidem, p. 104.

de Tufão (Murilo Benício), protagonista da telenovela *Avenida Brasil* (2012), essa dicotomia fica evidente, embora a casa fosse uma mansão localizada no fictício bairro do Divino, que é de classe média baixa, os hábitos dos moradores acentuam a origem popular das personagens.

Quanto ao tempo, Balogh é taxativa: "O cinema só dispõe de três temporalidades básicas: presente, passado e futuro" (2002, p. 74). Como já constatado aqui, ela entende que a

> categoria da temporalidade, no entanto, está intrinsecamente ligada à categoria da espacialidade na organização discursiva. Essa junção começa nos aspectos mais evidentes que desvela a mimese da arte em relação ao real: a representação do dia, da noite, do crepúsculo, das estações do ano como demarcadores temporais[132].

As temporalidades básicas do discurso audiovisual são o *flashback* (resgate do passado/analepse) e o *flashforward* (imagens futuras/prolepse).

A interrupção da sequência no presente por um ou mais flashbacks constitui a forma de manifestação mais comum da sequência anacrônica no discurso audiovisual, mas essa interrupção se pode dar mediante uma projeção temporal para o futuro[133].

A esse respeito, Balogh (2002) admite que as séries e minisséries são os formatos por excelência a complexificar esses recursos, ao passo que as telenovelas parecem retroceder, isto é, insistem na representação de uma temporalidade que visa ao resgate de acontecimentos, só que de maneira redundante, como é próprio da linguagem – já é lugar-comum dizer que a televisão se repete. Pudera, esse é um dos seus códigos. A televisão reitera o que diz porque é necessário recordar o espectador do sentido que ficou suspenso na narrativa, como argumentado no capítulo anterior. Algumas narrativas de longa

---

132. Ibidem, p. 74.
133. Ibidem, p. 77.

duração, como as telenovelas, exibem no início da semana ou no começo de cada capítulo uma síntese das situações mais importantes da semana anterior, a exemplo das telenovelas *Rock story* (TV Globo/2016-2017), exibida às sete da noite, e *A força do querer* (TV Globo /2017), que foi ao ar às nove da noite. A primeira trazia toda segunda-feira um resumo em *flashbacks* do que aconteceu nos capítulos anteriores, enquanto a segunda fazia uma síntese do dia anterior no início de cada capítulo. Em *A força do querer*, a redundância é enfatizada, com muitas inserções de *flashbacks* auditivos, em que, sem a recuperação de imagens, apenas ouvimos o áudio da cena já exibida em outros capítulos. Mesmo os *reality shows* semanais, a exemplo do *Masterchef Brasil* (TV Bandeirantes/2014-atual), realizam uma retrospectiva do que aconteceu no programa anterior na abertura de cada episódio.

Antes de encerrar este item, resgatamos ainda a noção de cronotopia, que nasce pautada na literatura, mas que Arlindo Machado (2004, 2011a, 2011b) recupera para falar das imagens estáticas e em movimento. Adiante, associaremos a essa reflexão a noção de anamorfose.

O conceito de cronotopo, das palavras gregas *crónos* (tempo) e *tópos* (espaço), foi proposto pelo filósofo russo Mikhail M. Bakhtin, que compreende tempo e espaço como categorias inseparáveis.

> Chamaremos cronotopo (literalmente espaço-tempo) as relações temporais e espaciais artisticamente assimiladas na literatura. Esse termo é empregado nas ciências matemáticas e foi introduzido e fundamentado com base na teoria da relatividade de Einstein. Não é importante para nós esse sentido específico que ele tem na teoria da relatividade, assim, o transportaremos daqui para a crítica literária quase como uma metáfora (quase, mas não totalmente). Nele é importante a expressão de indissolubilidade de espaço e de tempo (tempo como a quarta dimensão do espaço) (1981, p. 84)[134].

Segundo o autor, esse espaço-tempo indissociável revela a represen-

---

134. No original: "We will give the name chronotope (literally, 'time space') to the in-

tação do mundo, da sociedade: "No romance, o mundo todo e a vida toda são apresentados em um corte da *totalidade da época*. Os acontecimentos representados no romance devem *abranger* de certo modo toda a vida de uma época"[135]. Nos romances analisados por Bakhtin (1981, p. 243-258), três tipos principais de cronotopo são estabelecidos:

- Cronotopo de aventura: em que os tempos do início e final dos romances aparecem de maneira condensada, o meio aparece com um espaço determinado e o tempo se mostra em expansão;
- Cronotopo do cotidiano: se apresenta quando o romance retrata um período excepcional na vida de uma personagem, com relatos de causa e efeito, que sinalizam transformações significativas;
- Cronotopo biográfico/autobiográfico: este último mostra aproximações ao romance *Dom Casmurro* e ao romance de base da recriação de *A pedra do reino*. Em ambos há um narrador, que foi mantido nas microsséries. Rodeados por experiências do passado revividas em detalhes em seus espaços efetivamente vividos, os dois narradores (Bentinho/Dom Casmurro e Quaderna, respectivamente em *Capitu* e *A pedra do reino*) contam fatos de suas vidas.

A partir das proposições sobre cronotopia e espaço-tempo constituídas na história do audiovisual, faremos apontamentos sobre as desterritorializações de sentidos no capítulo 7, porque as irregularidades espaço-temporais são um ponto que se discerne no trabalho de LFC como um todo e que merece ser observado com atenção.

---

trinsic connectedness of temporal and spatial relationships that are artistically expressed in literature. This term [space-time] is employed in mathematics, and was introduced as part of Einstein's theory of Relativity. The special meaning it has in relativity theory is not important for our purposes; we are borrowing it for literary criticism almost as a metaphor (almost, but not entirely). What counts for us is the fact that it expresses the inseparability of space and time (time as the fourth dimension of space)".
135. Idem, 2005, p. 246, grifo do autor.

4.3 Regularidades cenográficas

Um dos elementos colaboradores na representação do espaço-tempo da trama ficcional é a cenografia. Cardoso sustenta que o cenário televisual assume as mesmas atribuições que o cenário do teatro. São elas:

> (1) cooperar com a configuração do espaço cênico [...]; (2) auxiliar na evolução do ator e apresentador em cena; [...] (3) atuar como elemento de significação que, na articulação sincrética com os outros elementos da cena, transmite ao telespectador uma mensagem (2009, p. 25).

Desse modo, a cenografia rasteiramente pode ser definida como o ato de conceber um cenário, contudo uma cenografia coerente com a sua respectiva produção participa organicamente do programa de TV. Na ficção seriada trata-se, sem dúvida, de um componente-chave da narrativa. Logo, a cenografia deve ser pensada para facilitar a movimentação, a fala e até mesmo os pequenos gestos dos atores, bem como estar relacionada à realidade das personagens – essa é a chamada cenografia viva, aquela que está dotada de significação, que funciona como um dos textos da encenação. Cardoso (2009) distingue dois tipos de cenários televisuais: os cenários naturais, que são as locações, que normalmente exigem pouca interferência e representam um custo mais alto na produção devido ao deslocamento da equipe técnica e do elenco; e os cenários construídos, específicos para cada encenação em estúdio ou cidade cenográfica. "Observando a produção cenográfica na televisão nos dias de hoje, pode-se afirmar, sem risco de erro, que [...] há na maioria dos gêneros, um predomínio pelo espaço construído, em virtude do custo e da agilidade no processo de produção [...]" (CARDOSO, 2009, p. 25). A escolha de uma locação tem tanto peso para uma história quanto a construção de um cenário, isto é, ela nunca é arbitrária, porque se vincula ao projeto cenográfico da narrativa. A locação pode sofrer alterações, como colocação de placas ou pinturas de fachadas, e é, antes de mais nada, a localização de um espaço adequado para rodar determinada cena, ambientar personagens e/ou situações ou mesmo toda a trama, o que é raro, mas foi exatamente o que aconteceu na microssérie *Capitu*.

Como observamos no item sobre animação, a cenografia tem como aliada a computação gráfica. Na telenovela *Novo mundo* (2017), a primeira semana da trama se passa quase que integralmente em um navio, na verdade em três: um com uma comitiva de personagens da realeza europeia a caminho do Brasil, um navio pirata e outro cargueiro. O cenário que serve aos três espaços cênicos foi reproduzido nos estúdios Globo.

"A gente buscou reproduzir uma nau do século XIX, embarcação que vem desde as caravelas portuguesas e comporta 74 canhões com capacidade para 700 pessoas, entre tripulação fixa e as comitivas que transporta. Fizemos um corte na construção da nossa e reproduzimos uma parte de 25 metros de um navio que no total teria 60 metros. O importante do que está feito aqui é a dimensão e a proporção da embarcação", afirma o cenógrafo. A outra parte do cenário, portanto, fica a cargo da computação gráfica, que acrescenta os outros detalhes na pós-produção[136].

A ideia dominante foi a mesma que pauta grande parte das produções da teledramaturgia: a incessante busca pela fidelidade ao real, preocupação que sempre norteou a cenografia da emissora. Quando produziu a minissérie *O tempo e o vento*, em 1985, a TV Globo construiu uma cidade cenográfica com 40.000 m², assemelhando-se ao que o escritor gaúcho Érico Veríssimo descrevia no livro homônimo que estava sendo adaptado para a TV, "com as mesmas ruas largas, as mesmas quadras, o sol marcando a passagem do tempo sobre as casas etc." (DICIONÁRIO DA TV GLOBO, 2003, p. 316). Na década anterior, o diretor Daniel Filho percorria o mesmo propósito. Ele confessa que, na primeira versão de *Pecado capital*, "a proposta foi assumir uma brasilidade bem realista. Queria mostrar a

---

136. Informações disponíveis em: <http://gshow.globo.com/Bastidores/noticia/novo-mundo-tera-navio-cenografico-nos-primeiros-capitulos.ghtml>. Acesso em: 27 mar. 2017, 15:52.

miséria"[137]. Só que, quando o primeiro capítulo da telenovela foi submetido à aprovação da direção da TV Globo, já com dez a doze capítulos gravados, a orientação foi refazer tudo. A justificativa dos diretores foi de que as cenas estavam muito deprimentes. Nada foi refeito. Nessa produção, a figurinista Marília Carneiro, com a intenção de retratar melhor a realidade do povo brasileiro, saiu às ruas da cidade do Rio de Janeiro e trocou roupas novas pelas roupas de pessoas comuns, adaptadas às características físicas dos atores: o figurino do protagonista Carlão (Francisco Cuoco), que interpretava um taxista na história, foi montado a partir de modelos usados por taxistas reais (FILHO, 2003).

Com a premissa de se aproximar cada vez mais da realidade, muitas vezes as composições de cena também provocam protestos, embora ao final de cada narrativa de ficção continue aparecendo a advertência: "Esta é uma obra de ficção coletiva baseada na livre criação artística e sem compromisso com a realidade"[138]. Um exemplo é a cena da telenovela *O rei do gado* (1996-1997), quando a personagem do senador Roberto Caxias (interpretado pelo ator Carlos Vereza) faz um discurso inflamado para um congresso ocupado por uma plateia desatenta de três senadores: um cochilando, outro no celular e outro conferindo as notícias do dia em um jornal impresso. Claro que, no dia seguinte, a ficção foi "acusada" de "distorcer a realidade" (MAIOR, 2006, p. 376-377).

Exemplificamos tais elementos para sinalizar que todos eles se entrelaçam na concepção cenográfica. A cenografia na televisão é atrelada à fotografia, ao figurino e à direção de arte.

> O diretor de arte é quem cria, junto com o diretor, a concepção visual do programa. Ele chega a fazer alguns esboços dos cenários, pensa nos tons que serão usados e chefia a equipe de cenógrafos, figurinistas e produtores de arte (FILHO, 2003, p. 243).

---

137. Ibidem, p. 257.
138. Disponível em: <http://redeglobo.globo.com/novidades/noticia/2011/10/rede-globo-exibe-nos-creditos-finais-frase-que-reforca-o-conceito-de-ficcao.html>. Acesso em: 2 maio 2017, 18:53.

Quem seleciona as locações é o diretor de arte.

Da década de 1970 para cá, quando a TV Globo passou a investir assiduamente na teledramaturgia, em especial na realização de novelas, essa parceria se sofisticou e, aos poucos, os cenários se tornaram glamorosos e cada vez mais "reais" aos olhos de quem assiste, porque passaram a ser dinâmicos, segundo relato de Daniel Filho (2003). A transformação cenográfica de *Quem ama não mata* (1982) indica o que é um cenário dinâmico, em diálogo com a história que está sendo contada: a série narra a crise de um casal de classe média, e, à medida que as personagens começam a se estabelecer na vida, o apartamento vazio ganha mobília e decoração; quando vem o colapso conjugal, o apartamento decai.

Com o passar dos anos, outro sintoma foi a consolidação dos signos que acabaram se fixando como parâmetros da linguagem televisual e foram sendo incorporados com naturalidade pelo espectador. Um desses signos é revelado por Daniel Filho ao tratar dos bastidores de uma cena de *Malu mulher* (1979-1980): "Foi a primeira vez que usamos o código de, quando a personagem acabava de fazer amor, a atriz aparecer com a camisa do marido, namorado"[139]. Esse signo visual foi perpetuado. No primeiro capítulo de *Pega pega*, exibida em 2017, o recurso foi empregado mais uma vez, na cena da manhã após a primeira noite de amor do casal de protagonistas.

Em relação aos modos de se produzir a cenografia na dramaturgia de TV, alguns padrões também se estabeleceram ao longo do tempo: o processo é sempre acelerado; a construção não se dá na ordem da narrativa; em uma telenovela, as gravações sempre se iniciam pelas externas, porque os estúdios ainda estão ocupados com a novela que está no ar e os cenários demoram a ficar prontos; a edição, portanto, é realizada de forma fragmentada (CARDOSO, 2009; FILHO, 2003). Cardoso (2009) nota que, como se trata de um esquema industrial, não é raro percebermos os mesmos modelos de cenários, fachadas, prédios ou imagens de locações em narrativas distintas,

---

139. Ibidem, p. 249. *Malu mulher* foi um seriado emblemático na TV brasileira, porque trouxe à dramaturgia a temática feminina sob a perspectiva de uma mulher divorciada no fim dos anos 1970, com uma filha de 12 anos para criar diante das barreiras que essa condição lhe proporcionava.

e até mesmo cenários de interiores que já foram usados em outras produções são reaproveitados, com algumas intervenções, é claro. Essa prática não pode ser pensada como um equívoco, mas sim como uma regularidade desse texto televisual, um modo de produção, já que existe um banco de locações e, por vezes, alguns locais, regiões da cidade ou locações acabam sendo privilegiados por motivos diversos. Por exemplo, o bairro do Alto da Boa Vista, na cidade do Rio de Janeiro, é um desses cenários, já tendo sido palco de várias obras audiovisuais, entre filmes, telenovelas e comerciais, por causa do silêncio e da bela paisagem que o contorna, a Floresta da Tijuca. Assim, nessa região já houve muitas transposições de cenários das quais poucos espectadores podem ter se dado conta[140]. Uma das locações mais solicitadas é a Mansão das Heras, construída em 1828, que ambientou, além das telenovelas *Sete vidas* (2015) e *Insensato coração* (2011), também o seriado *Armação ilimitada* (1985-1988). A piscina da mansão serviu para acolher o corpo da vítima de assassinato da telenovela *O rebu* (2014), e a trilha na mata que fica na propriedade serviu de cenário para a fuga da personagem Virgílio (Fernando Rodrigues), da telenovela *Em família* (2014). Em 2012, um restaurante na Região dos Lagos, em Cabo Frio, no estado do Rio de Janeiro, virou ponto turístico porque se tornou a casa de praia da família de Tufão em *Avenida Brasil* (2012). Em 2017, a protagonista da também telenovela das nove da noite *A força do querer*, Ritinha (Ísis Valverde), passou os primeiros capítulos da trama escondida na mesma locação, desta vez a casa de praia da personagem Amaro (Pedro Nercessian). Além dessa forma de regularidade, nos últimos anos convencionou-se que os primeiros capítulos das novelas da faixa das nove da noite, ápice do horário nobre, ou *prime time* (19h-22h)[141], devem se passar em locações no exterior.

Nas teleficções, as personagens costumam ser apresentadas a partir das suas ambientações, o que contribui para que os cenários sejam captados em planos gerais e conjunto nas primeiras cenas, sendo que imagens

---

140. Vários exemplos podem ser conferidos no link: <https://oglobo.globo.com/rio/bairros/mansoes-do-alto-da-boa-vista-estao-entre-as-preferidas-para-filmagens-de-novelas-16546100>. Acesso em: 2 maio 2017, 19:21.
141. Talvez possamos pensar como o novelista Manoel Carlos, que defende que atual-

de locações são encadeadas como um recurso que tecnicamente leva o nome de *stock shot*, isto é, antes de mudar de núcleo dramático em uma narrativa, uma sequência de imagens externas situa o espectador no tempo e no espaço.

Assim, quando a cena inicia em plano geral (PG) sobre uma determinada área (locação ou cidade cenográfica), a audiência sabe que a ação seguinte acontecerá naquela região (país, cidade, bairro, rua etc.). Em seguida, a tendência é a cena passar para um plano conjunto (PC) em que pode identificar o ambiente (interno ou externo) onde ocorrerá a ação. Muitas vezes, antes mesmo de ver os atores entrando em cena, o público já sabe quais são as personagens envolvidas na cena (CARDOSO, 2009, p. 97).

É verdade, portanto, que o cenário funciona como um dos princípios-guias da narrativa, como confirma e exemplifica Cardoso:

> Tendo sua "teia de tramas" organizada de tal modo que o público chega a acompanhar até cinco histórias diferentes em uma única parte, a telenovela lança o telespectador a lugares distintos, e muitas vezes distantes, em curtos espaços de tempo. Em *América* (2005), o público passa, em segundos, de Miami para o Rio de Janeiro, do deserto do México para as praias cariocas, do bairro de Vila Isabel para o interior de São Paulo. Diante dessa estrutura narrativa, o cenário tem o dever de situar as personagens no tempo

---

mente o horário nobre se estende das seis da tarde à meia-noite, intervalo com o valor comercial mais caro para se anunciar na televisão, durante a exibição dos programas com maior audiência das emissoras. Disponível em: <http://vejario.abril.com.br/blog/manoel-carlos/horario-nobre>. Acesso em: 6 abr. 2017, 11:34. Mas é importante que se diga que o horário nobre surgiu nos anos 1960 e se baseou na rotina de trabalho e lazer das famílias de classe média brasileiras, que detinham o poder de ter um aparelho de TV em casa, e, por isso, o horário permaneceu das 19h às 22h por anos. Lembremos que, desde 2011, a TV Globo vem destinando mais efetivamente a faixa da grade de programação das 23h para a exibição de ficção seriada.

e no espaço, já que as personagens, na maioria das vezes, transitam entre essas regiões com mais freqüência do que qualquer indivíduo costuma fazer (2009, p. 99)[142].

Cenograficamente, a linguagem televisual também criou seus estereótipos. Alguns códigos da cenografia, como, por exemplo, o uso de bancadas nos telejornais com imagens exibidas ao fundo ou com cenários virtuais em computação gráfica. No caso da teledramaturgia, os estereótipos são justamente as regularidades elencadas ao longo deste capítulo, que perpassam a busca incessante pelo efeito de realidade; o uso dos *stock shots*, sinalizando a entrada dos núcleos dramáticos; e até o fato das novelas da Rede Globo iniciarem as suas tramas em locações no exterior para, depois, desenvolverem a história no Brasil, o que já se tornou um modo de conduzir a narrativa e delimitar os seus cenários. Também se padronizou ao longo do tempo como a cenografia, sobretudo das telenovelas, denuncia as diferenças entre as classes sociais: é evidente que as mansões com piscina ou os apartamentos de frente para o mar (já que muitas das histórias têm a cidade do Rio de Janeiro como locação) são sinalizadores cenográficos; em contrapartida, as casas com cenários mais poluídos, ornados muitas vezes com algum motivo religioso, como oratórios revelados em algum canto da casa, são associados aos núcleos das personagens pobres, onde invariavelmente a cozinha assume um importante espaço cenográfico que acolhe grande parte das ações, diferentemente do núcleo rico, onde as salas de estar e jantar e os escritórios são os cenários mais usados.

O processo histórico da teledramaturgia brasileira auxilia a refletir como a busca pelo "efeito de real" se tornou parâmetro para grande parte das produções, assim como permite entender por que o tempo presente é usado como referência na maior parte das produções e, ainda, como determinados estereótipos foram erguidos.

Em 1951, a primeira telenovela brasileira foi exibida, *Sua vida me per-*

---

142. *América* (TV Globo, 2005) é uma telenovela da autora veterana Glória Perez, que habitualmente trabalha com múltiplas locações.

tence (TV Tupi/1951-1952), e, em 1963, foi ao ar a primeira telenovela diária, *2-5499 Ocupado* (TV Excelsior/1963). Entre uma produção e outra, 216 telenovelas não diárias foram transmitidas nas emissoras das cidades do Rio de Janeiro e de São Paulo (ALVES, 2014, p. 108). O primeiro fenômeno de audiência foi *O direito de nascer* (TV Tupi/1964-1965). Nesse período, a teledramaturgia na TV Globo se pautava nas criações da cubana Glória Magadan, e os folhetins eram predominantemente inspirados nas histórias de "capa e espada" (RIBEIRO; SACRAMENTO, 2010a)[143]. Foi quando começaram as mudanças na produção e na programação, processo que ficou conhecido como a fase de modernização da TV brasileira. Em se tratando de teleficção, a TV Tupi foi a responsável pelo início da modernização da telenovela, com *Beto Rockfeller* (1968-1969), quando se distanciou do melodrama acentuado e "radicalizou a proposta realista. Usava diálogos rápidos, linguagem coloquial e reproduzia fatos cotidianos"[144]. Na TV Globo, a ruptura foi marcada por *Véu de noiva* (1969), de Janete Clair, que, além da linguagem coloquial e dos diálogos mais curtos, esbanjou na inserção de cenas externas com belas imagens da cidade do Rio de Janeiro, que até hoje fazem parte das telenovelas. Aliás, o Rio de Janeiro é locação para a maior parte das produções de dramaturgia da emissora. Todas as quatro telenovelas inéditas exibidas pela TV Globo no primeiro semestre de 2017 foram ambientadas na cidade do Rio de Janeiro, sendo duas delas (*Pega pega* e *A força do querer*) na contemporaneidade e as outras duas "de época" (*Novo mundo* e *Os dias eram assim*). A que ocupa a faixa das seis da tarde se passa no período do Brasil Colônia, e a das onze horas da noite, também chamada de supersérie, retrata os anos de ditadura no país. Mesmo a novela que foi reprisada no fim da tarde (*Senhora do destino*) no mesmo período também tem locação na capital carioca.

Logo, a transmutação provocada pela modernização na teledramaturgia permitiu, entre outros reflexos, a abertura para temas nacionais.

---

143. *O Sheik de Agadir* (1966); *A rainha louca* (1967); *A sombra de Rebeca* (1967); *Sangue e areia* (1967) e *Rosa Rebelde* (1969) são alguns dos sucessos desse momento da história (RIBEIRO; SACRAMENTO, 2010a).
144. Ibidem, p. 124.

"A tendência foi de superação do romantismo tradicional em direção ao realismo moderno" (RIBEIRO; SACRAMENTO, 2010a, p. 124). Nos anos 1970, como já dito e agora justificado, a telenovela se consolida como o produto mais popular da dramaturgia de TV no Brasil, exibido no horário mais importante da grade de programação, tendo o seu ápice na faixa das oito horas da noite.

Um marco para história da telenovela e, consequentemente, para a reconfiguração da cenografia, foi a primeira versão de *Irmãos Coragem* (TV Globo/1970-1971), com "uma trama que misturava western, futebol e crítica política"[145]. Foi a primeira vez que uma cidade cenográfica foi erguida – em uma área de 5.000 m² no bairro da Barra da Tijuca, na cidade do Rio de Janeiro –, além de ter como locação o estádio do Maracanã numa final de campeonato. Foi durante a década de 1970 que o número de capítulos foi progressivamente aumentando e se estabilizou em 150 em média, crescendo sucessivamente nas décadas posteriores.

> Entre 1970 e 1974, houve produções de época, o que reforça a ideia de que a *estratégia modernizante* da emissora se avalia do realismo, de uma maior identificação entre o que era consumido pelo telespectador e o que era vivido, sabido e visto na realidade. Todas as produções se passavam em cidades brasileiras. [...] No período entre 1975 e 1979, consolidou-se a grade de programação firmada anteriormente, que estabelecia diferentes estilos conforme o horário de exibição das novelas (RIBEIRO; SACRAMENTO, 2010a, p. 124, p. 128, grifo dos autores).

De fato, o que se consolidou nessa época e se mantém até hoje na grade de programação da TV Globo – com renovações ao longo do tempo – são os horários das telenovelas: na faixa das seis da tarde há a exibição de telenovelas (muitas vezes de época); por volta das sete da noite há temáticas mais leves; e às oito, que agora corresponde, na verdade, à novela das

---

145. Ibidem, p. 127.

nove e meia, apresentam-se temas mais contemporâneos, polêmicos e com certa dose de ousadia, assim como no horário da novela das onze da noite.

Outro marco na história da teledramaturgia foi a telenovela *Pantanal* (Rede Manchete/1990). A narrativa não reforça os estereótipos cenográficos mencionados, em vez disso os contrapõe e, exatamente por isso, está indubitavelmente ligada a um movimento de renovação da telenovela brasileira. *Pantanal* "é a primeira telenovela nacional a utilizar sistematicamente a natureza como recurso cenográfico, rompendo com o esquema fácil da novela de estúdio" (BECKER em RIBEIRO; SACRAMENTO, 2010a, p. 243). A natureza foi o cenário privilegiado de *Pantanal*, que deslocou o foco do espectador das tramas urbanas para um enredo predominantemente rural, mostrado em um compasso lento, que deu protagonismo às paisagens pantaneiras, captadas em longos planos gerais e com larga margem de cenários naturais. O cenário das personagens principais também era a natureza selvagem. A audiência respondeu bem a essa fuga dos padrões teledramatúrgicos e fez com que a novela atingisse altos índices de audiência, provocando uma disputa acirrada entre as emissoras de canais abertos pelo público do horário nobre.

Mas *Pantanal* foi uma exceção. Majoritariamente, a cenografia de uma narrativa ficcional segue alguns princípios, que sinteticamente são: (1) a cada bloco da telenovela, três a cinco núcleos dramáticos são abordados; (2) o que prevalece é o primeiro plano, que revela, portanto, o cenário em seus detalhes; (3) os cenários construídos são intercalados com as cenas de locações externas e com cenários virtuais, quando necessário. Na maior parte das vezes, há um local existente escolhido para rodar a trama, mesmo quando se trata de uma cidade fictícia, como na telenovela *Alto astral* (2014/2015), que se passava na fictícia Nova Alvorada, no interior paulista, mas que na verdade teve cenas externas gravadas na cidade de Poços de Caldas (no estado de Minas Gerais) e na região serrana do estado do Rio de Janeiro, além da sua própria cidade cenográfica, que reconstruiu um clube de lazer e um hospital e que reuniu grande parte das gravações; e, finalmente, (4) por conta dos altos custos que demanda o deslocamento de equipe para realização de externas, cerca de 70% das cenas são gravadas em estúdio e 30% em locações.

Parece-nos que tanto a cenografia quanto os códigos de constituição do espaço-tempo e os elementos técnicos discutidos neste capítulo (a fotografia televisual e o modo como a animação é engendrada nas histórias) assumem um papel de instâncias doadoras, tal como as delineia Machado, A.: procedimentos e técnicas que estabelecem a mediação entre o espectador e os sistemas da cultura, isto é, os códigos que constroem o audiovisual funcionam como "um fato da produção ficcional e, como tal, conduz[em] os procedimentos de 'leitura' que o espectador irá incorporar" (2007, p. 85). Com base no que foi posto até aqui, pelo menos no que tange às propostas que primam pelo "efeito de realidade" (que são a grande maioria do que é produzido na ficção seriada da TV aberta no Brasil), corroboramos com Machado, A.

O próximo momento desta reflexão nos conduz pelo labirinto teórico que nos permitiu fazer uma cartografia da obra de LFC. O capítulo seguinte entrelaça os conceitos de explosão, fronteira, tradução, transcriação e terceiro sentido, na tentativa de erguer a noção de telerrecriação.

- CAPÍTULO 5 -
EM CENA: OS PILARES TEÓRICOS DA TELERRECRIAÇÃO

"*Por una ficción me desharé en lágrimas.*"
Aleksandr S. Púchkin[146]

Neste capítulo, vamos aprofundar os conceitos basilares da noção de telerrecriação, que vem sendo construída ao longo da pesquisa. Sua definição vai se compondo a partir de *tele* – por se tratar de narrativas televisuais – e *recriar* – por causa das proposições teóricas que a sustentam. Tais proposições são: as orientações de Haroldo de Campos (2013a, 2013b) sobre a transcrição, que supõem a tradução de um texto de forma crítica e criativa; as definições do sentido obtuso (ou terceiro sentido) de Roland Barthes (2009), aquele que subverte toda prática de sentido e se coloca na contramão da prática maioritária; e, ainda, a noção de criação de Lotman (1996, 1999), pois nela estão embutidas as vertentes constitutivas principais da formulação de telerrecriação, que são as rupturas de sentidos e os processos explosivos, precípuos do texto artístico, aquele que apresenta leituras flutuantes, isto é, diferentes modos de interpretação para um mesmo texto da cultura.

Considerando que as regularidades televisuais são criadas para facilitar a leitura dos textos, evitar dúvidas de interpretação e permitir que o telespectador assista ao programa enquanto executa outras tarefas, esse diferencial constitutivo de um texto artístico é importante para pensar os textos criados por LFC, nos quais tudo parece interpretável e diante dos quais alguns sentidos podem nos escapar na primeira vez que nos defrontamos com eles. Para Lotman, essa é a condição primordial desse tipo de texto, que é "construí-

---

[146]. Um dos maiores poetas russos, citado e estudado por Lotman (1996, p. 73).

do com complexidade. Todos os seus elementos são elementos de sentido" (1978a, p. 41). Assim também é o texto televisual recriado. Nele, nenhuma informação é gratuita. A telerrecriação, do mesmo modo que o texto artístico, pode ser penetrada "por um número praticamente infinito de fronteiras que segmentam o texto em fragmentos equivalentes a numerosos pontos de vista e, por conseguinte, alternativos"[147]. Lotman ratifica: "O texto artístico não tem uma única resolução"[148] (1999, p. 168) e, portanto, podemos usufruir dele inúmeras vezes, de diferentes formas. Os exemplos mencionados pelo autor nos convenceram. Ele diz: "É absurdo dizer: não irei à sala Rembrandt, já a vi, nem tão pouco: não me interessa essa poesia ou esta sinfonia, porque já a ouvi"[149] (LOTMAN, 1999, p. 168). É possível pensar que assistir a uma obra televisual – como *Hoje é dia de Maria*, *A pedra do reino*, *Capitu* ou *Afinal, o que querem as mulheres?* – também pode ser assim? Será que somos capazes de dizer que esses trabalhos não são dignos de serem revistos?

É fundamental esclarecer que o texto telerrecriado se distancia do conceito de adaptação literária, uma vez que a telerrecriação pensa textos de naturezas diferentes, inclusive textos criados originalmente para TV, como é o caso de *Afinal, o que querem as mulheres?*, e não somente aqueles que partem da literatura.

Este capítulo percorre, portanto, esses conceitos que erguem os pilares teóricos da telerrecriação, estando facetado em: "Cultura e texto"; "A criação do texto artístico"; "Transcriar ou recriar é redoar a forma"; e "Sentido obtuso, o nosso terceiro sentido".

5.1 Cultura e texto

A Semiótica da Cultura (SC), como já exposto, é o pilar teórico central desta pesquisa, já que foi o contato com essa perspectiva teórica que nos

---

147. Ibidem, p. 473.
148. No original: "El texto artístico no tiene una única resolución".
149. No original: "Es absurdo decir: no iré a la sala Rembrandt, ya la he visto, ni tampouco: no me interesa esa poesía o esta sinfonía, porque ya las he oído".

deu a chave de leitura para continuar a pensando sobre o que seriam as rupturas de sentidos observadas nas narrativas ficcionais na TV, algo que já estava nos inquietando desde a investigação de mestrado. Assim, nesta seção serão abordados os conceitos mais importantes da SC que contribuem para refletir sobre a telerrecriação e os processos de significação conectados às obras televisuais em análise. Primeiro abordaremos os conceitos de texto e de cultura e, em seguida, desdobraremos outras noções relevantes para a pesquisa, como fronteira, tradução e explosão.

Iniciamos pela revisão do conceito de texto, que permite que entendamos os produtos televisuais que compõem o objeto empírico da pesquisa como um conjunto de signos que se constituem a partir de uma determinada organização e formatação. Todo texto é composto por uma ou mais linguagens, entendidas como sistemas de signos de uma mesma ordem que estão atrelados a uma cultura – no caso deste livro, compreendemos que os textos em estudo se compõem na linguagem televisual, especialmente a teleficção, estando mais estreitamente conectados à cultura midiática brasileira. Desse modo, evidencia-se que o interesse da SC recai sobre as relações entre os textos, e não entre os signos – como nas linhas estruturalista e pragmatista da semiótica. Recordemos que, nessa via, a noção de texto é ampla, pois conjuga em certa medida um espaço no qual outros textos interagem, se transmutam e, por isso, se constituem como textos culturais passíveis de gerar novos sentidos. Por essa natureza transformadora do texto e por sua essência como um mecanismo que agrega distintas informações e experiências da cultura é que essa noção importa sobremaneira à nossa investigação, pois estamos observando neste livro textos da cultura, no caso as narrativas ficcionais televisuais de LFC, que propõem novos sentidos e novos modos de se relacionar com a teledramaturgia, atualizando, assim, esse sistema da cultura.

Os textos podem assumir funções da linguagem distintas, que se sobrepõem. A função mnemônica dos textos culturais pode ser aclarada com a metáfora das sementes de vegetais, "as quais, como mecanismos que geram informação, podem ser transportadas a uma esfera ecológica alheia, conservando seu potencial de germinação; isto é, reconstruindo a memória da árvore que a criou"[150] (LOTMAN, 2003, p. 4). A função informativa indica que os textos da cultura comunicam algo, criam significação, são dotados de sentidos (LOTMAN, 2003, 2005a). Essa função exige que o contexto seja considerado, pois, se recebermos um texto fora do seu entorno – seja verbal, arquitetônico ou mesmo escultórico –, é possível que seja necessária uma reconstrução dos códigos. É só imaginarmos uma visita a um museu antropológico, por exemplo, na qual nos sentimos imersos em culturas ancestrais[151]. Nesse caso, se não nos munirmos de outras informações para dar conta de "ler" os textos ali expostos, os sentidos traçados naquelas obras podem ficar comprometidos, e a comunicação não acontecer. A função criativa permite a entrada de elementos irregulares a um sistema e, desse modo, podem ser instaurados novos sentidos aos textos culturais, engendramento que possibilita as transformações da cultura e as criações. Isso quer dizer que é a partir da função criativa da linguagem que as irregularidades, imprevisibilidades e descontinuidades dos textos se apresentam, e essa é uma qualidade imprescindível às obras televisuais de LFC e que compreendemos também como uma das facetas da telerrecriação, pois só por esse viés, segundo a SC, é que um texto da cultura pode se reconfigurar e, portanto, se modificar. A recriação se concretiza a partir da relação criativa entre textos. Lotman enfatiza que são nas semioses, ou seja, nas relações que o inesperado surge. O autor explica que as "diferentes regularidades do texto criam, ao entrecruzarem-se, o inesperado necessário" (1978a, p. 92). Essa disposição do texto evidencia que cada autor pode tramar as regularidades a seu modo, tornando um texto imprevisível e quebrando a expectativa do público. Para Lotman (1978a), o instante da destruição da expectativa de determinado texto é aquele que detém maior carga informativa, pois, para ele, quanto mais criativo e improvável, mais dotado de informação é um texto.

---

150. No original: "las cuales, como mecanismos que generan información, pueden ser trasladadas a una esfera ecológica ajena, conservando su potencial de germinación; es decir, reconstruyendo la memoria del árbol que las produjo".
151. Fizemos essa alusão porque recordamos da sensação impactante quando adentramos no Museu de Antropologia da Cidade do México, na ocasião de uma viagem para a apresentação de um artigo sobre este livro, em outubro de 2016.

A partir disso podemos passar à definição de cultura. É importante compreendermos que Lotman (1996) pensa a cultura como um texto complexo, um dispositivo pensante que detém inteligência e memória coletiva. Dessa forma, pode-se perceber que a escola Tártu-Moscou se afasta das definições mais usuais de cultura, compreendendo-a por uma via diferenciada. Segundo o autor, fazemos parte dessa rede de significação que contempla textos dentro de textos, sendo a cultura a combinação de vários sistemas de signos, cada um com uma codificação própria estabelecida na relação entre os sistemas. Nessa conjuntura, a impermanência é uma circunstância fundante do processo dinâmico da cultura.

Tal dinamicidade da cultura assegura um contínuo processo de transmutação, de mudanças suscitadas pelo tensionamento entre os sistemas. A tensão cria resistência entre os diferentes sistemas e causa uma indeterminação que pode ser valiosa para a formação de novos sentidos, ou seja, a geração de novas informações. Com isso, a fronteira se torna um aspecto primordial no funcionamento da semiosfera (ROSÁRIO; DAMASCENO, 2013).

5.1.1 Dissolvendo fronteiras: entre tradutibilidades e intradutibilidades

As relações entre os sistemas culturais transcorrem em um espaço semiótico que Lotman (1996) denominou semiosfera. Dimensão abstrata onde se dão os encontros entre as diferentes culturas (sistemas culturais), a semiosfera acolhe tudo o que é próprio da significação, constituindo-se como o ambiente propício para a semiose. Como dimensão de realização da semiótica, a semiosfera está em constante movimento, porque, assim como abarca as tensões internas entre os textos, vive "aberta" à informação externa.

A semiosfera, segundo Lotman (1998), se compõe de um centro, um núcleo mais duro composto de elementos invariantes e no qual os códigos, as regras dos sistemas e as regularidades são mais rígidos. É onde se concentram, por exemplo, os textos televisuais hegemônicos. Por outro lado, as fronteiras das semiosferas se compõem de elementos mais variantes, que permitem as remodelações dos sistemas da cultura, sendo espaços ocupados pelos textos que estão mais abertos a mudanças e que dão acesso a novas informações, permitindo a reconfiguração dos sistemas.

Há uma mobilidade entre os sistemas que se relacionam nesse espaço em um processo de tradução e, considerando a existência da semiosfera, o que faz parte do mundo externo a um sistema cultural pode penetrar no mundo interno de outro sistema e vice-versa. Lotman (1996) reconhece que há níveis na semiosfera que vão do homem ao texto isolado e às semiosferas globais. Assim, podemos pensar em semiosferas que se sobrepõem e se interseccionam umas com as outras, cada uma delas com potencial para o diálogo, a troca semiótica. É importante observar que a periferia da semiosfera tem papel importante nesse cenário, uma vez que se constitui num espaço adequado para as trocas semióticas, já que é na fronteira que se concentram os pontos que pertencem simultaneamente aos espaços interno e externo dos sistemas culturais. No entanto, a informação que está fora do espaço da semiosfera só pode se integrar ao que está dentro se for traduzida, logo, a fronteira funciona como um mecanismo de semiotização que transforma informações externas (não texto) em texto (MACHADO, I., 2003). Essa é a importância cabal da tradução dos textos da cultura entre os sistemas – que são unidos e separados pelas fronteiras, uma espécie de membrana que os envolve e que permite a "entrada", a tradução do que é externo para o interior. Assim ocorrem as incorporações, expansões e mudanças na cultura.

Esses sistemas que interagem no espaço semiótico da semiosfera nos auxiliam a compreender o mundo, são fontes de conhecimento, e é através deles que encontramos um caminho possível para estudar os processos de construção dos textos televisuais. Em outro momento já dissemos que o que interessa à Semiótica da Cultura são as relações entre os textos, visto que "um texto não é a realidade, mas o material para a reconstruir" (LOTMAN; USPENSKII; IVANÓV, 1981, p. 44-46). Essa reconstrução passa pela função criativa de novos textos culturais em um movimento ininterrupto que se dá com mais frequência nos limiares dos sistemas, nas zonas de intersecção, de fronteira.

As semioses, como ações de inteligência, mantêm a engrenagem da cultura em funcionamento, proporcionando a troca de informações, gerando comunicação, produzindo memória e processos criativos. Nesses cenários é que ocorrem tantos os processos de regularidades e repetições quanto os de tensionamentos de códigos e de sentidos, por conta de seus limites e potencialidades. Segundo o princípio organizativo que rege os sistemas de signos/linguagem, cada um tem as suas regras e códigos que lhe dão contorno, como é o caso da linguagem televisual.

É importante compreender que, nos processos de semiose, o que acontece é um diálogo entre os sistemas da cultura. Como explicita Irene Machado (2003), a Semiótica da Cultura deve a Bakhtin a noção de dialogismo. O autor reflete: "Um sentido descobre suas profundidades ao encontrar e ao tangenciar outro sentido, um sentido alheio: entre eles se estabelece um tipo de *diálogo* que supera o caráter fechado e unilateral desses sentidos, dessas culturas" (BAKHTIN, 1982, p. 352, grifo do autor).

Reforçamos que devemos estar conscientes de que na semiosfera existem diferentes níveis de intersecções e graus de tradutibilidade e intradutibilidade entre os sistemas culturais. E são os momentos de intradutibilidade que nos deslocam da "zona de conforto" garantida pela regularidade, pelo reconhecimento dos códigos de determinada linguagem: essa é a experiência que permite a transformação dos sistemas. Acontece um movimento de desterritorialização dos códigos, dos sentidos, que induz a uma reacomodação por causa da tensão e, por consequência, pode haver uma reterritorialização desses elementos.

Lembrando que, para Lotman (1999), são os órgãos do sentido que se conscientizam/percebem algo como contínuo, que promovem a percepção já esperada; o contrário nos desestabiliza, porque a percepção sentida é inesperada.

> Isso acontece porque o processo de tradução entre sistemas ao dialogar com as tradições culturais constrói modos de projeção na cultura no aqui e agora, feitos por meio de percursos de sentido que apontam para um além das fronteiras já existentes, propondo outras interfaces (NAKAGAWA, 2008, p. 111-112).

Na TV aberta brasileira, um texto ficcional televisual apresentar em sua estruturalidade algo irregular, propondo novas interfaces, não é uma tarefa simples, uma vez que há os limites impostos pelos sistemas comerciais, institucionais e econômicos, que se entrelaçam nesse texto. Somos cientes, portanto, de que existe um arcabouço complexo no qual esse sistema está inserido, e que por sua vez delimita fortemente suas regularidades, como a submissão dos programas à grade de programação da emissora com horários preestabelecidos, a forma seriada (que impõe a necessidade de ganchos narrativos devido às interrupções comerciais), o período de exibição estipulado, entre outros aspectos, alguns apontados nos capítulos anteriores. Essas são as marcas das estruturalidades de um texto na televisão e estão presentes mesmo em uma produção que apresenta imprevisibilidades. Por conta dessas imposições é que supomos que, na televisão, as imprevisibilidades se colocam de forma planejada, ou seja, como implosões midiáticas, como sugere Rosário e Aguiar (2016).

5.1.2 Implosão midiática: a explosão planejada

É no âmbito da fronteira da semiosfera que se realiza com mais propriedade o que Lotman (1999) chama de explosão semiótica, conceito que tem grande importância no desdobramento desta pesquisa, porque designa o instante máximo de uma ruptura de sentidos, quando de fato há uma desterritorialização dos sentidos. A explosão semiótica ocorre quando as rupturas de sentidos provocam tensionamentos intensos, que conduzem a novos sentidos. Para o autor, a ruptura de sentidos drástica, capaz de desencadear uma desterritorialização desses sentidos, é o momento da explosão, aquele instante marcado por um feixe de imprevisibilidade e intimamente ligado à função criativa da linguagem. A antítese da explosão é o processo gradual, que é quando as mudanças são inseridas lentamente em um sistema cultural, ao contrário do processo explosivo, que é acelerado e se incorpora na consciência da cultura, transformando-a. A cultura oscila como um pêndulo entre um estado de explosão cultural – que se identifica com as contraposições do sistema – e o estado de organização – que se realiza em processos graduais, progressivos.

É importante ter em mente que mesmo a explosão, que é a ruptura de sentidos agressiva, tem um ponto de esgotamento, ou seja, a ruptura com os códigos cessa e o processo de intradutibilidade tem duração limitada. Isso acontece quando a regularidade elimina o acaso e o momento da imprevisibilidade é cancelado do processo histórico, voltando à redundância. "O momento de esgotamento da explosão é um ponto de inflexão do processo"[152] (LOTMAN, 1999, p. 29), isto é, a explosão se dá pela casualidade, pelo acaso. Quando perde essa condição, o novo texto/informação/sentido é assimilado pelo sistema, ou então descartado, renegado ao esquecimento. Quando o elemento imprevisível passa à previsibilidade, ou seja, vira uma regularidade daquele sistema, é porque houve, portanto, a reterritorialização do sentido.

A explosão de sentidos na televisão, na maior parte das vezes, é criteriosamente planejada por quem produz; o elemento irregular não deixa de ser inserido, mas apenas depois de uma construção anunciada. Não estamos com isso contradizendo os apontamentos engendrados até esse ponto, no entanto corroboramos com a concepção de Rosário e Aguiar, que oferecem uma leitura consciente da explosão na mídia televisual quando sugerem que a função criativa na TV apresenta um modo particular de existência, pois opera "a partir de uma previsibilidade que é própria do meio" (2016, p. 283). O que as autoras refletem é que as regras inerentes à própria sintaxe da televisão exigem que a imprevisibilidade seja trabalhada de forma menos arrebatadora em relação ao que descreve Lotman (1999).

Por outras palavras, percebe-se o predomínio dos processos criativos regulados, ou o que poderíamos chamar de explosões controladas. A televisão e outros meios de públicos massivos não são espaços de experimentação por natureza, mas de regularidades e

---

152. No original: "El momento de agotamiento de la explosión es un punto de inflexión del proceso".

repetições. Os processos graduais de transformação das linguagens imperam, tendo em vista, sobretudo, manter a audiência e preservar os investimentos publicitários (ROSÁRIO; AGUIAR, 2016, p. 283-284).

A explosão controlada é batizada pelas autoras de implosão midiática, porque, assim como no processo físico de uma implosão – em que há um monitoramento minucioso controlado por engenheiros –, as lógicas televisuais acabam por impor um acelerado processo que deglute o novo texto, que sofre adequação ao sistema modelizante em que se concentra e sob a aprovação da audiência. A partir do instante em que prevalecem as normas e as regularidades, deixando "pouco espaço para as imprevisibilidades, para as possibilidades de explosão e para uma genuína função criativa da linguagem ou mesmo para as insujeições"[153], não há um aumento significativo de informações, como ocorre se algo irrompe numa cadeia de causa e efeito, casualmente. Na implosão midiática "os códigos são ajustados com prudência; os formatos permanecem os mesmos por muito tempo; as alterações não podem ocorrer em grande escala, mas têm que ser programadas e avisadas"[154]. Diferentemente da explosão, que transita no âmbito do incontrolável, a implosão,

> ainda que traga alguma novidade, permite a expressão de regularidades controladas, cadeia de causa e efeito marcada pela gradualidade, densidade de informação circunspecta, trajetórias estudadas e demarcadas e tradutibilidade com mínimo de tensionamento[155].

Rosário e Aguiar (2016) exemplificam essa implosão com o beijo *gay* dado pelas personagens Niko (Thiago Fragoso) e Félix (Mateus Solano) no último capítulo da telenovela de horário nobre da TV Globo *Amor à vida* (2013-2014). As autoras lembram que a cena foi polemizada e, até pouco

---

153. Ibidem, p. 285.
154. Ibidem, p. 286.
155. Ibidem.

tempo antes de ir ao ar, ninguém na emissora confirmava se o beijo seria mesmo exibido, embora já fosse sinalizada a preferência do público pelo seu acontecimento. Mesmo essa cena, irregular na teleficção brasileira de canal aberto, pelo menos até aquele instante, sofreu um processo gradual de aceitação da audiência. Narrativas ficcionais anteriores já vinham pontualmente preparando os telespectadores para a inserção do beijo *gay* na novela. Personagens e casais homossexuais foram aparecendo com mais frequência nas tramas, e muitas pesquisas de opinião orientaram a emissora sobre como tratar o tema. Em outras palavras, esse

> momento explosivo da televisão brasileira – que, inclusive, teve vasta repercussão em outras mídias e nas redes sociais – se configurou a partir de um trajeto diacrônico, que entendemos que seja de gradual recodificação do sistema cultural das telenovelas no que se refere às relações gays (ROSÁRIO; AGUIAR, 2016, p. 284).

As insujeições são mais propícias em programas ao vivo e, quando acontecem, em geral não são exibidas novamente[156]. Há diversos exemplos: tombos ou desmaios de apresentadores ou convidados; pessoas anônimas que insistem em chamar a atenção em entradas de links nos telejornais; repórteres sendo derrubados; celulares que tocam durante entrevistas em estúdio; queda de câmeras e pedaços do cenário; princípio de incêndio depois de curto circuito em um refletor de luz, entre outros.

Contudo, nesse "processo de rápida apropriação e *implosão* das rupturas de significado, a televisão ajuda a legitimar textos explosivos que se manifestam na cultura, em geral pela arte"[157]. Com tal legitimação, o que temos é o ponto de inflexão da explosão, sua absorção pelo sistema. Endossamos que a implosão midiática não é a ausência de criatividade, mas apenas um modo diferente de organização do texto explosivo, que desponta como inesperado, mas cuja imprevisibilidade está guiada pelas regras inerentes

---

156. Ibidem.
157. Ibidem, p. 287.

à linguagem televisual. Na maior parte das vezes, esse texto é rapidamente transformado em regularidade ou rechaçado pelo sistema. Ainda assim, esses textos preservam as características de um texto artístico.

5.2 A criação do texto artístico

Lotman constata que o texto artístico é um texto explosivo por excelência, visto que

> o acontecimento da criação artística sucede como uma explosão e, por conseguinte, tem um caráter imprevisível. A imprevisibilidade do desenvolvimento do acontecimento se constitui como se fosse o centro compositivo da obra[158] (2005a, p. 4).

Lotman esclarece que o "receptor tenta perceber o texto segundo cânones já conhecidos, mas pelo método de tentativas e de erros, convence-se da necessidade de elaborar um novo código que ainda não conhece" (1978a, p. 61). A natureza sígnica do texto artístico é sempre dual: ao mesmo tempo que simula e traz elementos do mundo real, deixa evidente que é uma criação de alguém e significa algo (LOTMAN, 1996). O jogo entre ficção e realidade, imanente ao texto artístico, Lotman (1978a, 1996) crê que fica expresso na frase de Púchkin, quando o poeta conjurou a epígrafe deste capítulo: "Por uma ficção me debulhei em lágrimas"[159].

Lotman enxerga nos artistas pessoas que creem no próprio mundo, um mundo que converte a arte num polo de experimentação da realidade com a possibilidade de transgredir as leis da família, da sociedade, do sentido comum, dos costumes, inclusive das tradições e das leis do espaço e do tempo.

---

158. No original: "el acontecimiento de la creación artística sucede como una explosión y, por consiguiente, tiene un carácter impredecible. La impredecibilidad (la imprevisibilidad) del desarrollo del acontecimiento se constituye como si fuera el centro compositivo de la obra."
159. No original: "Por una ficción me desharé en lágrimas".

[...] as leis que organizam o mundo se dividem em dois grupos: o das trocas impossíveis e o das trocas possíveis, mas categoricamente proibidas (as trocas possíveis e as trocas proibidas em absoluto, não levam em conta neste caso, já que se introduzem como antíteses de uma verdadeira mudança)[160] (2005a, p. 2).

Esse é o carácter essencial dos textos artísticos, que podem nos carregar para um experimento mental, defende o autor, em um processo "que permite verificar a intangibilidade de certas estruturas do mundo. Isso determina as relações da arte com a realidade. Esta relação verifica o efeito dos experimentos por ampliação da liberdade ou por sua limitação"[161]. Ele completa esse raciocínio afirmando que a força artística contida em textos como os contos literários do escritor norte-americano Edgar Allan Poe é justamente a de colocar diante do leitor um enigma insolúvel que ultrapassa a lógica corriqueira do dia a dia e nos faz alçar os limites do mundo imprevisível, ou seja, nos leva além das situações da nossa vivência cotidiana, da nossa zona confortável, conhecida e já assimilada.

O texto artístico da cultura é aquele que permite um incremento da significação, e isso o distingue dos textos correntes nos núcleos da semiosfera; no entanto, não é todo texto artístico que pode ser criativo, proposição que dialoga com Campos (2013a, 2013b), como veremos em seguida, pois alerta Lotman: há "arte que se cria segundo regras existentes e arte que cria regras"[162] (2005b, p. 5).

Quando o autor reflete sobre a linguagem audiovisual, referindo-se ao cinema, ele ressalta que toda imagem reproduzida numa tela é um signo, então tem significado, é portadora de informação. Contudo, pode ser

---
160. No original: "[...] las leyes que organizan el mundo se dividen en dos grupos: los cambios imposibles y los cambios posibles pero categoricamente prohibidos (los cambios posibles y los cambios prohibidos en absoluto, no se tienen en cuenta en este caso, ya que se introducen como antíteses de un verdadeiro cambio)".
161. Ibidem. No original: "[...] que permite verificar la intangibilidad de ciertas estructuras del mundo. Eso determina las relaciones del arte con la realidad. Esta relación verifica el efecto de los experimentos por la ampliación de la libertad o por su limitación".
162. No original: "el arte que se crea según las reglas existentes y el arte que crea reglas".

um signo ambíguo, revestido "de significações suplementares, por vezes completamente inesperadas" (LOTMAN, 1978b, p. 60). Há tendências opostas nessas relações: uma que se baseia na experiência já introjetada no espírito, que nos conforta porque repete elementos conhecidos e se apresenta dentro das nossas expectativas; e a tendência que perturba, aquela que não corresponde ao "esperado" e provoca deslocamentos porque põem "em relevo no texto nós semânticos"[163]. E, como já discutido, é exatamente quando a expectativa é derrubada que se apresenta diante do espectador o maior número de informação; é quando há, segundo Lotman (1978a), uma transgressão significante. É evidente que essas tendências podem ocorrer simultaneamente em uma mesma produção audiovisual, com uma ou outra tendência se sobressaindo.

As imposições colocadas pelas regularidades de cada texto da cultura garantem a sua redundância, mas há outros fatores que corroboram para isso, por exemplo,

> temos uma massa de textos artísticos que criam uma situação comercial, mas é esta mesma situação comercial que comporta uma determinada produção artística, criando-se desta maneira uma estabilidade da cultura que, de certo modo, aumenta a redundância"[164] (LOTMAN, 2004b, p. 7).

Parece-nos que essa condição reflete o modo recorrente de se trabalhar as narrativas ficcionais na televisão – como vimos nos capítulos anteriores, as teleficções operam sobre um *continuum* de repetibilidade, isto é, recorrem a elementos que se repetem, enquanto a criação traz a unicidade (embora também admitamos que haja momentos de criação e explosão nesses textos, a periodicidade é própria dos textos redundantes).

---

163. Ibidem.
164. No original: "tenemos una masa de textos artísticos que crea una situación comercial, pero es esta misma situación comercial la que comporta una determinada producción artística, creándose de esta manera una estabilidad de la cultura que, en cierta manera, aumenta la redundância".

Um exemplo dado pelo autor recorre a uma comparação entre poesias escritas com versos ruins e com versos bons; no primeiro caso, a redundância nos permite até inferir o final, enquanto que, no segundo caso, um texto poético bem estruturado por meio de versos imprevisíveis não nos permite essa revelação (LOTMAN, 2004b). Lembramos que as poesias também constituem seus próprios códigos e mecanismos de regularidade, que são as rimas, as métricas. Esse exemplo nos recorda a redundância habitual verificada na teledramaturgia brasileira, em especial em relação às telenovelas: é natural ouvirmos os telespectadores deduzirem os finais da trama e mesmo no dia a dia entoarem a frase "Isso só acontece em novela", certos de que sabem o que se passa em uma história dessa natureza.

Fora da redundância, a linguagem das artes dispõe de uma complexa rede de linguagens inter-relacionadas, mas não semelhantes, e pode permitir a pluralidade de leituras possíveis de um texto da cultura (LOTMAN, 1978a). Por isso, aproximamos as noções de criação e texto artístico de Lotman (1996) à concepção que nomeamos telerrecriação, pois nela entendemos que é premente a possibilidade de novas leituras dos textos teledramatúrgicos, assim como acreditamos que há momentos que sinalizam rupturas de sentidos, algumas intensas, que podem nos carregar para a desterritorialização desses sentidos e para os processos explosivos – ainda que, na nossa compreensão, essas imprevisibilidades resultem pela via da implosão midiática, uma explosão controlada, como nos dizem Rosário e Aguiar (2016).

Reforçamos que as irregularidades propostas pela função criativa da linguagem, que possibilitam as rupturas e desterritorializações de sentidos, são processos que caminham lado a lado com as regularidades dos textos culturais. Lotman deixa claro que "*o aumento das possibilidades de escolhas* é uma lei da organização do texto artístico" (1978a, p. 474, grifo do autor), mas alerta: "O infinito das possibilidades, a ausência de regras, a liberdade total em relação aos limites, determinados por um sistema, não são o ideal da comunicação, mas a sua morte"[165]. E é por isso que muitas das regularidades apresentadas nos capítulos anteriores serão notadas inclusive nas

---
165. Ibidem, p. 475.

produções de LFC, nas quais as estruturalidades e os códigos do audiovisual pré-concebidos pela linguagem não foram abandonados pelo diretor, que soube renová-los e atualizá-los, assim como manter determinados elementos que asseguram certo reconhecimento por parte do público. Tanto isso acontece que, entre os exemplos de composição de imagens dados nos capítulos antecedentes, fizemos questão de incluir obras de LFC. Também há certa regularidade na repetição do elenco escalado em suas produções, embora seja do perfil do diretor investir em descobrir novos talentos, além da recorrência de planos e movimentos de câmera específicos[166], aliados aos momentos de rupturas em relação a esses procedimentos.

Logo, é um equívoco dizer que LFC não se repete no que produz. Na textura de seus textos coexistem, como propõe Lotman (1996), a convencionalidade e a autenticidade. É claro que pressupomos que existam mais instantes de intradutibilidade, e, por isso, acreditamos que nesses momentos imperam também as premissas da transcriação, nas palavras de Campos (2013a, 2013b), colaborando para uma condição de reorganização dos sentidos.

5.3 Transcriar ou recriar é redoar a forma

Transcriação é como Haroldo de Campos nomeia a tradução poética. Seu pensamento oferece uma correspondência ao texto telerrecriado, porque

---

166. Um movimento de câmera recorrente na obra de LFC é a captação de imagens em 360°. Cito três exemplos: um deles em uma cena da telenovela *Renascer* (1993), em que as personagens Padre Lívio e Tião dialogam. O encontro é registrado em um movimento circular, desconsiderando o padrão plano/contra-plano usual em novelas. O mesmo movimento se repete na microssérie *Capitu* (2008) no momento em que Bentinho, ainda menino se sente sufocado com o "aparente" excesso de cuidados que recebe do agregado da família dele, José Dias. Nessa produção, a situação no texto é associada *A vaca de Homero*, que é um trecho do poema épico *Ilíada* que relata o momento em que o Rei Menelau protege Pátroclo, que está ferido, rodeando-o como se fosse uma vaca que zela por seu bezerro. Este mesmo modo de captação de cenas volta a acontecer em dois episódios da série *Suburbia* (2012), quando um juiz rodeia a protagonista Conceição com uma moto, assediando-a e em outra cena, quando a personagem Cleiton fica acuada pela mesma personagem. Em ambas, os pontos de vista das personagens são intercalados e promovem momentos de ação e muita tensão dramática.

no processo de transcriação elaborado conceitualmente pelo autor estão inerentes a crítica e a recriação. Começamos por esmiuçar algo que foi apenas pontuado no início deste estudo, quando dissemos que Campos (2013a, 2013b) parte das reflexões do filósofo Max Bense (1956), que, para conceituar a transcriação, associa a criação artística a uma informação estética frágil. Esclarecendo: segundo Campos, refletindo Bense (1956), a informação estética máxima é aquela de assimilação palatável; nos dizeres de Barthes (2009), que será discutido logo mais, seria a informação de sentido óbvio e de fácil comunicação, enquanto a informação estética frágil é incompleta, mínima, por vezes intraduzível. A informação máxima, também batizada de documentária, é exemplificada pelo autor com a frase "A aranha tece a teia" (CAMPOS, 2013b, p. 32), construção que não nos deixa dúvida na sua proposição, redundante e composta por elementos facilmente substituíveis, ao passo que na poesia de João Cabral de Melo Neto a mesma informação é transmitida assim: "A aranha passa a vida / tecendo cortinados / com o fio que fia / de seu cuspe privado". Logo, segundo esse exemplo, a "informação estética, por sua vez, transcende a semântica, no que concerne à 'imprevisibilidade, à surpresa, à improbabilidade da ordenação de signos'"[167]. Nesse sentido, a previsibilidade é rompida. Mais uma vez, há uma relação com a criação de Lotman (1996, 1999), visto que a "tradução de textos criativos será sempre recriação, ou criação paralela, autônoma porém recíproca"[168].

Campos (2013b) insiste que a transcriação é como se dá a redoação da forma, e isso sem que se perca a tradição (memória), que é reproposta e reformulada, ou seja, atualizada. Enfatizamos tal colocação para não parecer que transcriar ou telerrecriar um texto seja reinventar e dar vida a algo totalmente novo. Redoar a forma, tornar um texto em algum aspecto intraduzível, não é um complicador no ato da comunicação/tradução de um texto da cultura. Pelo contrário, como já vimos em Lotman (1999), pode ser um potencializador para a criação de novos sentidos. Assim,

---

167. Ibidem, p. 35.
168. Ibidem, p. 286.

transcriar é um modo de produzir de maneira criativa que, como afere Campos (2013b), redimensiona e qualifica o mundo da criação. O autor alerta ser um risco considerar que toda produção criativa como arte, pois há arte inventiva, assim como há obras artísticas sem criatividade, como, aliás, também pensa Lotman (2005b). Campos observa: "Numa tradução dessa natureza, não se traduz apenas o significado, *traduz-se o próprio signo*, ou seja, sua fisicalidade, sua materialidade mesma" (2013b, p. 35, grifo do autor).

Isso posto, alertamos que se engana quem pensa ser um equívoco aproximar a noção de transcriação de Campos (2013a, 2013b), que parte da poesia literária, à transcriação no audiovisual. Primeiro porque, por um lado, devemos considerar que ele é um poeta concretista, que desde sempre demonstrou uma preocupação com a materialidade da língua, isto é, com os aspectos não verbais do signo linguístico. Por outro lado, porque a sua perspectiva teórica também sempre demonstrou adequação com as proposições do formalista russo Roman Jakobson, que desenvolveu e descreveu as funções da linguagem, entre elas a função poética e a noção de transposição criativa. Haroldo de Campos (2013a, 2013b) confessa que a função poética da linguagem proposta por Jakobson (2010) serviu de inspiração para a concepção da noção de transcriação. A seguir, vamos delinear brevemente as funções da linguagem de Jakobson para buscar compreender o porquê dessa referência.

Jakobson (2010) determina seis funções para a linguagem. A primeira função, referencial ou denotativa, tem foco no próprio referente ou contexto. Na televisão, os telejornais são os exemplos mais evidentes dessa primeira função. O discurso, nesse caso, ocorre na terceira pessoa (ele, ela, eles, elas). A função emotiva ou expressiva (segunda função) se concentra no tema principal da mensagem ou no próprio emissor. O discurso na primeira pessoa (eu, nós) permite o reconhecimento do emissor. No audiovisual, essa função aparece comumente em documentos autobiográficos e em campanhas sociais criadas a partir de depoimentos de experiências vividas, como a campanha "O câncer de mama no alvo da moda", do Instituto Brasileiro de Controle do Câncer (IBCC), de 2015, em que mulheres vítimas da doença ficam diante de pessoas famosas escutando relatos pessoais semelhantes com o que viveram quando estavam com câncer, só depois disso, elas revelam suas experiências[169]. A terceira função é a conativa ou apelativa, que, como o nome já revela, é vocativa, portanto centrada no receptor, como as publicidades de TV que interpelam o público de maneira incisiva (como o texto do comercial de TV da empresa de telefonia Vivo, no Brasil, que diz "Baixe o app Vivo Turbo, ele é levinho", ou a peça publicitária da marca de beleza Natura, que interpela quem está assistindo com a frase "Conheça todos os rituais de beleza da Linha Ekos"[170], como quem dá uma ordem a quem recebe a mensagem[171]). O emprego da segunda e terceira pessoa (tu, vós, você, vocês) pode auxiliar a interpelar o receptor. A quarta função da linguagem determinada por Jakobson (2010), a fática, tem como referente um elemento de contato, um ruído, efeito sonoro ou visual. O exemplo relacionado à TV brasileira mais clássico que nos vem à mente é a vinheta com o sonoro *plim plim* da TV Globo, com a função clara de chamar a atenção do espectador para a programação. A função fática não transmite necessariamente uma informação. A quinta função, a metalinguística, é quando a linguagem tem como referente o próprio código, como o programa de entretenimento *Tá no ar* (TV Globo/2014-atual), que satiriza a própria televisão. A sexta e última função é a função poética ou estética, que tem ênfase na própria mensagem e, por ser voltada para si, se torna ambivalente. A função poética tem estreita relação com a transcriação, porque nela é a estrutura que importa; o elemento central nessa função da linguagem é a produção de sentidos que está sendo colocada na mensagem através da forma.

Segundo Jakobson (2010), no ato da comunicação os elementos que a constituem mesclam as funções da linguagem, sendo que uma das fun-

---

169. Campanha disponível no link: <www.youtube.com/watch?v=DX138tBpMGI>. Acesso em: 15 jun. 2017, 12:33.
170. Para visualizar a peça publicitária da Natura, acesse: <www.youtube.com/watch?v=RvvsmJo8vUk>. Acesso em: 15 jun. 2017, 12:40.
171. O psicólogo, filósofo e linguista Karl Büller foi quem desenvolveu as três primeiras funções da linguagem (emotiva, conativa e referencial), que depois foram repensadas por Jakobson, que mais tarde criou as outras três (JAKOBSON, 2010).

ções prevalece. Logo, podemos pensar que o texto telerrecriado apresenta como um de seus aspectos a transcriação, cuja função da linguagem predominante é a poética, isso segundo os pressupostos de Jakobson (2010). Campos endossa que essa é a função voltada para a materialidade do signo, "entendendo-se por materialidade, enquanto dimensão sígnica, tanto a *forma de expressão*, [...] como a *forma do conteúdo*" (2013b, p. 133, grifos do autor)[172].

Reafirmando, para Campos (2013a), assim como para Lotman (1999), postular a impossibilidade da tradução não é algo desolador, e sim pode, na maior parte das vezes, ceder espaço à criatividade. Transcriar, para Campos (2013a, 2013b), e traduzir, para Lotman (1999), são os conceitos que nos fizeram manter, na noção de telerrecriação, o termo "recriação", porque nele estão embutidas as duas possibilidades: o diálogo entre diferentes textos, textos dentro de textos, como pensa Lotman (1999); e a verve da criação, no sentido de criar de novo, com novas informações, nova roupagem.

Devemos compreender que, por um lado, como mencionado no capítulo 3, quando discorremos sobre os dialetos da memória, há textos da cultura que são esquecidos e podem ser resgatados em outras épocas, se recontextualizando. Nesse processo, a "tradição foi [é], assim, traduzida fazendo com que o novo sistema se tornasse [torne] tributário de outros, que não foram [são], assim, destruídos, mas recodificados" (MACHADO, I., 2003, p. 30-31). Não se trata simplesmente de uma volta ao passado. Quando esse texto é içado, ele entra em diálogo com outros textos e solicita novos arranjos, movimento dinâmico dos sistemas culturais que enxergamos, por exemplo, quando textos distintos como o teatro, a ópera e as artes visuais são entrelaçados nas narrativas de ficção criadas por LFC, mas por meio de uma tessitura nunca antes experimentada, ou seja, há uma ressignificação dos códigos, uma transcriação/recriação. Há, com isso, "a construção conflituosa de novos textos em relação àqueles já

---

172. Tanto Barthes (2001) quanto Campos (2013a, 2013b), quando se referem à dissociação entre os planos de expressão e conteúdo no plano de significação, estão se baseando no pensamento do linguista Louis T. Hjelmslev.

existentes" (NAKAGAWA, 2008, p. 111). Logo, nos parece um raciocínio simples demais argumentar que o trabalho de LFC na televisão é cinema, só porque o diretor resgata códigos que são mais comuns em filmes, como os longos planos de câmeras explorados na telenovela *Renascer* (1993) ou a narrativa sem diálogos com onze minutos de duração que deu início à minissérie *Os maias* (2001), ambos trabalhos dirigidos por ele. Também não nos parece que, embora tenham entre as suas inspirações o teatro, as microsséries *Hoje é dia de Maria* (2005), *A pedra do reino* (2007) e *Capitu* (2008) sejam teatro filmado, mas sim linguagens em diálogo que recodificam a linguagem da teleficção e, dessa forma, tecem uma crítica à sua própria linguagem, televisual.

E é por essa via que o segundo componente do conceito de transcriação nos fisgou, compondo também, cremos, uma das faces do texto telerrecriado – a crítica. Para pensar a crítica na tradução, Campos (2013a, 2013b) recorreu a Ezra Pound, outro teórico e literário que também se preocupou com a tradução poética. De Pound, Campos reconsiderou os apontamentos sobre o que de fato é uma crítica e concluiu que, antes de mais nada, crítica é eliminar repetições e expurgar o que já foi realizado; todas essas possibilidades também podem ser um modo criativo de trabalhar um texto televisual. Já sinalizamos ao longo desta reflexão que cremos que os textos selecionados para a análise se diferenciam das teleficções majoritárias, logo, tendem à não redundância, isto é, primam pela construção de algo ainda não realizado. Ao propor novos arranjos e modos de criar e produzir teledramaturgia, esses textos acabam tecendo uma crítica ao modelo canônico estabelecido, não nos parece que atingindo a eliminação de toda regularidade, mas há uma crítica embutida nessas propostas que é subjacente a cada irrupção de uma ruptura de sentidos.

O sentido obtuso, tal como conceituado por Barthes (2009), transita nessa mesma sintonia. Nele também reside a metalinguagem, uma crítica à própria linguagem. Em certa medida, quando um texto é recriado, conforme pensa Campos (2013a, 2013b), seja pela tradução poética ou na televisão – via elementos da telerrecriação –, produz-se uma crítica ao modo de construção estabelecido e praticado até então naquela linguagem. Como discorre Barthes (2009), porém, isso só se realiza quando o terceiro sentido é despertado.

5.4 Sentido obtuso, o nosso terceiro sentido

Acreditamos também ser inerente a um texto televisual com características da telerrecriação despertar o terceiro sentido, ou sentido obtuso, conforme proposto por Barthes (2009). O sentido obtuso, ou terceiro sentido, atribui mais uma entre as facetas contempladas na noção de telerrecriação. Barthes propõe três níveis distintos para os sentidos, esmiuçados a seguir.

O primeiro nível é o informativo, que, no caso do audiovisual, compreende todo o conhecimento que nos chega pelos elementos da *mise-en-scène*: os objetos de cena, a cenografia, o figurino, as personagens e suas relações. É o nível da comunicação. É aquele signo que se apresenta à nossa frente, evidente, portanto óbvio. Se retrocedermos nos exemplos das estruturalidades e códigos discutidos nos capítulos 3 e 4, identificamos como esse nível é posto em prática e nos é acionado tão facilmente, como supõe Barthes (2009). Dissemos, entre outras colocações, que as imagens de *stock shot* sinalizam para o espectador qual núcleo de personagens vai entrar em cena; que a luz, o figurino e os objetos são pensados segundo um conceito guia da obra televisual e sob uma perspectiva, na maior parte das vezes, de se aproximar do real. Todas essas informações nos são dadas para traduzir a história que está sendo enredada/comunicada, e algumas delas são passadas com sutileza, nas cores, gestos e objetos que compõem as cenas e as personagens.

O segundo nível pensado por Barthes (2009) é o simbólico, que também está intrínseco na diegese e se apresenta no conjunto da *mise-en-scène*. Menos explícito e exigindo um pouco mais do espectador, o simbólico já ocupa o nível da significação, mas assegura que os símbolos façam parte de um léxico comum a todos, sendo, portanto, de fácil acesso. A cena descrita por Barthes (2009) para explicitar o nível simbólico é a chuva de ouro que recebe o jovem tzar protagonista do longa-metragem *Ivan, o terrível* (1944). Nessa sequência, toda a simbologia que envolve o ouro pode ser associada à riqueza, ao poder, ao rito imperial, isso sem considerarmos a montagem do cineasta, que traz no bojo outras relações e deslocamentos.

Os níveis dos sentidos podem se mesclar, e o simbólico, especialmente, é muito explorado nas produções do LFC, além do terceiro sentido, que pontualmente observamos e consideramos para compor os textos telerrecriados. Por isso, preferimos exemplificar o nível simbólico do sentido com uma cena de *Suburbia* (TV Globo/2012)[173], que dialoga com um símbolo nacional. Essa série também foi dirigida e teve o texto final assinado por LFC, junto com o roteirista Paulo Lins. A protagonista da série *Suburbia* é Conceição (interpretada por Débora Letícia Nascimento quando criança e Erika Januza na fase adulta)[174]. A jovem, embora muito inocente, é muito sensual e dança bem, o que faz com que seja eleita rainha de bateria da escola de samba do bairro onde mora. Coroada como "rainha", eis que nos deparamos com uma cena carregada de simbolismo, na qual ela ganha ares de santa, imaculada, de certo modo desprendida de sexualidade, e recebe um figurino que nos remete ao manto de Nossa Senhora Aparecida[175]. Além desses elementos, não podemos deixar de frisar que o nome dela é Conceição, o mesmo da Santa Padroeira do Brasil,

---

173. A cena pode ser assistida, a partir dos 4 min e 21 s, em: <https://globoplay.globo.com/v/2305916>. Acesso em: 6 fev. 2018,13:07.

174. Conceição é uma moça ingênua que deixa a família ainda criança no interior de Minas Gerais, onde todos trabalhavam e moravam de maneira muito precária, depois que seu irmão mais velho morre em um acidente de trabalho nos fornos de carvão. Ela parte sozinha para o Rio de Janeiro sonhando em conhecer o Pão de Açúcar, um dos pontos turísticos mais famosos do mundo, de onde temos uma visão panorâmica da cidade maravilhosa. Depois de muitas desventuras, Conceição cresce e é acolhida por uma família que a apresenta ao samba.

175. A cena da coroação é intercalada com uma senhora cantando uma cantiga que diz "segura na mão de Deus e vai" e um pastor agradecendo, declamando trechos da Bíblia Sagrada e simulando um batismo evangélico em Cleiton (Fabrício Boliveira), seu ex-namorado, que havia se tornado um bandido. Nessa edição paralela, as duas cenas se complementam na multiplicidade de símbolos. Enquanto o pastor diz "em nome do Pai, do Filho e do Espírito Santo" na casa de Cleiton, acompanhamos também Conceição recebendo sua coroa e manto azul de rainha da bateria da União Carioca. Quando ela finalmente fala, agradece a Deus, à Nossa Senhora Aparecida e à sua família postiça.

Nossa Senhora da Conceição Aparecida, que é uma santa negra, assim como a personagem. Estamos certos de que relações como essa podem unir os três níveis dos sentidos mas, para alguns espectadores, mesmo participantes do universo comum dos símbolos, as associações podem não ser estabelecidas. É possível, ainda, que tais associações fiquem apenas no nível informativo para algumas pessoas, assim como podem tangenciar o obtuso, que é o terceiro sentido.

Já o terceiro nível do sentido apontado por Barthes nos permite enxergar além do que está na cena, porque nem sempre sabemos dizer o que é esse sentido "a mais" – pode-se dizer "sentido adicional" – percebido na imagem/cena. O nível obtuso exige um questionamento, diferentemente dos outros dois níveis, o simbólico (que é intencional) e o informativo (que se coloca de maneira tão sorrateira e natural). Barthes adverte que esse nível não impõe seu significado, pelo contrário, já que não pode ser visto como o primeiro sentido, que é "o simples *estar-lá* na cena" (2009, p. 49, grifo do autor). O terceiro sentido é como uma interrogação, ou, como preferimos, "inquietação", "estranhamento". O terceiro sentido é fugaz, isto é, não está lá traduzido (como o informativo), pode não estar ao alcance de todo espectador (como os símbolos), mas, a partir do momento que se apresenta como um sentido suplementar, abre o campo do sentido e oferece outras possibilidades de leitura para um texto da cultura; isso o torna democrático.

As imagens provocadoras do sentido obtuso, a nosso ver, são congruentes com os processos explosivos configurados nas pesquisas sobre cultura de Lotman (1999), por oferecerem componentes acionadores de rupturas e desterritorializações de sentidos, sendo que a contribuição desse pensamento de Barthes (2009) nos auxilia, ainda, por pensar o terceiro sentido como uma perturbação que traz consigo uma crítica à própria linguagem. Barthes acredita que "o sentido obtuso perturba e esteriliza é a metalinguagem (a crítica)" (2009, p. 59) se fortalecendo como desordem, irrompendo como possível contranarrativa e, portanto, podendo conduzir, no caso de LFC, a uma outra organização de planos e/ou movimentos de câmera por meio de sequências técnicas e/ou narrativas inesperadas.

Assim, a partir dos vieses teóricos expostos, tecemos as análises contidas nos próximos três capítulos e construímos e movemos os platôs que formam a cartografia desta investigação.

- CAPÍTULO 6 -
PLATÔ RUPTURAS DE SENTIDOS DA TÉCNICA E OS REARRANJOS DO SABER-FAZER TELEDRAMATURGIA

Depois da discussão sobre os pilares teóricos da pesquisa, podemos direcionar o olhar para as cartografias propriamente ditas, que trazem o movimento da organização dos pontos luminosos nos platôs. Sabemos que "um platô não é nada além disso: um encontro entre devires, um entrecruzamento de linhas, de fluxos, ou uma *percolação* — fluxos que, ao se encontrarem, modificam seu movimento e sua estrutura" (MARTIN, 1996). Esses platôs, que são pequenas cartografias, adiante se sobrepõem, formando uma cartografia das rupturas de sentidos encontradas na obra de LFC. Para melhor compreensão de como foram construídas essas cartografias, dividimo-las em três capítulos, dedicando cada um à discussão sobre cada respectivo aspecto dessas rupturas de sentidos pontuadas na investigação.

De pronto, iniciamos com este capítulo, que, trata dos aspectos técnicos existentes nas produções, que, segundo os pressupostos teóricos deste estudo, acreditamos provocarem rupturas e desterritorializações de sentidos; em seguida, o capítulo 7, "Platô rupturas de sentidos da cronotopia: um quebra-cabeças do espaço-tempo" – observa as digressões espaço-temporais das narrativas ficcionais analisadas; e, por fim, o capítulo 8, "Platô rupturas de sentidos da cenografia: um *patchwork* de referências" – aborda como se concretizam esses processos na constituição da *mise-en-scène*.

Em relação às rupturas de sentidos da técnica, de antemão, levantamos uma ressalva: a busca pelos recursos técnicos que despertam rupturas de sentidos e/ou explosões considerou aqueles que nos pareceram de algum modo impactar mais assertivamente no resultado final da obra audiovisual.

Nossa atenção não imergiu, por exemplo, na criação técnica do *butterfly* confeccionado exclusivamente para a cidade cenográfica da microssérie *A pedra do reino*, tido como o maior da América Latina na época (2.500 m²), porque efetivamente esse elemento não interferiu diretamente no texto que foi ao ar, apenas no modo de produção – ao facilitar o trabalho da equipe, que pôde estender os horários de filmagem até mais tarde, já que o filtro de tecido impedia que a luz solar alterasse a iluminação das cenas. A luz do sertão é tão intensa e diminui em uma velocidade tão rápida que a criação do imenso *butterfly* foi a solução técnica possível para que a iluminação não comprometesse o cronograma da captação de cenas da microssérie. Mesmo sabendo que essa foi uma inovação técnica, tal recurso em nosso platô é visto com uma linha que corta, só que quase tangenciando a semiosfera de *A pedra do reino*, isto é, não deixa de ser um dos aspectos das rupturas de sentidos que a constituem, mas não será desenvolvido, porque não têm impacto no texto televisual como os outros aqui abordados.

Também não incluímos no mapa o uso da câmera Arri Alexa, usada pela primeira vez no Brasil na série *Afinal, o que querem as mulheres?*. Tal uso, inédito até então, interviu na qualidade da imagem, sobretudo na gravação das cenas noturnas, mas não efetivamente na narrativa. Logo, esse outro aspecto ocupa no platô uma posição de linha que atravessa a semiosfera, porque se interpõe ao texto, o modifica de algum modo, mas não a ponto de transmutar os códigos e os sentidos construídos para o texto.

Não nos parece que as mudanças trazidas por esses recursos tenham ocorrido de modo tão enfático, embora admitamos que haja em certa medida uma sobrecodificação, e por isso consideramos esses aspectos como pontos de intensidades menores neste platô.

6.1 Sob as lentes de Carvalho

Dito isso, podemos seguir com o desenvolvimento dos pontos que foram de fato relevantes na observação. Assim, o platô rupturas de sentidos da técnica foi formado por recursos técnicos empregados por LFC que nos parecem poder colocar em xeque os sentidos hegemônicos das narrativas ficcionais de televisão e, dessa maneira, desconstruí-las de algum modo. Não podemos deixar de enfatizar que os elementos técnicos não podem ser pensados individualmente, mas na correlação com outros elementos do sistema audiovisual. Em outras palavras, só o efeito de iluminação não é suficiente para a compreensão de determinada sequência da teledramaturgia, este elemento estabelece conexão com outros elementos de significação, como figurino, enquadramento, composição sonora, entre outros.

Sob essa premissa, este platô começa a se formar a partir dos pontos que nos afetaram e que estão relacionados ao uso das lentes, filtros de câmeras e refletores de iluminação, que resultam nas anamorfoses técnicas e nas concepções fotográficas realizadas pelo diretor. Um desses aspectos pode ser percebido em *Capitu* sob a forma de anamorfoses técnicas, e outro em *Afinal, o que querem as mulheres?*, com o uso de gelatinas multicoloridas para compor as cenas. Esse ponto se conecta com outras linhas luminosas do platô, como as fotografias propostas em *Hoje é dia de Maria* e *A pedra do reino*, já que nesses textos LFC também propõe um feitio diverso de iluminar na teleficção. Destacamos, ainda, a fotografia criada por ele em produções anteriores, como no telefilme *Uma mulher vestida de sol* (1994) e as telenovelas *Renascer* (1993) e *Velho Chico* (2016), realizada mais recentemente, todas produções da TV Globo.

Para que essas recriações de LFC sejam mais bem compreendidas, é importante advertir que, conforme discutido em capítulo anterior, há um "efeito de real" recorrente que se produz na televisão e que tem como aliada a iluminação, que propicia uma atmosfera que visa a assegurar o princípio de realidade. Reforçamos que a fotografia, em geral, se pauta em um repertório inerente ao telespectador. Na discussão a seguir, os elementos irregulares apresentados indicam exatamente como, na obra de LFC, há essa fuga ao efeito de realidade, um dos elementos mais reluzentes na constituição deste platô. Vários recursos técnicos empregados pelo diretor servem a esse propósito. Uma dessas formas de romper com a reprodução fiel do mundo, idolatrada no Renascimento, é a imagem anamórfica, pela qual começaremos nossas considerações.

6.1.1 Anamorfoses técnicas

Na microssérie *Capitu*, determinadas cenas, especialmente aquelas de devaneios ou sob o ponto de vista do protagonista Bentinho/Dom Casmurro (César Cardadeiro/Michel Melamed), se dão por meio de imagens quase irreconhecíveis. A profunda perturbação da personagem é evidente nos enquadramentos em primeiro plano e nas distorções das imagens. Essas cenas se apresentam sob a forma de anamorfoses[176], que, segundo Arlindo Machado, "não são mais do que desdobramentos perversos do código perspectivo, mas o efeito por elas produzido resulta francamente irrealista" (MACHADO, A., 2011b, p. 207). O autor nos auxilia nessa reflexão, ainda, quando recorda que, no percurso da história da arte, os movimentos modernos já buscavam a desconstrução da imagem realista, sendo que hoje a imagem eletrônica torna essa possibilidade totalmente plausível, uma vez que é mais maleável e, por isso, mais suscetível a anamorfoses. Sobre isso, Lotman reflete:

> Não se trata, de maneira alguma, da necessidade de distorcer as formas naturais do objeto (a deformação permanente reflecte em geral a imaturidade de um meio artístico), mas da *possibilidade* de as deformar; deformar ou não deformar é assim, sempre, uma escolha artística consciente (1978a, p. 34, grifo do autor).

As anamorfoses não são habituais nas teleficções, porque, em geral, as narrativas ficcionais televisuais primam por uma construção fidedigna dos ambientes, gestos e ações das personagens, e assim garantem a verossimilhança em relação ao "mundo real". O autor de novelas Manoel Carlos (o Maneco, como é conhecido no meio), em depoimento ao programa *Donos da história*, do Canal Viva, em junho de 2017, relata que tudo o que escreve faz parte da sua experiência de vida e que se preocupa em contar histórias verossímeis, e por isso se inspira e dá atenção a tudo o que es-

---

176. O termo *anamorfose* é emprestado do historiador de arte Jurgis Baltrušaitis e foi cunhado no século XVI.

cuta e que está ao seu redor. Isso vem confirmar a necessidade de contar histórias verossímeis na televisão, condição que, por trazer conforto ao telespectador no momento de interpretar as cenas, vem orientando a criação de muitos autores e diretores de teledramaturgia da TV Globo e das outras emissoras de TV aberta brasileiras.

Em se tratando das anamorfoses técnicas, não estamos dizendo que imagens desfocadas ou com movimentos de câmera subjetiva, por exemplo, não são utilizadas na teledramaturgia; no entanto, imagens deformadas, esticadas, quase que totalmente desfocadas, como as vistas em *Capitu*, são algo raro, já que desvirtuam os códigos costumeiros e precisam sofrer um processo de tradução mais elaborado. Estas nos parecem que, ao mesmo tempo que estão ali para reforçar os sentidos perturbadores da personagem Bentinho/Dom Casmurro, na maior parte das vezes que surgem também perpetuam o sentido de dubiedade da história, que é o cerne do romance e que foi preservado por meio dessa técnica na recriação televisual. Esse recurso foi possível a partir de uma criação do próprio LFC para a microssérie *Capitu*. Ele elaborou uma lente de trinta centímetros de diâmetro, cheia de água, que foi colocada à frente da câmera, funcionando como uma espécie de "retina". O equipamento recebeu o nome de "lente Dom Casmurro"[177]. A intenção foi dar uma dimensão óptica a partir da refração da água, resultando em imagens que se aproximam da visão de alguém com catarata, como mostra a cena do primeiro beijo do casal adolescente Capitu (Letícia Persiles/Maria Fernanda Cândido) e Bentinho.

A experiência, talvez, se aproxime do que a cineasta de vanguarda americana Maya Deren argumentou ser o "uso criativo da realidade", quando "a câmera é entendida como o artista, com lentes distorcidas, múltiplas superposições etc., usadas para simular a ação criativa do olho, da memória etc." (DEREN, 2013, p. 11).

Em relação à textura da imagem, as anamorfoses são técnicas, mas há ainda a concepção de anamorfose cronotópica, que induz uma desordem

---

[177]. Disponível em: <http://memoriaglobo.globo.com/programas/entretenimento/miniseries/capitu/producao.htm>. Acesso em: 17 jan. 2017, 19:49.

espaço-temporal. Em outros momentos de *Capitu* isso também acontece, nas cenas em que passado e presente contracenam e conforme versa mais longamente o capítulo seguinte, sobre as rupturas de sentidos do cronotopo.

Com base no que foi visto, as anamorfoses técnicas em *Capitu* compõem o aspecto do primeiro ponto de intensidade do platô rupturas de sentidos da técnica. Entendemos ser importante assinalar desde já que esse primeiro ponto de intensidade está vinculado às irregularidades da cronotopia, discutidas no próximo capítulo.

6.1.2 Tingindo as cenas com os matizes da *pop art*

Em *Afinal, o que querem as mulheres?*, supomos que houve um uso "criativo da realidade" a partir da utilização das lentes de cores vivas (rosa-choque, amarela, verde, vermelha e azul) que estavam em sintonia com a proposta estética do movimento das artes visuais dos anos 1960, a *pop art*, que serviu de inspiração também para a constituição da cenografia, a escolha dos objetos de cena e a confecção dos figurinos da série. Nesse caso, o resultado em relação à "realidade" é algo improvável para uma produção que porventura queira imprimir um sentido de verossimilhança, pois as cenas, por vezes, resultam totalmente tomadas pela cor da gelatina (filtro que vai acoplado à lente das câmeras e/ou refletores de luz) que está sendo usada. Em outros instantes, o recurso apenas intensifica as nuances da cor no ambiente, sinalizando sentimentos e situações. Embora esteja em harmonização com os outros elementos da produção (que teve como referência artistas como David LaChapelle[178]), a coloração das cenas é irregular na dramaturgia de TV em questão. O tingimento de algumas cenas acentua o sentido conturbado da vida do protagonista André Newmann (Michel Melamed), um escritor obcecado em descobrir o que querem as mulheres. Ao mesmo tempo, esse recurso distancia a fotografia em relação a uma reivindicação de fiel impressão da realidade, como é princípio da maior parte das teleficções exibidas na TV Globo.

---

178. David LaChapelle é um fotógrafo norte-americano conhecido por suas imagens de cores intensas e retratando situações irreverentes.

As cores em excesso parecem estar associadas aos sentimentos de André, que vive entre amores, melancolia, êxtase, decepção, incompreensão, dúvida. Logo, a escolha de cada filtro (gelatina colorida) reforça a dramaticidade desses sentidos e auxilia na composição da personagem, ajudando a contar a história. Carvalho relata que a composição das cores em cena rende uma preocupação primordial à personagem, pois ele entende que essa é uma forma de humanizar a linguagem audiovisual. Segundo LFC, o posicionamento da câmera, a iluminação, o cenário e o figurino devem ser determinados a partir das personagens. Ele admite que, no início da sua carreira, passava horas decidindo uma tomada de câmera e só depois chamava o ator, o que hoje considera um erro crasso (CARVALHO em ALMEIDA; ARAÚJO, 1995). A cor é um dos elementos que endossam essa sua premissa de criação, que privilegia o que LFC entende por direção humanizada, exercitada por ele pela primeira vez na fase inicial da telenovela *Renascer* (TV Globo/1993).

> Pude colocar em prática esse conceito, por exemplo, com a personagem Maria Santa, interpretada por Patrícia França, em *Renascer*. Eu a via como uma heroína aprisionada de contos de fadas e senti que deveria aprisioná-la também na câmera. Por isso, todas as suas tomadas, internas e externas, eram feitas por trás de uma moldura que representava a pequena janela de sua casa. A ideia era aprisioná-la mesmo quando do lado de fora da casa. O interior da casa de Maria Santa também deveria evocar uma fábula, um sonho. Para isso me inspirei no tipo de atmosfera azulada concebido por Chagall. O claustro de Maria Santa tentava lembrar uma nuvem no céu e foi composto em tons azulados que contrastavam fortemente com o universo exterior, encharcado de suor e cheio daquela luz rascante. Até mesmo a roupa da personagem foi cuidadosamente estudada. Maria Santa vestia um tipo de camisolinha que lembrava muito aquelas vestidas pelas ninfetas fotografadas por Lewis Carroll.[179]

---

179. Ibidem, p. 115.

O depoimento de LFC não só revela as suas inspirações, como indica o quanto o diálogo entre os elementos da cena é imprescindível para a ficção seriada na TV. Foi esse relato que nos fez crer que o seu trabalho em *Renascer*, embora distante quinze anos da série, é um exemplo pertinente para ser trazido à tona e ser relacionado neste platô como uma conexão adjacente ao ponto dos filtros multicoloridos de *Afinal, o que querem as mulheres?*, já que foi na composição da personagem Maria Santa que germinou a experiência de cores exacerbada na construção da personagem André.

Depois da composição fotográfica criada na telenovela *Renascer* (1993) para a personagem Maria Santa, LFC retoma a luz por meio de filtros coloridos no telefilme *Uma mulher vestida de sol*, exibido nas *Terças Nobres*[180], em julho de 1994. Essa também foi uma recriação literária da obra de Ariano Suassuna, aliás, a primeira peça de teatro escrita por ele, em 1947. Talvez por isso esse texto televisual também apareça categorizado como um teleteatro. De fato, assim como *Hoje é dia de Maria*, as cenas deixam evidente a inspiração teatral, além de também representarem o sertão num estúdio e usarem a luz que acolhe a narrativa de forma experimental, no que tange às cores em cena. A história se passa de um nascer do sol a outro, e dois modos de iluminar demarcam com ênfase dia e noite[181].

Uma crítica publicada dois dias depois da exibição de *Uma mulher vestida de sol* (1994), no Jornal Folha de S.Paulo, já acusava desde o título que a produção desafiara o padrão de "realismo" cultivado pela TV Globo, e isso com um roteiro assinado pelo próprio Ariano Suassuna, em sua primeira transposição literária para a televisão e com a colaboração de LFC.

A história do amor impossível entre Rosa (Tereza Seiblitz) e Francisco (Floriano Peixoto), se passa no sertão nordestino, mas todos os clichês regionalistas foram cuidadosamente abandonados. Em vez das grandes paisagens do sertão, a adaptação optou por um

---
180. Como era chamado o dia da semana dedicado à exibição de produções especiais de teledramaturgia na TV Globo.
181. Disponível em: <www.youtube.com/watch?v=uwToKA_jKK0>. Acesso em: 5 jul. 2017, 17:42.

cenário de elementos mínimos, composto de uma cerca/trincheira que sugeria a interdição do amor de Rosa e Francisco, filhos de dois inimigos mortais. Outros elementos da paisagem e as indicações temporais do dia e da noite foram sugeridos por uma iluminação excelente. Um retângulo de luz projetado no chão, por exemplo, sugeria o aprisionamento de Rosa (Teresa Seiblitz) em seu destino trágico (GUIMARÃES, 1994).

As imagens e a leitura do jornalista parecem denunciar que, mais uma vez, LFC coloca a fotografia a seu favor na hora de contar uma história, e de maneira pouco convencional, embora já tivesse experimentado algo parecido em *Renascer*. Ainda assim, indubitavelmente, a sua incursão mais impactante pelas veredas nordestinas no audiovisual ainda estava por vir, com *Hoje é dia de Maria*.

Ainda sobre o uso inusitado das cores como impressões das emoções e inspirações para a fotografia e os cenários, resgatamos outra produção que mais tarde intensificou a premissa de LFC de traduzir um texto televisual a partir das suas personagens: a telenovela *Meu pedacinho de chão* (2014), em que essa proposta se mostra de maneira mais efetiva em relação às cores, como confessa a figurinista Thanara Schönardie:

> Desde o primeiro contato com o texto, cada personagem ou situação aparece como uma cor na minha imaginação. [...] Assim, possibilitamos que a criação se apropriasse do equilíbrio de cores para apontar o caminho da forma (SCHÖNARDIE em DALBONI, 2014, p. 27-28)[182].

Não é à toa que, durante a gravação da novela, a mesa de trabalho das costureiras, modelistas e bordadeiras foi instalada na parte central do

---

182. As personagens de *Meu pedacinho de chão* e suas respectivas inspirações: "**Zelão** Lucky Luke, personagem de quadrinhos de 1946. Os materiais remetem ao universo 3D: neoprene, tapete de borracha, látex, canudinhos. O uso de três cores primárias na primeira fase do personagem, revelando-se um ser primitivo. Isso o assemelha ao Woody, do

galpão/ateliê a pedido da direção: dali partiu o processo de criação para os outros setores da novela (CARVALHO em DALBONI, 2014). Nesse caso, não houve o emprego de um recurso específico com filtros de luz, mas a condição em que as personagens foram construídas nos faz estabelecer conexões aos aspectos tratados neste platô que trata da técnica.

6.1.3 Reconstruindo o sertão sob um domo e o transformando em afrescos

Já sabemos que a história da arte é uma fonte recorrente de referências no trabalho de LFC. Os movimentos artísticos das artes visuais oferecem muitas possibilidades de tons para as suas narrativas. Nessa via, o tratamento dado à fotografia tem grande importância em suas obras e, como não poderia deixar de ser, também foi assim nas quatro séries mais aprofundadas neste estudo. A fotografia forma uma das conexões deste platô e indica um dos aspectos das rupturas de sentidos postas em prática por LFC.

---

filme *Toy Story*. Para a segunda fase, quando ele se transforma pelo amor e pelo aprendizado, o figurino ganha forma de um toureiro-cowboy. A cor é o vermelho e as texturas, antes brutas, passam a ser delicadas e sofisticadas. **Gina** A caracterização da primeira fase de Gina é inspirada na princesa do filme *Valente*, com cabelos hipervolumosos, feitos com auxílio de megahair e apliques, e quase nenhuma maquiagem. O figurino, que a aproxima do universo masculino, traz a calça Bloomer, peça considerada revolucionária no guarda-roupa feminino e criada, em 1850, por Amelia Bloomer para dar liberdade de movimento às mulheres. As mangas são praticamente uma armadura e utilizam a delicadeza do trabalho de "casinhas de abelha", normalmente feito com tecidos delicados, na rigidez do plástico colorido. **Juliana** A personagem é a representação do amor. A silhueta de princesa é da metade do século XIX, mas o figurino e a caracterização são repletos de elementos contemporâneos, como os óculos vermelhos Linda Farrow verão 2015 e os cabelos cor-de-rosa em tom de algodão-doce – tingimento muito usado por jovens em bairros que são lançadores de tendências no mundo, como Shoreditch, em Londres, e Harajuku, em Tókio. **Catarina** Uma Maria Antonieta caipira em constante transformação. Exuberante e inquieta, ela está aprisionada na estrutura social da época, quando a mulher revelava através da opulência de seus trajes o quanto seu marido era bem-sucedido. Transborda os desejos femininos pelas barbatanas de seu espartilho e as rendas de seus vestidos. Embora a forma de seu traje seja de 1875 e as texturas, rococó, as perucas em tons pastel são inspiradas no filme *Maria Antonieta*, de Sofia Copolla. A maquiagem, para expressar toda a feminilidade da personagem, é toda em tons de roxo" (DALBONI, 2014, p. 30-31, grifos da autora).

Em *Afinal, o que querem as mulheres?*, como observado, essa desterritorialização percorre os tons da *pop art*; em *A pedra do reino*, é por meio dos arranjos que enfatizam os tons terrosos do sertão; em *Capitu*, por sua inspiração operística em comunhão com a luz advinda da arte barroca; e em *Hoje é dia de Maria*, por trazer para o estúdio diferentes vertentes, entre elas a da arte popular brasileira e da pintura expressionista, só que refeitas a partir de um trabalho quase que artesanal de iluminação. Todas essas obras não condizem com o esperado "efeito de real" da teleficção corrente na TV aberta, que privilegia a iluminação de três pontos e que garante efeitos, repetimos, mais verossímeis dos espaços.

Algo deve ser levado em conta nessa leitura: o fato de que, desde que passou a dirigir, LFC sempre buscou um tipo de fotografia destoante dos textos audiovisuais majoritários. Assim, neste platô vinculamos ao tratamento dado à fotografia outras obras dele: o seu primeiro filme, *Lavour'Arcaica* (2001), que, além da luz, se distingue pelo trabalho realizado em relação às profundidades de campo; as telenovelas *Renascer* (1993), como já exposto, e *O rei do gado* (1996-1997), por experimentarem, ainda na década de 1990, com os longos planos de câmera na ficção televisual, além da preocupação rendida à fotografia, o que fez com que muitos críticos repetissem constantemente que LFC "faz cinema na televisão". Essas duas telenovelas, em especial, talvez tenham representado a urgência em se tratar de temas rurais e de modo diferenciado na TV Globo, visto que, depois do grande sucesso de audiência da telenovela *Pantanal* (1990), realizada pela TV Manchete, era preciso reagir e reconquistar o público de teledramaturgia. Mais recentemente, também podemos perceber sinais desse modo diverso de pensar a fotografia, embora de maneira menos agressiva, no especial de fim de ano *Alexandre e outros heróis* (2013), na telenovela *Velho Chico* (2016), por sua clara referência viscontiana e ainda na série *Dois irmãos* (2017), por seu lirismo e imprescindível contraste entre os gêmeos protagonistas, também acentuado pela luz. Isso só para pontuar que, ao longo da carreira de LFC, embora com propostas distintas, sempre houve rupturas em relação ao padrão de se iluminar e conduzir a composição de cenas no audiovisual. Ainda que remontem aos primeiros trabalhos de LFC, essas rupturas foram se aprimorando com o tempo e a experiência.

Hoje é dia de Maria (2005) marcou a primeira vez que LFC dirigiu na TV um roteiro final que assinava como autor. Na microssérie, ele recriou na televisão uma fotografia que remete à brasilidade, que ele diz manter viva em tudo o que produz, enfatizando uma experiência já iniciada no telefilme *Uma mulher vestida de sol* (1994), que também reproduziu o sertão nordestino em estúdio, por meio da luz e do cenário.

Conforme depoimento de LFC no encarte do DVD de *Hoje é dia de Maria*, a atmosfera sertaneja nessa produção busca inspiração nos seguintes artistas brasileiros: Cândido Portinari, na pintura; Câmara Cascudo, na literatura; e Villa-Lobos, na música; além dos movimentos da arte até a década de 1940. Todas essas influências estão muito presentes na primeira temporada da microssérie. Tais referências na composição da fotografia se juntam aos artistas brasileiros modernos e ao expressionismo abstrato na segunda fase da narrativa.

Entre os vários prêmios conquistados por *Hoje é dia de Maria*, um deles foi pela fotografia[183], que tecnicamente representou um dos maiores desafios impostos aos profissionais da equipe, pois a microssérie teve como cenário um domo, o que exigiu que os refletores de luz fossem sucateados do antigo teatro Fênix, na cidade do Rio de Janeiro, e reconstruídos no local, isso porque os equipamentos ideais para iluminar um cenário circular não são mais fabricados. Além de quatro pontos de

---

183. *Hoje é dia de Maria* recebeu prêmios internacionais e nacionais: Input Internacional Board TAIPEI 2005; foi finalista no International Emmy Awards 2005, nas categorias Minissérie para TV e Melhor Atriz (Carolina Oliveira); Hors Concours BANFF Canadá 2006; nomeação e exibição no Prix Jeunesse International Alemanha 2006; Grande Prêmio da Crítica APCA 2005; Prêmio Qualidade Brasil 2005, nas categorias Melhor Projeto Especial de Teledramaturgia, Melhor Autor de Teledramaturgia (Carlos Alberto Soffredini com adaptação de Luís Alberto de Abreu e Luiz Fernando Carvalho), Melhor Atriz Revelação de Teledramaturgia (Carolina Oliveira) e Melhor Diretor de Teledramaturgia (Luiz Fernando Carvalho); Prêmio Mídia 2005 (Midiativa); Prêmio ABC 2006, nas categorias Diretor (Luiz Fernando Carvalho) e Atriz Infantil (Carolina Oliveira). Informações disponíveis no site Memória Globo: <http://memoriaglobo.globo.com/programas/entretenimento/miniseries/hoje-e-dia-de-maria/curiosidades.htm>. Acesso em: 19 jun. 2017, 18:15.

luz dividindo o teto da cúpula, 420 outros pontos foram instalados pelo domo, e um refletor maior, com capacidade para emitir 20 mil watts, fez as vezes do sol em cena. Todo esse equipamento foi manuseado em grande parte manualmente, e sempre que os cenários pintados à mão eram movidos era necessário reposicionar os refletores. Na segunda temporada, também havia pontos de luz colocados entre os objetos de cena, por conta das projeções que reproduziam o excesso de luzes das grandes cidades.

Em *A pedra do reino*, o sertão se transformou em afresco. Foi partindo dos renascentistas, como indicam as anotações do diário de filmagem de LFC, que ele concebeu a paleta de cores para traduzir na tela-TV o sertão, aquele que é "o nódulo espinheiro, pedregoso e belo do Brasil-real", como observou bem o escritor Ariano Suassuna (em CARVALHO, 2007), autor do romance que estava sendo recriado para televisão. LFC admite que sua inspiração veio do elemento terra presente nas pinturas de Giotto e também visto nas pinturas rupestres: "As cores terrosas, que se apresentam de inúmeras formas e luzes, desde a mais fina areia branca até a rocha dourada e o vermelho do barro"[184].

Giotto e El Greco, um da Renascença italiana e outro da espanhola, foram os principais inspiradores da concepção fotográfica e cênica da microssérie *A pedra do reino*. LFC diz admirar as imagens singelas e ao mesmo tempo sofisticadas de El Greco e a facilidade com que parecem terem sido pintados os afrescos de Giotto, sensações que deram a ele a ideia de transformar as cenas em afrescos.

> Minha intenção é trabalhar os planos, o movimento dos atores, os figurinos, os elementos cenográficos, enfim, tudo, dentro da ideia de um afresco. Um grande afresco à maneira de Giotto, onde se pode perceber uma infinidade de cores e uma textura que me lembra uma tapeçaria e não uma pintura (CARVALHO, 2007).

---

184. Ibidem.

Diante dessas observações, ressaltamos que a obra de LFC não trata de resgatar todas essas referências na tentativa de copiá-las, pois não significa uma volta ao passado, mas, sim, diz respeito a um diálogo entre textos culturais distintos em um texto da televisão. Estamos cientes de que na dialogia também há um potencial para a intradutibilidade, e quando esses textos entram em relação o "novo" sentido não é algo que "instaura uma espécie de marco zero, mas está em diálogo com toda a complexidade da tradição da cultura" (NAKAGAWA, 2008, p. 111). Desse modo, nesse enlace, é que tais textos são recodificados, como acreditamos que fez LFC também quando recriou *Dom Casmurro* na TV.

6.1.4 Assim como Visconti
Em *Capitu*, a dramaticidade das cenas foi possibilitada pelo uso de gelatinas (filtros de luz) colocadas na frente dos refletores e canhões de luz, o que ajudou a preservar o "tom operístico" que foi o conceito-guia da trama. A luz em *Capitu* reforça a essência da narrativa, a dúvida, que pode ser evidenciada nas imagens em que os tons claros e escuros são bem perceptíveis, fugindo completamente da luz de três pontos usada nas produções televisuais que se caracterizam pela impressão da realidade.

Carvalho (2008) confessa que uma de suas referências visuais no texto ficcional foi o cineasta italiano Luchino Visconti[185]. Aliás, "o barroco viscontiano" é uma das suas influências recorrentes, tanto que, quando questionado sobre a fotografia da telenovela *Velho Chico* (2016), LFC reiterou que essa foi a sua inspiração suprema[186]. No seu depoimento para o

---

185. Luchino Visconti di Modrone, um dos principais diretores de cinema italiano, é o duque Di Modrone, título que recebeu por sua descendência nobre. O primeiro filme que dirigiu, *Ossessione* (1943), é considerado o precursor do neorrealismo italiano; também é dele *Rocco e seus irmãos* (1960) e o premiado *O Leopardo* (1963), que recebeu a Palma de Ouro em Cannes, entre outras obras-primas. Informações disponíveis em: <http://cultura.estadao.com.br/noticias/cinema,luchino-visconti-um-dos-maiores-artistas-do-cinema,10000021832>. Acesso em: 6 mar. 2017, 16:11.
186. Entrevista disponível em: <https://gauchazh.clicrbs.com.br/cultura-e-lazer/tv/noticia/2016/07/velho-chico-fotografia-sofisticada-e-um-dos-destaques-da-novela-6952056.html>. Acesso em: 4 mar. 2017, 17:12.

programa *Donos da história*, do Canal Viva, em junho de 2017, a autora de ficção seriada Maria Adelaide Amaral elogiou o diretor e o coroou como o nosso Visconti.

Lotman (1996) nos faz crer nessa relação entre os textos audiovisuais de LFC e Visconti quando recorre à obra do neorrealista exatamente para refletir sobre a intradutibilidade entre textos da cultura. Para o autor, "Quanto mais intensamente manifesta esta intradutibilidade dos códigos do texto-intercalação e do código básico, mais sensível é a especificidade semiótica de cada um deles"[187] (LOTMAN, 1996, p. 75). É desse modo que o semioticista compreende a intermidialidade entre a ópera e o audiovisual, defendendo que

> Assim, Visconti em *A paixão* (filme rodado em 1950, no apogeu do triunfo do neorrealismo, depois o mesmo diretor realizou *A terra treme*) fez demonstrativamente o filme sob o código da ópera. Sobre o fundo dessa dubiedade geral de planos no terreno dos códigos, oferece quadros e faz uma montagem de um ator vivo (Franz) com um afresco renascentista[188].

A ópera, também inspiração para criação de *Capitu*, não foi incorporada à narrativa unicamente devido à influência que o cinema de Visconti exerce sobre LFC; ela também é muito presente nos textos do escritor Machado de Assis, autor do romance *Dom Casmurro* (do qual foi adaptada a microssérie). Machado era um amante da ópera.

Aliada ao tom operístico da narrativa, a fotografia da microssérie *Capitu* também navega pelas rupturas e desterritorializações de sentidos ao

---

187. No original: "Cuanto más intensamente manifiesta está la intraducibilidad de los códigos del texto-intercalación y del código básico, tanto más sensible es la especificidad semiótica de cada uno de ellos".
188. Ibidem. No original: "Así, Visconti en La passión (filme rodado en 1950, en el apogeo del triunfo del neorrealismo, después de que el mismo diretor realizara La tierra tiembla) hizo pasar demonstrativamente el filme a través del código de la ópera. Sobre el fondo de esa dualidad general de planos en el terreno de los códigos, ofrece cuadros en los que hace un montaje de un actor vivo (Franz) con un fresco renacentista".

trabalhar marcadamente a luz criada na arte barroca, que explora com desenvoltura os contrastes acentuados entre tons claros e escuros. Dissemos, quando abordamos os códigos da linguagem televisual, que esse é um dos tipos de iluminação que faz parte da composição da imagem. O diferencial, nessa obra, é a intensidade com que esse recurso técnico se coloca, sendo explorado na maior parte da narrativa.

Mais uma vez, o sentido trazido pela fotografia navega pela ambiguidade da história de Machado de Assis. Carvalho explica: "Ao meu modo, faço esse caminho de buscar uma espécie de reeducação do espectador a partir das imagens, dos conteúdos, da forma, da narrativa, da luz, das personagens, da música, enfim, da estética" (2008, p. 83). Logo, essa intermediação entre diferentes elementos em composição específica na linguagem televisual propõe novos códigos, que surgem da recriação de LFC a partir de várias inspirações, ainda que venham, por exemplo, do cinema, do neorrealismo italiano de Visconti. Entendemos que esses textos foram ressignificados quando postos em relação, pelo menos no modo como foram realizados. É um processo de recriação: criar novamente e a partir dessas referências em um movimento de atualização dos textos culturais. Lotman afirma que "Na periferia do contexto artístico-cultural de uma época, sempre coexiste o que será importante para o futuro e o que foi para o passado"[189] (2004b, p. 9).

Tal processo só reitera que, como propõe Campos (2013a, 2013b) ao pensar a noção de transcriação, há uma tradução criativa a partir de textos artísticos distintos que, trazidos para o texto televisual e colocados em semiose, têm os sentidos desterritorializados e reterritorializados nesse novo texto.

Com esses apontamentos formamos as primeiras conexões do platô rupturas de sentidos da técnica, que têm nas desconstruções em relação à fotografia, aí inclusas as anamorfoses técnicas e as rupturas de sentidos sob o efeito dos filtros de luz, os aspectos que a sustentam.

---

189. No original: "En la periferia del contexto artístico-cultural de una época, siempre coexiste lo que será importante para el futuro y lo que lo ha sido para el pasado".

6.2 Repensando o uso da animação na ficção seriada

Compondo o platô rupturas de sentidos da técnica – ao lado das rupturas de sentidos colocadas pela fotografia e também pelas anamorfoses técnicas – se concentram os vínculos que se dão em relação ao uso da animação nas quatro obras mais detidamente cartografadas. Observamos em todos esses textos a manipulação de bonecos, seja por meio de técnicas tradicionais ou sofisticadas, além da inserção da animação digital.

Recordamos que a animação como estruturalidade na teleficção se mostra como um recurso em busca da impressão do real. Como vimos anteriormente, a animação em computação gráfica otimiza os deslocamentos da equipe em locações distantes com imagens inseridas via *chroma-key*. Esse recurso digital é imprescindível em cenas de ação e perigo, fazendo com que essas cenas se tornem mais verossímeis a quem assiste. Já a interação de bonecos animados com atores reais quase nunca é usada, já que desperta estranhamento, como no exemplo dado no capítulo 3 sobre a telenovela das sete da noite da TV Globo, *Pega pega* (2017-2018). Mas o que de fato, em geral, inviabiliza o uso recorrente da animação manual ou digital na teledramaturgia é o tempo extenso de captação das cenas e, consequentemente, os custos que se somam a essa funcionalidade. Em *Pega pega*, por exemplo, algumas cenas da animação que contracenou com a personagem Bebeth, interpretada por uma atriz real, chegaram a demorar uma semana para serem finalizadas. Imagine-se isso no ritmo acelerado de gravações de uma novela diária. Por isso, quando usadas, animações muito elaboradas, com feições, gestos ou ações mais complexas, não são aconselhadas na produção da teledramaturgia diária ou semanal, como orienta Sydenstricker (2010, 2012). Paradoxalmente, o uso da animação entre diferentes textos culturais é cada vez mais frequente, uma vez que, como se posiciona Arlindo Machado (2011b) e Santaella (2010), a hibridação entre os meios e as linguagens nunca foi tão intensa.

Nas produções cartografadas há um elo que se estabelece pelo viés das desterritorializações de sentidos em relação aos bonecos manipulados. Nas duas temporadas da microssérie *Hoje é dia de Maria*, eles desempenham um papel fundamental na narrativa-fábula, trabalho de cuja confecção e manipulação participaram profissionais do grupo de teatro de bonecos Giramundo[190], que, além dos animais menores e vários personagens-marionetes, deram vida ao pássaro gigante que acompanhava Maria, primeiro como seu guardião, depois como seu grande amor – tratava-se de uma marionete que pesava doze quilos e que necessitou de vinte fios articulados para se mover, além das animações digitais. Destaque também para os cavalos em tamanho real feitos com fibra de vidro pelo artista plástico e cenógrafo Raymundo Rodrigues.

A animação do cavalo manipulado volta a aparecer na microssérie *Capitu*, conduzido por Tio Cosme (Sandro Christopher). Para esse boneco/cavalo de rodinhas foi usada uma estrutura de metal parecida com um quadriciclo sob a cabeça do animal, que foi esculpida. É uma animação manual, uma marionete gigante, porque, como em um teatro de bonecos, no qual os fantoches dependem dos marionetistas ou titereiros para ganhar vida, esses bonecos são seres inanimados que nascem pelas mãos dos seus manipuladores – no caso, os próprios atores. Então, por conta dessa característica e função, essas "personagens" não podem ser pensadas apenas como objetos de cena.

Para a microssérie *A pedra do reino*, a equipe de artesões produziu uma cavalgada de quarenta cavalos de tamanho natural usando material reciclável, como: palha de milho e carnaúba, restos de isopor, ossos, latas, estopa, serragem e papel. A transmutação de materiais recicláveis em objetos de cena é uma das características do artista plástico e cenógrafo Raymundo Rodrigues.

Sobre *Hoje é dia de Maria*, destacamos ainda dois pontos de intensidade quanto à animação, desta vez digital, sendo que ambos os recursos são empregados na primeira temporada, a saber: a animação das personagens dos executivos (Charles Frick e Leandro Castilho) que Maria encontra na

---

190. Grupo mineiro de teatro de bonecos criado em 1970 por Álvaro Apocalypse, Terezinha Veloso e Madu. Para outras informações, consulte o site oficial do Giramundo: <www.giramundo.org>. Acesso em: 18 jan. 2017, 16:55.

estrada do País do Sol a Pino; e a técnica *pixilation* utilizada no baile do príncipe (Rodrigo Rubik), em que foi preciso fotografar cada gesto dos atores e, posteriormente, animar. Ambas são técnicas que olhamos como desterritorialização de sentidos, porque não é usual que sejam inseridas nas narrativas ficcionais, como já sinalizado. O diretor do festival Anima Mundi, César Coelho, dirigiu essas duas sequências animadas.

Para *Afinal, o que querem as mulheres?*, a animação do boneco Freud uniu diferentes técnicas, incluindo uma manipulação digital cujo nome técnico é *by one*. O boneco manipulado, de apenas quarenta centímetros, tinha cabelos, barba, bigode e sobrancelhas com fios naturais. Seu esqueleto era articulado e, para garantir a mudança de suas feições, as suas peças tinham de ser trocadas – por isso, ele possuía 10 testas, 21 bocas e 10 pares de mãos. Para assegurar maior fluidez nos movimentos, 24 quadros eram fotografados a cada segundo de cena, sendo que, normalmente, são realizados apenas 12. Essas personagens animadas podem ser compreendidas como corpos eletrônicos pautados nas possibilidades de uma linguagem que faz articulações com o imaginário (ROSÁRIO, 2009).

Esse é o ponto alto de intensidade das desterritorializações de sentidos da técnica em relação à animação, o que mais brilha. Isso ocorre pois, na ficção seriada televisual, um ator real contracenar com uma personagem animada é sim um elemento irregular, além de ser uma animação que, ao contrário do que entendemos como regularidade, se apresenta com várias nuances em suas feições e movimentos.

Recursos descontínuos, irregulares como o desse exemplo, podem nos carregar para uma reconstrução de sentidos, porque exigem que a tradução das informações engendradas na narrativa não seja evidente, pois, se fosse, deveria conter informações transparentes, que operam no nível informativo dos sentidos, como sugere Barthes (2009). Mas um trabalho com esses aspectos transita no nível do terceiro sentido, exige atenção e reflexão do espectador para a compreensão da história, que não traz um enredo óbvio. Nessa construção, a nosso ver, há, além da faceta do sentido obtuso (ou terceiro sentido), o exercício da função criativa da linguagem, segundo a SC, provocadora de rupturas de sentidos e, ainda, uma crítica ao uso raro da animação na teledramaturgia. Uma crítica não explícita, mas que está introjetada no texto televisual. Logo, esses processos se constituem como telerrecriação.

Outro tipo de animação que pode desencadear uma desterritorialização de sentidos de forma menos reluzente/intensa – pelo menos ao que parece –, mas que ainda assim é desnorteadora dentro do contexto em que se apresenta, são os desenhos animados, que lembram em alguns aspectos o estilo das histórias em quadrinhos (HQs) inseridos na microssérie *A pedra do reino*. Isso não é corriqueiro na dramaturgia televisual, embora não seja desconhecido do público. Em meados dos anos 1980, o seriado *Armação ilimitada* (1985-1988), que fez sucesso entre o público jovem, já experimentava algo parecido. Claro que, décadas atrás, as animações eram menos refinadas e revelavam, naquele programa, bem mais proximidade com as HQs tradicionais.

Este platô tem ainda uma conexão que se distingue das demais e que se conecta a todas as outras, por ter uma intensidade significativa e por unir todas essas variáveis de animação: todas essas técnicas – a manipulação de bonecos, as animações em *stop motion*, os cavalos com rodinhas em tamanho natural e a computação gráfica, de maneira mais arraigada – foram usadas na telenovela *Meu pedacinho de chão*, que, como sabemos, foi ao ar posteriormente a todas as outras produções. A telenovela, em nosso platô, é um ponto adjacente a ser considerado, pois a direção de LFC contempla o diálogo entre a animação manual e a computação gráfica. Nessa construção, a animação foi responsável, inclusive, por alguns cenários da telenovela, que foram confeccionados em maquetes, de forma que a extensão realizada pelo departamento de computação gráfica da TV Globo se ajustou à cidade cenográfica. Animações em *stop motion* foram exploradas, mais a técnica *time-lapse*, que consiste em fotografar a imagem em intervalos frequentes para dar a sensação de acelerar a passagem do tempo, recurso também utilizado nessa novela-fábula. A equipe de animação também foi encarregada da produção do efeito de *doll house*, como mencionamos no capítulo 2, que tratou da metodologia da pesquisa: "No ar, a sensação do espectador era de estar vendo os atores atuarem numa

pequenina casa de bonecas. Filmou-se em um estúdio e, depois, na pós-
-produção, aplicou-se céu, plantas e tudo o mais que existia no entorno das
duas casas" (CARVALHO em DALBONI, 2014, p. 44). O diretor está se
referindo às duas principais residências da cidade de Santa Fé, vila fictícia
onde se passa a história de *Meu pedacinho de chão*: o palacete do Coronel
Epaminondas e a casa do comerciante e fazendeiro Pedro Falcão.

Com esses apontamentos sobre a animação, encerramos as discussões
sobre as irregularidades em relação à técnica e seguimos com o capítulo 7,
que irá tratar das desterritorializações espaço-temporais.

- CAPÍTULO 7 -
PLATÔ RUPTURAS DE SENTIDOS DA CRONOTOPIA: UM QUEBRA--CABEÇAS DO ESPAÇO-TEMPO

> *"No cronotopo, os acontecimentos do enredo se concretizam, ganham corpo, enchem-se de sangue."*
> Mikhail Bakhtin, 1998, p. 355

Neste capítulo, a discussão se concentrará sobre o menor platô da nossa cartografia, pois nele só existem três pontos de intensidades que destacamos das microsséries *A pedra do reino* e *Capitu*. Mas não por isso esse aspecto, que compreende as distorções espaço-temporais ou anamorfoses cronotópicas[191], tem menos importância na obra de LFC, tanto que identificamos esses traços em outras produções dele, como: *Os maias*, *Velho Chico* e, de modo tangenciado, *Hoje é dia de Maria* e *Meu pedacinho de chão*. E, mesmo que aqui o eixo central seja as rupturas de sentidos em relação à cronotopia, não deixamos de refletir sobre questões que estão no entorno do platô.

Em capítulo anterior, buscamos em Arlindo Machado a definição da anamorfose como "uma duplicidade de pontos de vista na construção da imagem" (2011b, p. 100), duplicidade que com o tempo passou a abranger uma distorção da imagem figurativa, isto é, do modelo renascentista de representação. Essa percepção em relação à imagem é a anamorfose

---

191. Importante que se diga que esse aspecto das rupturas de sentidos foi discutido na nossa pesquisa de mestrado, cuja reflexão, embora trouxesse alguns exemplos verificados, se atualiza neste texto.

técnica[192]. A esse conceito o autor associa a noção teórica de cronotopo de Bakhtin (1981, 1998) e propõe o conceito de anamorfose cronotópica, que se revela quando há um distúrbio que vai além da visualidade e provoca uma deformidade espaço-temporal na imagem/narrativa, seja ela parada ou em movimento. Este platô, portanto, se conecta ao anterior pela via das anamorfoses, pois, embora se articulem de modo distinto, a nosso ver, ambos procedimentos deformadores configuram desterritorializações de sentidos dos observáveis empíricos desta pesquisa.

Para Arlindo Machado, as anamorfoses, sejam elas técnicas ou cronotópicas, seguem uma constituição oposta à da imagem estável, consistente e naturalista, primando, portanto, pela "desintegração das formas, da instabilidade dos enunciados e da abstração como recurso formal" (2011b, p. 209), justamente o que supomos estar disposto nas microsséries analisadas. No entanto, optamos por deixar as anamorfoses técnicas no platô anterior, porque, embora tenham impacto no texto televisual, também configuram uma ruptura em relação à técnica de captação das imagens, enquanto que as anamorfoses cronotópicas são por natureza um recurso narrativo e, devido à sua relevância nos textos televisuais de LFC, consideramos que deveriam constituir um platô independente.

Para compreendermos como se concretizam as rupturas de sentidos em relação ao espaço-tempo na condição de anamorfoses cronotópicas, recorremos primeiro à concepção de cronotopo formulada por Bakhtin, para quem

> A obra e o mundo nela representado penetram no mundo real, enriquecendo-o, e o mundo do real penetra na obra e no mundo representado, tanto no processo da sua criação como no processo subsequente da vida, numa constante renovação da obra e numa percepção criativa dos ouvintes-leitores. Esse processo de troca é, sem dúvida, cronotópico por si só: ele se realiza principalmente num mundo social que se desenvolve historicamente, mas também

---

[192]. Observadas em cenas de *Capitu* que compõem a cartografia das rupturas de sentidos da técnica.

sem se separar do espaço histórico em mutação. Pode-se mesmo falar de um cronotopo criativo particular, no qual ocorre essa troca da obra com a vida e se realiza a vida particular de uma obra (1981, p. 254)[193].

A troca à qual se refere o autor só é possível em um mundo social, que se desenvolve historicamente. O sujeito bakhtiniano se constitui na relação com esse mundo e com o outro. Não é um sujeito "centrado, unitário e fixo, mas está em constante devir e em diálogo constitutivo com alteridade, sendo parte de um todo em processo perene de acabamento" (RIBEIRO; SACRAMENTO, 2010b, p. 12). Isto é, na mesma via de pensamento da Semiótica da Cultura, a troca de informações entre os sistemas da cultura e os sujeitos é possível a partir dos processos de semiose, que perfazem a semiosfera. Nessa relação, tanto para Lotman (1999) como para Bakhtin (1981) a diferença é de suma importância para a troca semiótica.

Para o pensador russo, o cronotopo está organicamente associado ao mundo e é construído pela enunciação e pelo discurso (BAKHTIN, 1981). Portanto, o cronotopo é pensado a partir das relações sociais – dito de outro modo, do encontro entre diferentes textos da cultura.

Irene Machado esclarece que "o cronotopo diz respeito à análise das transformações de semiose em que informações passam por elaborações de modo a traduzir sistemas de signos" (2010, p. 216). Esses signos estão arraigados na narrativa e "configuram modos de vida em contextos particulares de temporalidades"[194]. O termo cunhado por Bakhtin (1981) designa um espaço-tempo indissociável que revela a representação do

---

193. No original: "The work and the world represented in it enter the real world and enrich it, and the real world enters the work and its world as part of the process of its creation, as well as part of its subsequent life, in a continual renewing of the work through the creative perception of listeners and readers. Of course this process of exchange is itself chronotopic: it occurs first and foremost in the historically developing social world, but without ever losing contact with changing historical space. We might even speak of a special creative chronotope inside which this exchange between work and life occurs, and which constitutes the distinctive life of the work".
194. Ibidem, p. 215.

mundo e da sociedade em que os romances se passam. É a partir da literatura que o autor desenvolve os seus estudos, que colaboram para a reflexão sobre as narrativas ficcionais audiovisuais. Bakhtin entende que, no romance, "o mundo todo e a vida toda são apresentados em um corte da *totalidade da* época. Os acontecimentos representados no romance devem *abranger* de certo modo toda a vida de uma época" (2010b, p. 246, grifos do autor). A afirmação deixa claro que o cronotopo está atrelado a uma dimensão histórica.

Segundo Tzvetan Todorov (1981), o conceito de cronotopo de Bakhtin é abrangente, no sentido de não estar só vinculado à organização do espaço-tempo, funcionando como um organizador do mundo.

> É necessário acrescentar que a noção de cronotopo não é utilizada por Bakhtin de modo restritivo, e não se refere simplesmente à organização do tempo e do espaço, mas também à organização do mundo (que pode, com legitimidade, se chamar "cronotopo" na medida em que o tempo e o espaço são as categorias fundamentais de todo o universo imaginável) (TODOROV, 1981, p. 129)[195].

Na citação fica evidente que as construções do tempo e do espaço nos permitem identificar determinados modelos de manifestações culturais de uma sociedade; só que o mundo imaginável ganha ampla licença poética quando o retrato histórico se mescla a outras épocas, revelando mundos possíveis, distintos, que ocupam diferentes dimensões temporais.

Bakhtin (1981) assume que o tempo é o princípio que rege a concepção de cronotopo. São as temporalidades que sinalizam, por exemplo, a transformação das personagens ficcionais. Traduzindo esse pensamento, Amorim esclarece que a "concepção de tempo traz consigo uma con-

---

195. No original: "Il faut ajouter aussitôt que la notion du chronotope n'est pas utilisée par Bakhtine de façon restrictive, et ne se rapporte pas simplement à l'organisation de temps et de l'espace, mais aussi bien à l'organisation du monde (qui peut légitimement s'appeler 'chronotope' dans la mesure où le temps et l'espace sont les catégories fondamentales de tout univers imaginable".

cepção de homem e, assim, a cada nova temporalidade, corresponde um novo homem" (2012, p. 103), o que também vale para a concepção do cronotopo artístico-literário, aquele identificado nos romances e narrativas ficcionais audiovisuais.

> No cronotopo artístico-literário ocorre a fusão dos indícios espaciais e temporais num todo compreensivo e concreto. Aqui o tempo condensa-se, comprime-se, torna-se artisticamente visível; o próprio espaço intensifica-se, penetra no movimento do tempo, do enredo e da história. Os índices do tempo transparecem no espaço, e o espaço reveste-se de sentido e é medido com o tempo. Esse cruzamento de séries e a fusão de sinais caracterizam o cronotopo artístico (BAKHTIN, 1981, p. 84-85)[196].

Ressalte-se que, no texto original dessa citação, há uma nota de rodapé que esclarece que o filósofo Immanuel Kant também define, nas discussões da *Crítica da Razão Pura*, que o espaço e o tempo são formas fundamentais de qualquer conhecimento. Mas, diferentemente de Kant, que vê essas formas como "transcendentais", Bakhtin (1981) as compreende como formas da realidade efetiva, isto é, que nos fornecem as informações do espaço-tempo representado e, segundo Sacramento, "a partir do detalhamento, da precisão cronotópica, tornando a representação verossímil, um real provável (que se pode provar) e que, por isso mesmo, é, às vezes, mais realista que o próprio real" (2013, p. 87).

A longa citação de Bakhtin aponta, ainda, que o "cronotopo é uma categoria conteudístico-formal, que mostra a interligação fundamental das relações espaciais e temporais representadas nos textos, principalmente literários" (FIORIN, 2008, p. 134). Desse modo,

---

196. No original: "In the literary artistic chronotope, spatial and temporal indicators are fused into one carefully thought-out, concrete whole. Time, as it were, thickens, takes on flesh, becomes artistically visible, likewise, space becomes charged and responsive to the movements of time, plot and history. This intersection of axes and fusion of indicators characterizes the artistic chronotope".

O cronotopo funciona, portanto, como operador da assimilação do tempo e do espaço históricos pela literatura. E, ao mesmo tempo, possibilita estabelecer conexões da literatura com a história. Assim, uma das principais funções do cronotopo é estabelecer "zonas de contato" com a realidade cotidiana, ou seja, propiciar espaços de hibridização da realidade representada com a realidade que representa (SACRAMENTO, 2013, p. 88).

Bakhtin (1998), ao discorrer sobre o cronotopo no romance, chama a atenção para alguns tipos específicos de cronotopia, além dos três cronotopos principais já apresentados no capítulo sobre os códigos da linguagem audiovisual (o cronotopo biográfico ou autobiográfico, que vamos pensar com mais acuidade adiante; o cronotopo de aventura, que tende a determinar o espaço e relata um tempo em expansão; e o cronotopo cotidiano, focado em um período excepcional da vida das personagens, dotado de transições intensas). Entre os cronotopos mais restritos, Bakhtin menciona o cronotopo da estrada, que sinaliza o caminho da vida, comum nos romances de cavalaria; o cronotopo do castelo, identificado em textos do fim do século XVIII; e o cronotopo salão/sala de visitas, espaço dos diálogos, encontros e desencontros dos heróis da história.

Assim, o cronotopo funciona como atador e desatador dos nós do enredo. Bakhtin entende que é "no cronotopo que os nós do enredo são feitos e desfeitos. Pode-se dizer que a eles pertence o significado principal gerador do enredo" (1998, p. 355). É por isso que a anamorfose cronotópica propicia um nó duplamente engendrado na trama audiovisual: além de revelar os cronotopos das narrativas, ela os sobrepõe a tantos outros, de modo a produzir bifurcações espaço-temporais. Não há a eliminação da dimensão histórica representada, mas talvez possamos pensar em uma distensão delas. Esperamos aclarar essa noção com os exemplos das produções, na sequência.

As estruturas dos romances e de suas respectivas transposições televisuais para *A pedra do reino* e *Capitu* podem ser relacionadas com um cronotopo mais abrangente, o biográfico ou autobiográfico, não só porque os protagonistas Quaderna (Irandhir Santos) e Dom Casmurro (Michel Melamed) narram suas histórias de vida, mas também por outros vieses que caracterizam esse tipo de cronotopia. Por exemplo, no cronotopo biográfico ou autobiográfico, segundo Bakhtin (1981), há uma revelação pública (no caso das obras que compõem este estudo, podemos dizer que isso acontece quando Dom Casmurro, em *Capitu*, transfere as suas memórias para um livro, ou quando Quaderna, em *A pedra do reino*, discursa em praça pública, depõe diante de uma plateia e deseja publicar a sua história de vida). O homem biográfico de Bakhtin cria um espaço público de revelação do privado, além de retratar em seus discursos/memórias as pessoas envolvidas, uma exposição pública também da vida alheia. De certo modo, ambos colocam as outras personagens da trama na condição de terem suas experiências avaliadas e mesmo julgadas. E, ainda que as narrativas televisuais estejam centradas na figura do narrador e que as histórias sejam contadas sob o ponto de vista deles, a configuração desses textos (assim como nos livros de origem) se encaminha para um final sem solução concreta, outro aspecto apontado por Bakhtin (1981) presente nesse cronotopo. Os princípios relativos à *mise-en--scène*, à encenação, à cenografia e à iluminação, nessas produções, reforçam esse posicionamento ambíguo. Ou seja, fica a cargo do leitor/telespectador completar o que leu/viu de acordo com a sua própria verdade, já que diante da tela (ou das páginas do livro) há uma versão duvidosa, talvez seja mais adequado dizer "incerta", o sentido mais amplo inerente às duas narrativas.

Dissemos que o cronotopo biográfico é o mais abrangente desses textos porque, segundo Bakhtin, podem existir vários outros cronotopos menores, que "podem incorporar um ao outro, coexistir, se entrelaçar, permutar, confrontar-se, se opor ou se encontrar nas inter-relações mais complexas" (1998, p. 357).

7.1 Anamorfoses cronotópicas em *A pedra do reino*

Diante dessas proposições, acreditamos que *A pedra do reino*, assim como *Capitu*, diferencia-se no tratamento dado ao espaço-tempo, isso se levarmos em conta as narrativas ficcionais contadas de modo linearmente organizado, porque o cronotopo em que se insere o protagonista-narrador Pedro Dinis Quaderna se desdobra em diferentes fases da vida da personagem, em alguns momentos evidenciadas simultaneamente em cena e fora da ordem cronológica.

Discutimos no capítulo sobre os códigos do audiovisual que, ao longo da história do cinema e, consequentemente, das ficções seriadas, as relações espaço-temporais foram se codificando a ponto de determinar a condução do olhar do espectador para determinada leitura de cena, o que acabou por padronizar uma sequência sintagmática de narrar que pressupõe "a continuidade do tempo e a homogeneidade do espaço" (MACHADO, A., 2011b, p. 104). Nessa condição, o modelo linear, que tende a oferecer poucas nuances e repelir a dubiedade de interpretação, passou a ser o mais assimilado nas narrativas contadas pelas imagens em movimento, e não é isso o que observamos nas estruturas narrativas das microsséries.

A microssérie *A pedra do reino* nasce de um compêndio de três textos de Ariano Suassuna, sendo o principal deles *O romance d'A pedra do reino*, que dá o título à transposição televisual. LFC também se baseou no livro *O rei degolado ao sol da onça Caetana* e em *As infâncias de Quaderna*, este último publicado em forma de folhetins no *Diário de Pernambuco*, nos anos 1970. Além dos alicerces calcados nos textos escritos e a partir deles, outras tantas linguagens foram trazidas para compor a narrativa ficcional na TV. O conceito principal foi o armorial[197], que une em suas raízes a gênese da cultura nordestina, fruto das culturas ibérica, árabe e medieval.

Historicamente, a narrativa ficcional de *A pedra do reino* se baseia em uma lenda datada do início do século XIX que relata uma seita que, no ano de 1836, em uma cidade do interior pernambucano, tentou fazer ressurgir o rei português Dom Sebastião. A cultura nordestina, que tem uma forte

---

197. Movimento Armorial: fundado em 1970, envolvia artistas, poetas, músicos e escritores. Foi sintetizado como um movimento cultural ligado ao traço mágico produzido pelos romanceiros populares em seus folhetos de cordel, inspirados na música de viola, rabeca e pífano. Disponível em: <http://quadrante.globo.com/Pedradoreino/upload/main.html>. Acesso em: 14 jan. 2017, 15:05.

influência da literatura da Idade Média, por meio dos folhetos de cordel, repentes e emboladas[198], foi a inspiração principal do autor Ariano Suassuna, fundador e principal representante do Movimento Armorial. Na representação televisual, esse espaço-tempo se revela nos trajes de cena, na música e no enredo, mas ainda outros traços do movimento se misturam ao relato do protagonista, que conta a sua versão dos fatos a partir de uma transgressão narrativa que se concretiza com a sobreposição dos seus tempos de vida, só que de modo simultâneo.

No roteiro, assim como no texto literário, há um desenvolvimento narrativo por meio de aparições intercaladas do narrador da trama. No audiovisual, o modo de aparição dele se constrói sobre a irregularidade de vê-lo ocupar em vários momentos o mesmo espaço físico, fazendo com que uma mesma personagem conviva no passado e no presente. LFC explica que a história foi pensada para ser contada dessa maneira, pois "Não tem início, meio e fim; cada episódio tem vida própria, independente, mas, ao mesmo tempo, o conjunto tem uma unidade que faz sentido no universo labiríntico do Ariano"[199] (CARVALHO, 2007). É importante lembrar que o roteiro da microssérie foi assinado por Ariano Suassuna e LFC, juntos.

Isso acontece, por exemplo, na sequência de cenas em que Quaderna, já idoso, narra sua história ao mesmo tempo que participa de uma festa em que ele, ainda criança, também está em cena e dança feliz. Em outro instante, o narrador, neste momento um jovem adulto, observa a própria vida se desenrolar diante de si através das grades da cela onde se encontra preso.

Como já mencionado, uma cena pontual do primeiro capítulo de *Os maias* (2001), sob a direção de LFC, já sinalizava algo na mesma via de desconexão espaço-temporal. Na adaptação televisual do romance de Eça de Queirós, o protagonista Carlos da Maia (Fábio Assunção) entra em uma sala vazia e, em seguida, se estabelece um enquadramento campo/

---

198. Gênero musical do nordeste marcado por intervalos curtos entre os versos e pelo improviso. Disponível em: <http://cordeleviolaoderua.arteblog.com.br/209625/EMBOLADA>. Acesso em: 14 jan. 2017, 14:58.
199. Disponível em: <http://g1.globo.com/Noticias/PopArte/0,,MUL50062-7084,00.html>. Acesso em: 21 jan. 2017, 16:34.

contracampo entre a personagem e a lembrança que ele rememora. Mais do que uma reminiscência, a cena foi construída como se a personagem estivesse contracenando com as suas memórias. Carlos da Maia entra na sala que revive em seus pensamentos, ao mesmo tempo que a cena recordada acontece diante dele, que a observa emocionado.

Em *A pedra do reino* esse recurso é empregado ao longo de toda a narrativa, e nos parece que a cada relato, a cada temporalidade trazida à tona, como indica Amorim (2012), Quaderna vai se revelando um novo homem/personagem. No entanto, nessa progressão que se dá num vaivém temporal, ele retorna sempre para o mesmo espaço físico, que é a arena cenográfica de onde o protagonista observa, relata e fabula as suas experiências de vida. Esse local parece que se constitui como um dos cronotopos mais importantes do texto, lembrando que, para Bakhtin (1981), o cronotopo artístico-literário pode apresentar cronotopos menores, que podem se sobrepor.

Assim, esse cronotopo do texto televisual tem uma especificidade que se conecta a outra reflexão cara para Bakhtin (2010a), a carnavalização. Porque esse espaço pode ser comparado a uma praça pública, elemento central para a definição de carnavalização, que tem na praça pública o espaço em que o povo se manifesta, não só como participante de uma festa, mas como protagonista. Para Bakhtin, o carnaval "nada absolutiza, apenas proclama a alegre relatividade de tudo" (2005, p. 125).

Sacramento nos auxilia a entender por que a praça pública tem essa dimensão: "O cronotopo característico da literatura carnavalizada é a praça pública, justamente porque ela traz o que é marginal, periférico ou fronteiriço na vida cotidiana para o centro da vida em comunidade" (2014, p. 161). A praça de *A pedra do reino* é assim, democrática, acolhe todas as personagens da narrativa sem distinção, desde os plebeus até os herdeiros da realeza.

O carnaval estudado por Bakhtin (1998, 2010a) é uma manifestação da cultura popular, uma festa associada ao riso irreverente, sarcástico e irônico, logo, é visto como uma celebração da contravenção, que nasce no seio do oprimido em oposição ao "mundo oficial".

Ele caracteriza-se, principalmente, pela lógica original das coisas "ao avesso", "ao contrário", das permutações constantes do alto e do baixo ("a roda"), da face e do traseiro, e pelas diversas formas de paródias, travestis, degradações, profanações, coroamentos e destronamentos bufões (BAKHTIN, 2010a, p. 10).

Para Bakhtin, os bufões assumem o princípio carnavalesco na vida cotidiana, porque eles não só representam nos palcos, mas têm esse papel "em todas as circunstâncias da vida" (2010a, p. 7). Essas personagens eram comuns nas cortes europeias da Idade Média, usavam roupas extravagantes e chapéus com guizos e foram inspiradas na carta do coringa, presente nos jogos de cartas. Quaderna é esse representante do povo que, como diz bem Suassuna, "leva a vida com o riso a galope" (A PEDRA, 2007). O Quaderna idoso se materializa na pele do próprio bufão, com maquiagem de palhaço, o corpo arqueado pelo tempo e infinitas dúvidas sobre a existência, que ele manifesta com irreverência e ironia.

Em *A pedra do reino*, o ator Irandhir Santos[200] revela que procurou traduzir o protagonista como um "buscador", porque o vê como alguém que questiona tudo, como uma autêntica personagem do carnaval bakhtiniano, que desafia o oficial. Desse modo, o ator optou por refletir no corpo da personagem essa inquietude. A postura de Quaderna idoso é como um ponto de interrogação.

Resumindo, o que vemos na obra audiovisual é um reflexo da circularidade do romance estruturado a partir de folhetos de cordel, que vão e voltam no tempo; na microssérie, a dimensão temporal (a história relatada) convive e coexiste com a dimensão espacial (a praça de onde a narrativa é ambientada quase que integralmente). É nesse espaço, a praça pública onde os tempos da vida do protagonista se sobrepõem, que ele se transmuta e onde acontecem as situações mais importantes da sua trajetória. Nesse sentido, espaço e tempo se apresentam em conexão e se convertem em elemento inseparável. É por isso que Fiorin (2008) sinaliza

---

200. Ibidem.

que a cronotopia deve ser pensada como um aspecto conteudístico-formal dos textos, nesse caso do texto televisual, pois as informações estão ali, as mais evidentes e aquelas que exigem mais empenho do espectador, como o movimento do protagonista, que traz no corpo seus sentidos.

O conceito de carnavalização desenvolvido por Bakhtin (2010a) se ancora na ambiguidade. A pesquisa do autor foi direcionada para a literatura carnavalesca da obra de François Rabelais, em que o povo agia como personagens que "ofereciam uma visão do mundo, do homem e das relações humanas totalmente diferentes, deliberadamente não oficial" (BAKHTIN, 2010a, p. 11), assim como faz Quaderna em seu relato, e assim como nos parece que faz LFC ao tecer as rupturas de sentidos na microssérie, propondo uma perspectiva "não oficial", que une temporalidades e textos diversos da cultura, com referências à literatura, ao teatro, à manipulação de bonecos e às artes visuais clássicas.

Como alertam Ribeiro e Sacramento, é um equívoco entender o carnaval bakhtiniano como um "momento de mera inversão dos valores e práticas instituídos" (2010b, p. 13). Dizem os autores que até pode ser em um contexto específico, mas não é a noção mais ampla da carnavalização que é de fato "anti-hegemônica, baseada nos princípios do riso (do rir com, diferentemente do rir de, moderno), do prazer, da igualdade e do pertencimento comunitário – da abolição das hierarquias"[201]. Nessa via, compreendemos que é possível relacionar esse cronotopo da narrativa de *A pedra do reino* aos traços do carnaval de Bakhtin, pois nesse espaço multiuso da praça pública, onde os sentidos são flutuantes, desenvolvem-se quase todos os nós do enredo, ambiente que em certa medida pauta os acontecimentos, narrados pelo riso irônico de Quaderna ora criança, ora jovem, ora idoso.

Inferimos que muitas interrogações ficam pendentes ao longo do texto televisual, como a presença das personagens rezadeiras (tratadas na seção seguinte), que aparecem e desaparecem, entremeando os acontecimentos, soando também como uma infração espaço-temporal. Informações

---

201. Ibidem.

como as que vêm impressas no corpo da personagem auxiliam a contar a história, mas podem se constituir como um elemento de estranhamento para o espectador, que já está perante uma narrativa às avessas, segundo o modo habitual de recriar textos literários na televisão.

Por todos esses aspectos, consideramos a desordem espaço-temporal o ápice da ruptura de sentidos desse texto, visto que se apresenta de modo peculiar, indo muito além de um embaralhamento temporal de uma narrativa complexa. Pois os tempos narrativos resvalam entre si, dialogam de modo imprevisto e impreciso em suas temporalidades e, por isso, constituem ponto de alta intensidade deste platô, que se ilumina como uma ruptura de sentidos drástica que pode nos levar à desterritorialização, já que, mais do que revelar os cronotopos enredados, há uma distorção nessas informações, que se colocam como anamorfoses espaço-temporais, tal como propõe Arlindo Machado (2011b).

7.1.1 Rezadeiras onipresentes d'*A pedra do reino*

Como já dito, outro ponto que invade a narrativa e se comporta como anamorfose espaço-temporal são as personagens das rezadeiras, que se apresentam como o segundo ponto de intensidade da cronotopia da microssérie *A pedra do reino*, ainda que com menos intensidade em relação às anamorfoses cronotópicas discutidas anteriormente.

Inspiradas na festa popular Folia de Reis, muito comum nas cidades brasileiras nordestinas e também nos estados de Minas Gerais e Goiás, as rezadeiras foram interpretadas pelas cantoras Sandra Belê e Renata Rosa e pelas cantadeiras pernambucanas Zefinha e Maíca. O coro por elas formado aparece no texto televisual de tempos em tempos e não faz parte efetiva da ação, parecendo estar ali apenas para observar e contar o que não está sendo visto por todos: por meio de um relato metafórico em forma de cantiga, o coro faz as vezes de um narrador excedente.

Batizamos as personagens que compõem o coro de rezadeiras onipresentes, porque o coro ocupa qualquer espaço/cena da história e surge e ressurge a qualquer tempo da narrativa, ou seja, está presente em praticamente todo o enredo e não é possível suspeitar quando as suas aparições vão acontecer. "O grupo formou uma espécie de coro de tragédia grega, que acompanha os acontecimentos e age como a consciência crítica do povo" (MEMÓRIA, 2017).

Não há para essas personagens uma ação que as faça contracenar com outras personagens, mas o coro tem sua importância no enredo, porque traz informações que ajudam na compreensão da história, o que "justifica" as rezadeiras na narrativa como uma consciência crítica do povo, instâncias paralelas que não interferem na ação, mas que a todos veem. A visão delas vai além do que alcança todas as outras personagens, já que estão em todos os lugares e são detentoras de segredos que as outras não tiveram acesso, características que nos fazem pensar que elas funcionam como uma anamorfose espaço-temporal que, a nosso ver, pode ocupar o outro ponto do platô rupturas de sentidos da cronotopia.

Importa dizer que, embora entendamos esse recurso narrativo como uma imprevisibilidade no texto televisual, há um componente dessas personagens que pensamos ser recorrente nos trabalhos do LFC, que são as canções populares. Pois percebemos, durante a imersão em sua obra, que é comum algumas canções se repetirem em diferentes produções. *Chuá Chuá*, que ficou famosa na voz da dupla caipira Tonico e Tinoco, é cantada em *Hoje dia de Maria* e *Meu Pedacinho de Chão*; o samba Juízo Final, de Nelson Cavaquinho e Élcio Soares, é tema de *Capitu* e de *Suburbia*. Em *Hoje é dia de Maria*, especialmente, as cantigas de roda costuram a história, visto que a produção busca inspiração original nos contos populares brasileiros. Parece-nos que o uso dessas canções pode ser considerado uma regularidade na obra de LFC, ainda que nesta constituição estejam compondo uma descontinuidade, coladas à figura das rezadeiras onipresentes.

Acreditamos nisso, pois a diacronia da obra de LFC aponta para a relevância das inspirações oriundas das músicas populares. Carvalho relata que, durante a pesquisa para definir qual conceito seguir na direção da telenovela *Renascer* (1993), ele se deparou com locações em Ilhéus, cidade do litoral sul do estado da Bahia, que se distinguiam e muito do restante do nordeste brasileiro, porque era nítida a influência da cultura africana naquela região. Foi quando ele passou a gravar os moradores do lugar em suas atividades rotineiras: o trabalho nas fazendas de cacau, os engenhos de farinha e as senhoras lavadeiras, que traziam na memória cantigas e celebrações. Assim foi definido o conceito-guia que LFC queria para aquela história (ALMEIDA; ARAÚJO, 1995). Arriscamos dizer que, naquele instante, já que essa telenovela foi um dos trabalhos que ele próprio confessa ser um divisor de águas em sua carreira, as canções populares passaram a povoar o seu processo de criação, a ponto de assumirem uma função tão impactante como a do coro de cantadeiras em *A pedra do reino*.

7.2 Anamorfoses cronotópicas em *Capitu*

Nessa mesma via, agora direcionamos o olhar para a outra ponta do platô, a microssérie *Capitu*, que consideramos apresentar uma potência mais intensa do que *A pedra do reino* em relação às rupturas de sentidos da cronotopia. Argumentamos o porquê. A narração de *Dom Casmurro* se passa na segunda metade do século XIX, na cidade do Rio do Janeiro. Os acontecimentos mais importantes da sua vida ocorrem em um único espaço físico, a residência da rua Matacavalos, no bairro do Engenho Novo. Quando decide expor as suas memórias em um livro, Dom Casmurro mora e narra a sua autobiografia em uma casa construída à semelhança daquela onde ele havia vivido por grande parte da sua vida. Segundo a personagem, foi na casa onde viveu durante a adolescência (espaço) que as passagens mais significantes da sua vida (tempo) se desenrolaram. Desse modo, acreditamos que um dos cronotopos que constitui a narrativa se traduz no espaço das casas da rua Matacavalos, a casa de Bentinho e da vizinha Capitu: é lá que são feitos e desfeitos as principais ações do enredo e também onde se revelam as sobreposições e os desvios da cronotopia.

Bentinho/Dom Casmurro se modifica a cada relato, e essa transmutação é impulsionada pelos acontecimentos que se desenvolvem à sua volta, na casa onde morou. A ação avança nesse espaço, onde se situa a temporalidade da história. Só que a trama audiovisual (bem como a literária) não é contada cronologicamente e sequer por meio de *flashbacks*. Por exemplo, em uma das cenas Bentinho dá o primeiro beijo em Capitu e, desconcertado, ele corre, ofegante. Quando o menino para, o Bentinho adulto, que mirava o casal entre os lençóis pendurados em um varal, se aproxima e chega a tocá-lo.

Em outra cena, o casal, ainda adolescente, conversa em frente ao portão da casa de Capitu. O que se vê: apenas as personagens e o jardim, o muro e o portão desenhados/representados com giz no chão. A câmera revela Dom Casmurro observando os dois. Com lágrimas nos olhos, ele deixa cair um lenço sobre o muro, que é resgatado pela Capitu menina. Nesses momentos, os tempos da vida do protagonista não apenas se sobrepõem em uma única cena, mas interagem com ela.

É nesse sentido que passado e presente contracenam e produzem anamorfoses cronotópicas, porque as duas temporalidades estão em tela simultaneamente sob a forma de metalepses (CAPANEMA, 2016). Vimos com Balogh (2002) que as temporalidades básicas que regulam o audiovisual são o *flashback* (resgate do passado/analepse) e o *flashforward* (imagens futuras/prolepse). Já a metalepse, entendida como estratégia narrativa de complexificação autorreferencial, "atua nos mecanismos internos de ficção, desestabilizando a distinção entre os níveis narrativos e, portanto, criando o espessamento das relações estruturais da obra" (CAPANEMA, 2016).

Endossamos essa perspectiva e compreendemos que, embora sofra rupturas de sentidos quando apresentado da maneira como se vê em *Capitu*, o cronotopo está ali, sem apagamento da sua funcionalidade narrativa, ainda que, na nossa observação, haja uma distorção espaço-temporal. Esse arranjo espaço-temporal sob metalepses nos parece muito salutar exatamente porque é um dos aspectos que podem ser desencadeadores de desterritorializações de sentidos. Como já revelou LFC, ele não mente para o telespectador, que é capaz, sim, de traduzir as informações, os diálogos entre linguagens, as espacialidades e as temporalidades que se fundem na tela. Com esses arranjos, acreditamos que, mais uma vez, a ruptura de sentidos é intensa e se coloca, conforme apontou Arlindo Machado (2011a, 2011b) no início deste capítulo, como "instabilidade dos enunciados", isto é, uma anamorfose espaço-temporal.

7.2.1 Elementos da cena que subvertem o espaço-tempo em *Capitu*

Além da anamorfose cronotópica nas relações entre as personagens, a microssérie apresenta ainda objetos de cena da contemporaneidade em diálogo com o texto oitocentista, outro modo de narrar que denuncia deformidades do espaço-tempo.

A abertura, ao som de *Voodoo Child*, de Jimi Hendrix, mostra um trem que segue por entre muitos prédios em direção ao subúrbio carioca, visto por meio de uma imagem aérea que revela o trânsito da cidade do Rio de Janeiro supostamente ao anoitecer, ou seja, em horário de pico (a hora do *rush*). O trem da Central do Brasil, além de atual, apresenta a peculiaridade de ser todo grafitado. Nele estão Bento Santiago e a personagem anônima que vai dar a ele o apelido de Dom Casmurro. Vestidos com cartolas e fraques, Bentinho e o seu vizinho se sentam ao lado de usuários com roupas do século XXI.

Logo depois, segue-se a cena em que o narrador explica por que ganhou a alcunha de Dom Casmurro; acompanha-se, então, um vislumbre dele, em que o rapaz que o apelidou é fotografado por diversas câmeras digitais.

Aos poucos, outros objetos de cena entram no ar, como se fizessem parte da época em que se passa a história, segunda metade do século XIX. Por exemplo, Capitu acompanha o marido em uma valsa em um baile. Como se sabe, nessa fase histórica, a moda estabelecida na sociedade brasileira era uma reprodução da europeia, principalmente da parisiense: os vestidos eram mais decotados, com a cintura mais apertada, e os adornos e chapéus femininos mais exuberantes, as saias apresentavam menos volume; para os homens, havia ainda as casacas, e as cartolas podiam ser altas ou baixas (ASSIS, 2012). Os figurinos foram criados a partir de inspirações do movimento da arte moderna impressionista, logo, traduzem o cronotopo do mundo, daquele momento específico; mas um componente da cena do baile não condiz com o cronotopo vigente para a época. Ao entrar no salão, o casal de protagonistas recebe aparelhos de MP3, que reproduzem músicas digitalmente.

Anamorfoses cronotópicas dessa natureza também acontecem nas inserções das cenas de captação externa. Pontuam-se alguns exemplos: (1)

Bentinho, adolescente, caminha pelas ruas do Rio de Janeiro, e identificamos os táxis amarelos que atualmente circulam pela cidade. Na mesma cena, já adulto, observam-se pichações; (2) em outro momento da narrativa, uma conversa entre Bentinho e o amigo Escobar acontece em um elevador panorâmico[202], com vista para a Ponte Rio-Niterói, inaugurada em 1974. Em um longo *stock shot* com imagens aéreas, novamente observam-se prédios inimagináveis da segunda metade do século XIX e a estátua do Cristo Redentor, inaugurada em 1931.

As imprevisibilidades nas sequências de cenas externas também são desconcertantes e se configuram como rupturas de sentidos, porque, ao unirem na mesma composição cenográfica objetos de cena que remetem a cronotopos distantes no espaço-tempo, recriam o texto literário oitocentista, oferecendo ao telespectador possibilidades para novas leituras da narrativa ficcional. Essas novas leituras talvez possam ser pensadas no nível do terceiro sentido, aquele que não é completo e que não reflete a informação na sua integridade. Segundo Barthes (2009), é o oposto: nessa disposição, prima por uma contranarrativa.

Fora das sequências de imagens externas, pode-se identificar ainda anamorfose do cronotopo no momento em que Dom Casmurro se dirige ao telespectador, diretamente voltado para a câmera; de repente, ele interrompe o discurso e atende o celular.

Outro elemento inquietante é a extensa tatuagem no braço direito da atriz Letícia Persiles, que interpreta a Capitu ainda menina. Segundo a atriz, a tatuagem é uma lembrança da infância que remete à sua forte ligação com a natureza. A produção não escondeu o desenho colorido, que foi reproduzido na atriz Maria Fernanda Cândido, que interpreta Capitu já adulta. Trata-se de uma bromélia nas cores verde e vermelha, reproduzida em tons mais suaves de verde e rosa, na idade adulta. No site da microssérie, a justificativa para a permanência da tatuagem é que ela é só "mais uma flor no quintal de Capitu"[203]. A tatuagem pode até destoar da

---

202. Esta cena não foi exibida na TV, consta apenas na versão em DVD.
203. Disponível em: <http://tvg.globo.com/programas/capitu/capitu/platb/2008/12/09/as-curiosidades-de-capitu>. Acesso em: 25 nov. 2012, 12:04.

personagem feminina idealizada para a época em que se passa a história, mas sinaliza algo bem característico para a protagonista Capitu, que é descrita como alguém à frente de seu tempo, ou seja, a manutenção da tatuagem na personagem da TV só endossa a personalidade da protagonista.

Além desses apontamentos, supomos que sinaliza anamorfoses cronotópicas também a referência ao cinema, com uma citação do filme *Othello*, de Orson Welles, de 1952. No livro, o texto indica que Bentinho vai ao teatro e vê a encenação da peça de teatro *Otelo*, momento em que associa a personagem Desdêmona a Capitu e começa a devanear que sua esposa também deve morrer. Na época em que se passa o romance, em meados de 1860 em diante, ir ao teatro era um hábito comum entre a classe abastada, à qual pertence Bentinho, mas o cinema ainda não existia, surgindo apenas no final do século. É por isso, que nesse caso, a inserção do filme se consolida como uma anamorfose espaço-temporal, já que era impensável durante o período histórico que se desenrola a trama.

Há, ainda, a anamorfose cronotópica relacionada à trilha sonora, também dissonante da época em que se passa o romance. Fazem parte da trilha sonora da microssérie canções de rock de Janis Joplin, Jimi Hendrix e Black Sabbath, a interpretação de Fred Astaire para *Cheek to Cheek* e *Juízo Final*, de Nelson Cavaquinho e Élcio Soares, revelando uma sobreposição de épocas distintas ou, mais uma vez, uma digressão do cronotopo (espaço-tempo).

Recapitulando, este é um platô de três pontas: uma delas, que faz parte da microssérie *Capitu*, reúne dois aspectos que concentram (1) as anamorfoses cronotópicas construídas com a união proposital de informações de séculos distintos em cena, que foram os exemplos que acabamos de relacionar; e (2) as distorções espaço-temporais evidenciadas nas metalepses, que são as cenas em que passado e presente parecem contracenar, em que a mesma personagem, jovem e adulta, interage consigo mesma.

Esse ponto luminoso destacado em *Capitu* é uma ruptura de sentidos intensa e se conecta a outro ponto de grande potência, que se refere à microssérie *A pedra do reino*. Essa outra ponta da cartografia une as relações espaço-temporais da vida do protagonista-narrador, Quaderna. São os aspectos em que suas memórias são contadas de modo fragmentado e sobrepondo, quase o tempo todo, três períodos diferentes da vida dele. Esse mesmo ponto conjuga os aspectos que retratam no espaço da cena informações de épocas distantes, mas de modo menos violento do que em *Capitu*. Ainda que nas duas obras esses pontos de rupturas de sentidos sejam importantes, consideramos que em *Capitu* as anamorfoses cronotópicas são mais incisivas e recorrentes ao longo da narrativa.

A terceira ponta do platô também é de *A pedra do reino*: as rezadeiras onipresentes, que se apresentam de modo isolado, mas ainda assim vinculadas aos outros dois pontos, porque o tipo de anamorfose cronotópica constituída por elas é de natureza distinta. As personagens rezadeiras representam, também, a nosso ver, uma ruptura de sentidos drástica, mas que, diferentemente dos outros aspectos observados, funcionam como uma consciência crítica do povo, que por meio de canções populares revelam, quase nas entrelinhas, segredos da história, auxiliando a contá-la. Isso porque essas personagens têm aparições em qualquer tempo e lugar da narrativa, assumindo, desse modo, sua onipresença. A elas é possível saber tudo o que acontece.

Logo, nessa via, podemos associar as anamorfoses cronotópicas às reminiscências, mas também à mistura de temporalidades convivendo de modo proposital no mesmo texto televisual e à onipresença das personagens, porque todas essas são rupturas de sentidos que desestabilizam os enunciados (MACHADO, A., 2011b) e, com isso, por conta da intensidade com que se apresentam, são capazes de despertar o terceiro sentido, como propõe Barthes (2009). O terceiro sentido ou sentido obtuso é aquele nos escapa aos olhos, que não narra uma história de fácil tradução aos sentidos.

7.3 "E bem, e o resto?"[204]

Para encerrar a discussão sobre a cronotopia e as anamorfoses possíveis a partir dela, resgatamos as proposições de Burch (1973) e Lotman (1978b).

---

204. Esse subitem leva o mesmo nome do último capítulo do livro *Dom Casmurro*, por isso está entre aspas.

Burch (1973) vislumbrava: as estruturas complexas dos filmes do futuro serão dadas pelo encadeamento dos planos de câmera. Lotman (1978b), parecendo endossar essa reflexão, lembra: um plano de câmera, enquanto tem a função de garantir o isolamento temporal, pode também traduzir signos complexos pautados na criação e, portanto, transitar paradoxalmente pelo universo dos sentidos. Acreditamos, pois, que o tratamento dado por LFC nas cenas destacadas neste capítulo favorece a estrutura complexa da qual falava Burch (1973), isso porque ele desconstrói convenções dramaticamente assimiladas, que começaram a ser estabelecidas desde o primeiro cinema, assim como, mais do que apenas mesclar níveis narrativos distintos, propõe novos sentidos à construção da narrativa. Tais elementos de rupturas de sentidos conduzem e põem à prova o modo de narrar usualmente uma teleficção na TV aberta. Logo, trata-se de uma complexificação narrativa que se constrói por um viés crítico ao que se produz recorrentemente na teledramaturgia, mesmo que faça isso sob a forma de implosão midiática (ROSÁRIO; AGUIAR, 2016), de modo planejado e antecipado.

LFC parece ter feito o mesmo com o espaço-tempo em *Hoje é dia de Maria* e quando dirigiu a releitura da telenovela *Meu pedacinho de chão*. Só que, embora haja elementos contrastantes e tempos históricos e espaços não muito bem definidos nos dois casos, essas narrativas são apresentadas ao público como fábulas, percorrendo a imaginação de personagens que são crianças em seus cronotopos vividos. Consideramos que esse pressuposto inviabiliza pensar esses textos permeados por anamorfoses cronotópicas, porque justificam o embaralhamento espaço-temporal de referências diversas e distantes no tempo.

Sobre *Hoje é dia de Maria*, LFC justifica: "Não é uma tentativa que te desloca do tempo histórico, uma narrativa glamorosa, falsa, alienante, mas, sim uma pequena tentativa de trabalhar o espaço da infância, que existe entre a realidade e a imaginação de todos nós" (HOJE, 2005).

Já na telenovela *Velho Chico* (2016) acreditamos que há indício de anamorfose cronotópica pelo menos em um aspecto (os trajes de cena), só que, desta vez, inserido em uma trama realista, contemporânea na maior parte do seu período de exibição e transmitida no horário nobre das nove e meia da noite. A novela foi duramente criticada ao retratar épocas bem delimitadas, em três fases: anos 1970, final da década de 1980 e a maior parte da narrativa concentrada nos dias de hoje, compondo personagens com figurinos considerados destoantes para o tempo histórico[205]. Segundo especialistas de moda, não houve identificação, sobretudo das mulheres brasileiras, em relação aos figurinos, porque esses não retratariam a atualidade e, mais do que isso, provocariam certa confusão temporal, o que fez com que a audiência tivesse dificuldade de reconhecer inclusive em qual período se passava a novela, principalmente na última parte da história. Ainda assim, roupas e tecidos fabricados pelas bordadeiras do Alto São Francisco com frequência vestiam as mulheres da trama, trajes que de fato vestem as mulheres daquela região e que estão associados à moda do lugar no imaginário popular brasileiro. Mesmo assim, a combinação dessas peças com outras que, segundo críticos, especialistas de moda e telespectadores, não condiziam com a época retratada, pode ter causado a anamorfose cronotópica, que foi propositalmente articulada pela direção, mas que agradou pouco.

Os figurinos de três personagens lideraram as críticas por serem considerados inadequados ao seu espaço-tempo e, com isso, foram rechaçadas pelo público: Doninha (Bárbara Reis/Suely Bispo), empregada da casa da fazenda do coronel Afrânio (Rodrigo Santoro/Antônio Fagundes); o próprio coronel e a esposa dele, Iolanda (Carol Castro/Christiane Torloni). Mas essas não foram as únicas vestes a provocarem a insatisfação do público. A personagem Doninha causou estranhamento porque abusava dos turbantes e vestidos longos, sendo acusada de representar dessa maneira mais uma escrava do que uma serviçal da fazenda.

Já o figurino do coronel Afrânio, em especial na segunda fase, quando foi incorporado pelo ator Antônio Fagundes, causou repulsa porque a personagem costumava aparecer com ternos de cores fortes, verdes,

---

[205]. Para essa e demais informações sobre a recepção a *Velho Chico*, cf.: <http://noticiasdatv.uol.com.br/noticia/mulher/fora-da-realidade-figurino-de-velho-chico-e-rejeitado-por-telespectadores-11682>. Acesso em: 2 ago. 2017, 18:07.

azuis, estampas e botas de cano longo, fumando charutos e com os cabelos tingidos. Tal perfil também não foi apreciado pelos telespectadores.

Iolanda resgata uma personagem recorrente na obra de LFC, a cigana. Ela era descendente de ciganos e, portanto, devota de Santa Sarah, a padroeira desses povos. Costumava usar flores no cabelo e penteados exuberantes e estava sempre com um leque na mão. Depois das críticas, sem abandonar suas características, aderiu a um figurino com menos exageros e adotou uma variedade de lenços sobre os ombros. Não há como não associar essa caracterização a tantas outras na obra do diretor LFC. A cigana de LFC, a nosso ver, nasce na telenovela *Carmem* (1987-1988), dirigida por ele ainda na TV Manchete, ressurgindo em *Uma mulher vestida de sol* (1994), em *Capitu* (2008)[206], em Lívia (Paolla Oliveira), namorada do protagonista da série *Afinal, o que querem as mulheres?* (2010) e possivelmente em outras tramas. Logo, arriscaríamos dizer que essa é outra recorrência em seus trabalhos, tanto que já se postulou como uma regularidade na sua obra.

Reclamações chegaram ao serviço de atendimento ao telespectador da TV Globo, e houve uma solicitação da direção de teledramaturgia para que a caracterização das personagens fosse repensada. Houve mudanças de modo tênue ao longo da trama, embora LFC tenha resistido a elas. Esse foi só um dos fatores que fez com que *Velho Chico* gerasse um desgaste entre o diretor e a cúpula da emissora, que acabou dispensando-o meses depois do fim da novela, após duas décadas de vínculo profissional. Ainda que outros funcionários, incluindo o elenco da TV Globo, na mesma época tenham encerrado seus contratos fixos e passado a ser contratados por obra certa, é possível que a relação conturbada durante essa produção tenha colaborado para o afastamento de LFC.

Especulações à parte, essas colocações sobre a telenovela *Velho Chico* completam as obras sinalizadas do platô sobre as rupturas de sentidos do espaço-tempo, e encerra-se a nossa discussão sobre as anamorfoses

---

206. Sobre a composição da personagem Capitu e a inspiração advinda das mulheres ciganas, cf. COCA, Adriana P. *Tecendo rupturas*: o processo da recriação televisual de Dom Casmurro. Rio de Janeiro: Tríbia, 2015.

cronotópicas. Seguimos para o último capítulo de análises, que traz as observações sobre a cenografia e os aspectos que supomos que são desterritorializados na obra televisual de LFC.

- CAPÍTULO 8 -
PLATÔ RUPTURAS DE SENTIDOS DA CENOGRAFIA: UM *PATCHWORK* DE REFERÊNCIAS

Neste capítulo de análises, erguemos o platô que observa as rupturas de sentidos em relação à cenografia. A discussão traz exemplos de todas as produções que foram desconstruídas com mais acuidade durante a pesquisa, além de citar outras que também sinalizam rupturas de sentidos na obra audiovisual de LFC e que, portanto, também fazem parte da cartografia mais ampla, mas de forma adjacente, isto é, sem nos aprofundarmos nas considerações sobre elas.

Dividimos esta etapa em quatro subitens que tratam, respectivamente, de *Hoje é dia de Maria*, *A pedra do reino*, *Capitu* e *Afinal, o que querem as mulheres?*. Optamos por, ao tratar da cenografia, seguir a ordem cronológica de exibição dos trabalhos, porque, embora eles apresentem traços distintos nos modos de desterritorializar a cenografia, nos parece que o percurso diacrônico nos auxilia na compreensão de como se deu esse processo. Sob nosso olhar, os pontos de rupturas de sentidos mais acentuados no âmbito da cenografia se revelam em *Hoje é dia de Maria* e *Capitu*. Tais traços são menos incisivos em relação à linguagem normalizada da teledramaturgia em *A pedra do reino* e mais tênues em *Afinal, o que querem as mulheres?*, ainda que em todas essas produções haja aspectos da cenografia que compreendemos como rupturas de sentidos.

Somos cônscios de que toda obra audiovisual parte de um conceito-guia. O cenário, o figurino e os objetos de cena devem contar uma história, auxiliando na composição narrativa, e sabemos que, na concepção de LFC, tudo isso é parte integrante da construção das personagens. O diretor frisa: "A estética que me interessa é a estética dos personagens" (em ALMEIDA; ARAÚJO, 1995, p. 114) e admite que

> A primeira etapa no processo de materialização de um texto dramático, de um roteiro ou de um teledrama é a estruturação do conceito, ou seja, determinar o que se quer de cada personagem, definir temperamentos, psicologias, enfim, detalhar toda a atmosfera ao máximo[207].

Então, a partir dessa compreensão se delineiam as diretrizes da composição da *mise-en-scène*, sempre a favor da expressividade da ação dramática. No entanto, esse modo de criação não significa que a reprodução do real seja sempre a única orientação a seguir.

Relembramos que essa experiência foi exercitada por LFC pela primeira vez em *Renascer* (1993). "Talvez *Renascer* tenha tido um papel importante dentro da Globo. Digo talvez pensando na assimilação ou não de certos exercícios de narrativa que tentei imprimir alternadamente com a linguagem convencional da telenovela"[208]. Nesse depoimento, fica evidente que as regularidades das narrativas de ficção e as novas possibilidades de narrar um texto ficcional na TV podem andar juntas, inclusive na obra dele, sendo que, no caso das criações de LFC, a transgressão se impõe à tradição.

Carvalho dá importância cabal para um trabalho que envolva toda a equipe nas fases da produção, privilegiando muita conversa, em reuniões nas quais os profissionais técnicos e o elenco discutem as nuances do roteiro e, por vezes, estudam juntos o texto literário que o originou, se esse for o caso. Tanto que, sempre que não havia um espaço fixo para esses encontros, LFC solicitava que galpões fossem erguidos para a troca de ideias e ensaios.

A preparação do elenco e uma pré-produção mais demorada e conduzida de modo colaborativo sempre foi uma das marcas das obras de

---

207. Ibidem, p. 115.
208. Ibidem, p. 117.

LFC, e nesse ponto a interpretação dos atores é tida como uma preocupação primordial. Ele justifica: "Quanto a direção de atores... bem, eles são a alma da fábula" (em ALMEIDA; ARAÚJO, 1995, p. 117). Então, evitar caricaturas e buscar saídas sensíveis para cada cena, humanizando as personagens por meio da interpretação, é o caminho a ser seguido, segundo o diretor.

Tais percepções foram colocadas na abertura do capítulo porque todo esse processo é parte das definições da *mise-en-scène* e, portanto, também da cenografia. Isso posto, seguimos refletindo sobre as rupturas e/ou desterritorializações de sentidos em relação à cenografia nas séries observadas.

8.1 O cenário circular de *Hoje é dia de Maria*

Hoje é dia de Maria foi rodada no cenário circular de um domo, que, como já dissemos, havia sido palco dos shows do Rock in Rio III. Ao redor do domo ficavam os ateliês do grupo de teatro de bonecos Giramundo, da confecção de artesanato do artista plástico Raimundo Rodrigues e da preparação dos figurinos de papel do estilista Jum Nakao.

Nesse trabalho, composto de referências diversas, a circularidade da cúpula que serviu de estúdio assumiu a função de um cenário vivo, como nos explicou Cardoso (2009), aquele em sintonia com a narrativa, e talvez possamos pensá-lo quase como uma personagem que integra o texto televisual, já que traz em si informações imprescindíveis para desenrolar a história, como as imagens-cenários pintadas à mão que faziam as vezes de locações "reais".

Quando questionado: "Por que você decidiu usar um domo em vez de um estúdio tradicional?", a resposta de Carvalho foi:

> A idéia de trabalhar em um espaço que não fosse a realidade em si, mas que a constituísse como sendo a representação emocional de uma determinada realidade, assim como os sonhos, sempre me interessou. Não estou trabalhando com a mentira. [...] Muito ao contrário, estou propondo aos espectadores um jogo com a

imaginação, um exercício tênue de visibilidades. Cabe, isto sim, à grande capacidade imaginativa dos intérpretes de pegar na mão do espectador e trazê-lo para dentro do jogo (em HOJE, 2005).

A proposição de Carvalho parece se aproximar da noção do texto artístico de Lotman, que enfatiza a sua natureza dual (dialética), que

> por um lado, o texto simula a mesma realidade, se finge de uma coisa entre as coisas do mundo real, com uma existência autônoma, independente do autor. Por outro lado, constantemente nos recorda o fato de ser a criação de alguém e de significar algo. Nesta dupla interpretação surge o jogo, no campo semântico, entre "realidade e ficção" (1999, p. 105).

A redoma onde é contada a narrativa de Maria (Carolina Oliveira/ Letícia Sabatella) representa em si a circularidade da história da protagonista, que tem a sua infância roubada pelo Diabo após deixar seu lugar de origem e se enveredar numa busca até as "franjas do mar". Ela retorna para casa depois de muitas aventuras e desventuras pelas terras do País do Sol a Pino – essa é sua trajetória na primeira temporada, também chamada de "jornada" pelos realizadores. Na segunda jornada, é nas andanças por uma cidade caótica que Maria se desvia de casa e depois a reencontra: como numa mandala que começa e termina no mesmo ponto, a protagonista traça seu caminho. Lia Renha, diretora de arte da microssérie, foi quem sugeriu à direção o estúdio circular. Renha explica:

> Quando vemos uma paisagem a enxergamos em 360°. Quando se entra dentro desse domo, não se está dentro de um mundo recriado. Eu não conseguiria contar essa história como eu sinto fora de um círculo; não vemos o mundo com quinas (em COSTA, 2005).

A esses cenários repletos de informações associamos outro que também ganhou uma dimensão circular, mas sob outra perspectiva: a casa principal da família protagonista da série *Dois irmãos* (2017), adaptação literária do romance homônimo de Milton Hatoum, roteirizada por Maria Camargo e dirigida por LFC. Mais de uma década depois de ir ao ar a primeira temporada de *Hoje é dia de Maria*, LFC aceitou outra sugestão de alguém da equipe para montar um cenário circular, ideia que, desta vez, coube ao cenógrafo e diretor de arte Mário Monteiro, que se inspirou no movimento das personagens na trama. Importa perceber o quanto uma proposta pode ser renovadora, mesmo em uma história que prima pelo realismo, como foi o caso de *Dois irmãos*.

> O personagem principal no livro é a casa. Que é uma casa que vai entrando em um processo de decadência durante o trabalho. E eu disse assim "ô, Luiz, e se eu fizesse essa casa giratória?" O cenário. [...] porque aí de acordo com a luz, a gente vai movimentando o cenário. Assim, você vai ter sempre uma luz favorável (MONTEIRO em COSTA, 2015, p. 235).

A série *Dois irmãos* se passa na cidade de Manaus, capital do estado do Amazonas, na região norte do Brasil. Muitas imagens externas da cidade foram captadas, mas o cenário giratório foi construído no Projac, na cidade do Rio de Janeiro. Pesava vinte toneladas, e, no quintal da casa que girava, havia outra casa na árvore, no meio do terreno. O cenário permitia ver as personagens se movimentarem em círculos, também como uma mandala. No entanto, o seu deslocamento ficou imperceptível para o espectador. Ainda assim, a sua criação pode ser pensada como uma ruptura de sentidos em relação à técnica e à cenografia, porque é um cenário integrado à história que em certa medida intervém de maneira inédita na narrativa.

Voltando ao domo de *Hoje é dia de Maria*, nele foi instalado um ciclorama, tecido que fez as vezes do fundo infinito, que é como são moldados os estúdios de TV. Essa "tela" de tecido era pintada constantemente com diferentes paisagens-cenários pela equipe do artista plástico Clécio Régis. Esses cenários eram misturados a outros em três dimensões, como é o caso do casebre onde morava Maria e seu Pai (Osmar Prado), no sítio da família.

A imensa tela, apesar de delimitar o espaço cenográfico do domo, não demarca limites no espaço representado. Pelo contrário, o universo construído e os caminhos, na microssérie, parecem perder-se de vista mediante a projeção da perspectiva "tela à dentro" e as largas proporções da pintura (NAKAGAWA, 2008, p. 127).

Tal recurso garante "a geração de outra visualidade"[209], ou seja, novos sentidos para a composição cenográfica. Nesse cenário, manteve-se o chão de terra do terreno onde foi montada a cúpula, e a esse piso foram adicionados areia, pedras, plantas e até um rio artificial. Esses aspectos sinalizam o quanto essa construção tecnicamente também representou um desafio e uma ruptura no saber-fazer teledramaturgia. Tal amplitude espacial facilitou, consequentemente, a instalação e a operação de gruas, algo que em um estúdio convencional exige mais cuidado.

No que concerne à percepção desse tipo de cenário no texto final, as rupturas de sentidos são evidentes quando identificamos as pinturas como cenários de fundo e a união entre as construções tridimensionais e bidimensionais. É possível que a extensão do estúdio em 360° não seja tão explícita, mas as descontinuidades são intensas para os aspectos de produção, criação cenográfica e captação de cenas. Uma ressalva importante é lembrarmos que, anterior à exibição de *Hoje é dia de Maria*, houve, ao longo da programação da TV Globo, insistentes chamadas anunciando a microssérie, uma maneira de "preparar" o telespectador para essa imprevisibilidade e também um dos aspectos apontados por Rosário e Aguiar (2016) como sinalizadores da implosão midiática.

Em depoimento no DVD da microssérie, Carvalho assume que "*Hoje é dia de Maria* é o teatro mais antigo do mundo" (em HOJE, 2005), em referência ao circo. Mas ele também admite que se trata de um teatro que dialoga com o novo, que nesse caso é a linguagem televisual, e nisso concordamos com LFC. Pois, por mais que a teleficção tenha sido gravada

---

209. Ibidem.

em uma tenda gigante como um circo, houve um processo intermidiático entre as referências teatrais, as artes visuais e os efeitos de animação digital projetados, num processo de semiose mista dessas e de outras linguagens. Por isso nos parece coerente olhar para esse texto televisual como um teatro recriado, porque ele não se constrói como um teatro filmado, como eram os teleteatros dos primórdios da televisão. As imagens sertanejas reproduzidas nesse cenário também são ressignificadas, ainda que possam trazer, como em exemplo anterior, um sertão com a textura de uma tela de Portinari. O sertão foi reconstruído por outras vias que não aquelas que estamos habituados a ver na tela-TV, vinculadas à seca, às imagens desérticas, à dor e ao sofrimento, sentidos também evocados em *Hoje é Dia de Maria*, mas com ludicidade, com cores variadas, e não sob o efeito da realidade.

O jornalista Daniel Piza (2004) lembra que LFC é um carioca, filho de mãe nordestina que

> passou parte de sua infância na Serra de Friburgo. Desse período entram vários elementos na série, como a porteira, a luminosidade, algumas plantas e pedras. Como sempre, o que filma é antes de mais nada algo que lhe é pessoalmente caro.

Isso quer dizer que a memória afetiva, além do repertório do diretor, faz parte dos elementos da composição cenográfica. O próprio LFC confessa que buscou resgatar a memória lúdica que habita em todos nós e que, consequentemente, "está no patrimônio genético do Brasil" (em PIZA, 2004). É possível pensar que LFC busca elementos para uma diacronia da cultura brasileira acerca da infância, mas não aquela infância que ocupa o núcleo duro dessas representações na linguagem televisual.

Nessa busca, outros elementos também foram importantes para compor a cenografia, como a varinha carregada por Maria. A continuísta Lúcia Fernanda conta que até esse objeto de cena foi escolhido por LFC (em PIZA, 2004), o que sinaliza que a linguagem televisual é um signo complexo que se compõe a partir das semioses de outros textos, no qual nenhum sentido se constrói isoladamente, mas, pelo contrário, se trama em interconexões para a constituição dos sentidos de toda a obra. A varinha de Maria dialoga com os outros elementos da narrativa, e tudo o que está ali é informação sobre aquele texto. Esse entendimento é fundamental em qualquer processo de criação de uma produção para a televisão.

Enfatizamos que os materiais usados na concepção dos trajes e dos objetos de cena de *Hoje é dia de Maria* também foram imprescindíveis na composição dos cenários da microssérie. Segundo informações do site Memória Globo[210], todos os objetos usados na produção foram envelhecidos para ficarem adequados à proposta estética da trama. A maior parte desses objetos de cena foi produzida com material reciclado ou reaproveitada do acervo da emissora. A equipe de figurino, por exemplo, se propôs a recriar as peças a partir de outras já aposentadas, e os cavalos em tamanho real, mencionados quando falamos sobre a animação, foram feitos com lata e fibra de vidro, sendo a pelagem composta de retalhos de tecidos. Tudo isso para seguir o conceito-guia para a cenografia, que foi o de utilizar técnicas e materiais não tradicionais.

Em sintonia com essa proposta, foi colocado em prática outro aspecto da cenografia que nos inquieta, que é a manipulação do cenário pelos próprios atores. Fora a manipulação das marionetes que fizeram o papel dos animais em cena, muitas vezes visíveis, em alguns momentos os intérpretes se movimentam e interagem com o cenário. É o caso da oscilação dos tecidos que representam as ondas do mar, movimentados por máquinas manuseadas pelos próprios atores.

Quanto a esse ponto, resgatamos as noções de transparência e opacidade (XAVIER, 2005) que opõem os textos audiovisuais que se esforçam para esconder o aparato, ou seja, que querem imprimir à narrativa ficcional o "efeito de real", e aqueles que pelo contrário, deixam o aparato visível. Nesse caso, optou-se pelo segundo viés, ficando evidente que essa foi mais uma possibilidade de trazer o espectador ao diálogo, como sugere Carvalho

---

210. Informações disponíveis em: <http://memoriaglobo.globo.com/programas/entretenimento/minisseries/hoje-e-dia-de-maria/figurino-e-caracterizacao.htm>. Acesso em: 18 ago. 2017, 12:39.

(em SANTOS, 2005). Mais do que isso, acreditamos que essa nuance da cenografia traz embutida uma crítica à frequente busca pela verossimilhança praticada na teledramaturgia. A ruptura de sentidos ocorre e nos obriga à desterritorialização, porque a cena exterioriza os mecanismos de produção e representa o mar como um novo texto, que precisa ser lido sob outros códigos, já que não foi reproduzido como normalmente o vemos em uma teleficção, que provavelmente seria com a captação de imagens de ondas, em uma gravação externa. Esse recurso cenográfico de tornar o aparato visível se acentua na recriação do romance *Dom Casmurro* para TV, que é a microssérie *Capitu*, sobre a qual discorreremos adiante.

Com esse ponto encerramos os aspectos sobre as rupturas de sentidos em relação aos cenários de *Hoje é dia de Maria* e passamos a tratar dos pontos de intensidade de desterritorializações de sentidos em *A pedra do reino*.

8.2 A cidade-túmulo de *A pedra do reino*

Assim como *Hoje é dia de Maria*, a cenografia de *A pedra do reino* foi pensada para manter a circularidade narrativa explícita nas estratégias discursivas do protagonista-narrador, revelando cenários que vão se constituindo no espaço onde se enreda quase toda a história, a cidade-túmulo que acolhe as memórias de Quaderna que vão sendo remontadas. É como se a sua vida fosse revivida no centro do cenário-arena, instalado como uma praça pública na cidade cenográfica.

A cidade de 2.000 m² levou um mês para ser erguida por oitenta profissionais e era formada por 35 nichos, casas e outros locais que a rodeavam. Esses nichos eram semelhantes a lápides de cemitérios. Carvalho (2007) explica: "É como se tivéssemos transformado em fachadas aqueles pequenos oratórios, que toda casa simples do terceiro mundo traz em algum canto mágico da casa"[211].

Oito famílias locais tiveram as fachadas de suas residências remo-

---

211. Extras do DVD *A pedra do reino*, depoimento dado aos 4 min 40 s do DVD 2.

deladas para compor a cenografia. "É uma cidade de memória. As casas em formato de lápides trazem essa relação da morte e da vida, da continuidade, do indeterminado, da memória viva. O portal é a entrada desse espaço do imaginário, do simbólico" (IRÊNIO em CARVALHO, 2007). O portal ao qual se refere o cenógrafo João Irênio funciona como a entrada da cidade. É por lá que chegam e se apresentam as personagens da história, em tom de celebração, formando uma mandala dançante. Essa cena simboliza bem a noção de portal, remetendo ao teatro medieval no qual as personagens adentravam as cidades já caracterizadas e realizavam suas encenações na praça, por vezes até invadindo os espaços íntimos, as casas dos moradores. Na abertura de *A pedra do reino* as personagens entram em cena pelo portal da cidade, se posicionam na praça e fazem uma coreografia coletiva, inspirada em danças circulares e sagradas da Irlanda, de Israel e da Rússia (CARVALHO, 2007).

Também é por esse portal que chegam à cidade quarenta cavalos, distintos entre si e confeccionados com materiais descartáveis diversos. Manipulados pelos próprios atores-cavalheiros, a cavalhada faz parte da cenografia desconcertante, assim como os figurinos dessas personagens. Nessa cena, especialmente, os figurinos foram pensados segundo os trajes dos balés russos e medievais, compostos por capas pintadas, coletes de metal e braceletes.

O conjunto dos trajes de cena faz referência à cultura medieval e, por consequência, ao universo sertanejo subjacente ao texto, mas a composição em si é atemporal. Sequer o lugar é traduzido com exatidão, e talvez alguns figurinos compostos por gibões e chapéus sejam mais representativos do Nordeste, ainda assim de forma apenas alusiva, sem que possamos dizer que auxiliam na leitura do cronotopo da narrativa. São esses aspectos que enfatizam, além da anamorfose cronotópica, uma ruptura de sentidos em relação à cenografia normatizada.

Reiteramos que a interação de toda a equipe é imprescindível na concepção de uma obra televisual, conexão que deve ser constante nas concepções do figurino e caracterização, cenários e direção de arte. Nessa ficção seriada, a construção de uma personagem, em especial, deixa essa condição evidente ao romper com a busca do "efeito de real" no modo de conceber cenários e figurinos. Trata-se da escrivã Margarida (Millene Ramalho), personagem que usava um corpete no qual se acoplava uma máquina de escrever. A órtese fazia parte do seu figurino, objeto de cena que, em vez de compor o cenário, foi integrado à personagem. A atriz precisou ficar em um molde de gesso por duas horas e meia para a confecção do corpete, e seu traje de cena pesava 7,5 kg (MEMÓRIA, s/d)[212]. Todo o figurino é parte integrante da personagem e, nesse caso, os sentidos são violados, porque o que veste Madalena é mais do que um traje de cena: a ele é adicionado um objeto cenográfico, eis a ruptura.

A referência circense é retomada nessa produção: defronte da praça-arena, o Quaderna jovem conta a sua história enquanto observa o portal e os outros Quadernas em cena. O Quaderna já idoso representa a figura de um palhaço inspirado no Cucurucu, personagem da *Commedia dell'arte*, e nos palhaços Mateus e Bastião, uma mistura proposital das culturas medieval, ibérica e brasileira[213]. É ele que "invade" a cidade com sua trupe a bordo de um objeto de cena instigante: uma carroça-palco que funciona como um relógio. "O giro do palco da carroça é um ponteiro de relógio, uma forma de trabalhar o tempo cíclico. Mudam o cenário, o tempo e os personagens" (CASTRO em CARVALHO, 2007).

Além de rodopiar, o cenário abre em muitas entradas e saídas, como a história que está sendo contada. Já frisamos em discussão anterior que, a nosso ver, esse texto se constrói sob anamorfoses cronotópicas: objetos de cena como a carroça não sinalizam exatamente uma subversão do espaço-tempo, sequer uma ruptura de sentidos, mas se comportam como um cenário-vivo (CARDOSO, 2009) e, mais do que isso, interage na contação da história.

O vaivém no tempo (sinalizado pelos movimentos da carroça, que serve de palco para o circo mambembe) e a inexatidão temporal são justificados pelo roteirista Braulio Tavares como uma maneira de "reforçar que o mito não tem tempo, é atemporal, anacrônico, reúne nas mesmas cenas coisas que existiram em épocas diferentes" (em CARVALHO, 2007),

---

212. Informações disponíveis em: <http://memoriaglobo.globo.com/programas/entretenimento/miniseries/a-pedra-do-reino/fotos-e-videos.htm>. Acesso em: 19 set. 2017, 16:17.
213. Idem.

em que Quaderna observa cenas de si mesmo. Essa mesma premissa LFC intensifica na sua produção posterior, *Capitu*.

Já a retomada do circo como inspiração, que aparece também em *Hoje é dia de Maria*, com os irmãos saltimbancos Rosa (Inês Peixoto) e Quirino (Daniel de Oliveira), que acolhem Maria e passam com ela parte da sua jornada, é mais uma vez ressignificada. O circo que surge nesses textos é o circo amador, um teatro das ruas oriundo do povo, que não faz parte da linguagem televisual tradicional e que ultrapassa as fronteiras desse texto da cultura, recebendo novos contornos na recriação de LFC, tessitura que remetemos àquela observada por Lotman (1978a; 1999) ao citar Chaplin com suas pantomimas no cinema.

A concepção da cidade cenográfica e como ela foi explorada talvez sejam as principais rupturas de sentidos propostas pela cenografia de *A pedra do reino*, visto que, além dela não reproduzir os ambientes sob o efeito de realidade e ter sido erguida distante do Projac e do eixo Rio-São Paulo, alia outros elementos de cena que desestabilizam o espectador, como os animais confeccionados com materiais diversos, os adereços e figurinos e a carroça-palco, componentes da narrativa que nos remetem às criações de um desfile de escola de samba e que, sem dúvida, são vieses que complexificam a tradução dos sentidos.

A desestabilização encadeada pela cenografia se sintoniza com o embaralhamento espaço-temporal disposto pelas anamorfoses cronotópicas, no que percebemos rupturas de sentidos intensas que podem nos carregar para a desterritorialização dos sentidos, porque os aspectos relacionados são capazes de instaurar o sentido obtuso, que é esquivo e traz informações que propõem momentos de intradutibilidades mais do que apenas traduzem um enredo.

8.3 A presença da ópera em *Capitu*

Em 2008, na produção de *Capitu*, a segunda obra do Projeto Quadrante, LFC parece ter ido além com suas experimentações cenográficas e ampliado a "colcha de retalhos" de referências em cena. LFC confessa que a mesma noção que o guiou em *Hoje é dia de Maria* foi exercitada com mais rigor em *Capitu* na hora de conceber a cenografia, ou seja, a ideia de "trabalhar em um espaço que não fosse a realidade em si, mas que se constituísse como a representação de uma determinada realidade" (CARVALHO, 2008)[214]. Ele insiste que é avesso a mentir para o público, porque crê que o espectador é capaz de traduzir que o "cenário" desenhado no chão é, sim, um desenho. Mas o diretor também aposta que, ao fazer isso, convoca o espectador para um jogo de imaginação. E completamos: um jogo de imaginação capaz de despertar outros e novos sentidos à história que está sendo acompanhada, assim como é possível que tal condição incite a reconstrução dos códigos que a tecem.

Como em um *patchwork* de visualidades, nessa produção é como se os propósitos das obras anteriores de LFC tivessem sido exacerbados. A exemplo do resgate cênico do teatro, também presente em *Hoje é dia de Maria* e em *A pedra do reino*, que foram ressignificados, nessa obra os momentos de intradutibilidades se fazem mais frequentes. Nesse caso, a inspiração teatral se conjuga com a ópera, em um movimento de metalinguagem que expõe cenários "inacabados" e deixa à mostra os refletores de luz e as paredes descascadas que já existiam na locação e que agora passaram a compor o espaço cênico, propositalmente, como se assistíssemos aos bastidores da cena. Por diversas vezes, cortinas vermelhas se abrem e se fecham, anunciando a mudança de cenário, um signo que indica que estamos acompanhando uma narrativa contada em atos, recurso já convocado em *Hoje é dia de Maria*, ainda que de modo bem mais discreto.

Capitu teve um orçamento de R$ 5 milhões, valor relativamente modesto para uma adaptação literária para o audiovisual. Por conta do orçamento reduzido, a microssérie foi gravada no prédio do Automóvel Clube do Brasil, no centro da cidade do Rio de Janeiro, antigo palácio que virou um galpão imenso abandonado e que acabou se transformando na principal locação da produção. A opção de rodar praticamente todas as cenas em um único

---

214. Informações disponíveis em: <http://cultura.estadao.com.br/noticias/artes,machado-e-alegorico-fala-de-uma-coisa-para-dizer-outra,290274>. Acesso em: 29 jul. 2017, 17:05.

espaço físico e com poucas gravações externas foi a alternativa para otimizar os custos desse texto televisual, que também explorou imagens de arquivo.

Esse cenário mínimo revelou muito acerca das facetas da composição de cenas e nos remete ao filme *Dogville* (2003), dirigido por Lars von Trier[215]. O longa-metragem, assim como *Capitu*, tem um cenário sucinto e foi todo rodado em um galpão na Suécia. *Dogville* é um filme dividido em capítulos ou atos, como em uma ópera e como a microssérie. O cenário do filme mais parece um grande teatro, com os ambientes demarcados com giz no chão e poucos objetos de cena tridimensionais. A história se passa nos Estados Unidos na década de 1930, época de profunda depressão econômica e social. A protagonista Grace (Nicole Kidman) é hostilizada pelo povo da cidade de Dogville e sofre todo tipo de desprezo, sendo inclusive abusada sexualmente[216].

Em *Capitu*, a luz, o figurino e os objetos de cena foram planejados para dar ao vasto ambiente que serve como espaço cenográfico o que a produção chamou de "tom operístico"[217], que foi o conceito-guia da microssérie. *A ópera* é o título do capítulo IX do romance *Dom Casmurro*, sendo mencionada outras vezes no livro. Na TV, no capítulo de estreia, o subcapítulo intitulado *A ópera* se inicia com longas cortinas vermelhas que se abrem ao som da ópera *O Guarani*, de Carlos Gomes. Esse capítulo é encerrado com a mesma música e com as cortinas do cenário-ópera se fechando.

Uma das principais características da ópera é a articulação entre as mídias. Quando *Dom Casmurro* foi escrito, no século XIX, o compositor alemão Wilhelm Richard Wagner

---

215. Cineasta dinamarquês que trabalha com uma linguagem experimental. Ele foi fundador do movimento Dogma 95, junto com o cineasta Thomas Vinterberg. A proposta do movimento estabeleceu dez regras (mandamentos) para o fazer cinematográfico; entre elas, fazer uso da luz natural dos ambientes, usar o mínimo de cenário possível e não mencionar o nome do diretor da produção nos créditos do filme. Disponível em: <www.larsvontrier.com.br/biografia-do-lars-von-trier2.php>. Acesso em: 14 ago. 2017, 15:18.
216. Informações disponíveis em: <http://grupoeellip.blogspot.com.br/2013/01/critica-de-filme-dogville.html>. Acesso em: 14 ago. 2017, 23:10.
217. Informações do site oficial, disponível em: <http://capitu.globo.com>. Acesso em: 14 ago. 2017, 21:03.

dizia que a ópera era a síntese de todas as artes. Depois, Eisenstein[218] reivindicou para o cinema esse poder de condensar todas as outras formas de expressão. Atualmente, o cineasta inglês Peter Greenaway considera que a televisão cumpre esse papel (MACHADO, A., 2010, p. 40).

Quando Arlindo Machado (2010) sintetizou essa visão dos artistas em relação à ópera, ainda não havia ido ao ar na TV brasileira a microssérie *Capitu*, que tão bem exemplifica essa reflexão, porque une e ao mesmo tempo dissolve as fronteiras entre cinema, teatro, balé, computação gráfica e texto literário, fazendo assim com que a ópera reencontre, mais uma vez, a televisão. Ao nosso olhar, trata-se de uma ópera recriada em fusão com outras referências artísticas e, por isso mesmo, de um processo de recriação que oferece, ao propor textos "inacabados" ao espectador, uma crítica ao fazer teledramaturgia.

Nessa via, parece-nos que a crítica à televisão vem subjacente ao texto dual, que exige um esforço para ser traduzido, lido, interpretado. Acreditamos que esse modo de tecer o texto televisual se aproxima ao sentido obtuso proposto por Barthes (2009), pois traz uma crítica não muito evidente, quase velada, à linguagem corrente. Isso parece acontecer quando há a exibição dos cenários incompletos, também quando figuras de papelão assumem o papel de figurantes em cena e ainda quando os próprios atores deslocam partes do cenário, como acontece quando as portas das casas de Bentinho e Capitu são movimentadas. Esse exemplo é um signo carregado de informação, que demonstra a diferença social entre as famílias vizinhas. Na família Pádua (assalariada), as portas não muito altas eram carregadas pelos moradores da casa, enquanto na família Santiago (abastada), portas imponentes e ornadas com cortinas vermelhas eram carregadas pelas escravas da família.

Todos esses aspectos propõem novos sentidos ao modo de ver e fazer teleficção na TV aberta. Para encerrar os apontamentos sobre os elemen-

---

218. O autor Arlindo Machado está se referindo ao teórico e cineasta russo Sergei Eisenstein.

tos de *Capitu* que desconstroem uma cenografia pautada na impressão do real, remetemo-nos, ainda, à cena em que a personagem Escobar (Pierre Baitelli) se afoga na Praia do Flamengo. A imagem, gravada na locação interna com tecidos que se movem representando um mar revolto, pode ser associada às ondas mecanizadas manualmente de *Hoje é dia de Maria*, embora não revele quem está "movendo" o cenário. Essa cena parece ter inspiração no videoclipe da canção *Elephant Gun*, da banda norte-americana Beirut, que foi tema da microssérie *Capitu*, porque visualmente se assemelha à produção musical.

O que soa paradoxal é pensar que essas obras foram ao ar na TV aberta hegemônica na área, a TV Globo, o que só não é tão difícil compreender quando lembramos que as circunstâncias de exibição seguiram alguns ditames da emissora: foram ao ar tarde da noite; foram amplamente divulgadas; e mesmo nos canais de televisão aberta é de "bom tom" dar espaço, de tempos em tempos, para experimentações desse nível, com alto grau de ousadia. Em geral, dedica-se uma parcela da grade de exibição à renovação dos formatos e à atualização dos programas, como as menções que fizemos em relação à ficção seriada na introdução deste livro, mas, ao que parece, com uma "margem de segurança" maior do que no caso das obras televisuais analisadas neste estudo. É por isso que apontamos tais aspectos como rupturas e desterritorializações de sentidos, pensando que nesses casos há uma vasta incongruência em relação ao que é costumeiramente realizado, explosões culturais como acreditamos serem os aspectos levantados em relação à cenografia das obras mencionadas neste capítulo. Esses processos foram devidamente planejados e, talvez, seja mais adequado pensá-los como implosões midiáticas, como sugere Rosário e Aguiar (2016), haja visto que, embora consideremos alguns momentos desses textos como explosões, drásticas rupturas de sentidos, foram irrupções instantâneas e controladas, ainda que possibilitassem momentos passíveis de despertar o terceiro sentido e permeados pela natureza sígnica do texto artístico, que é fundamentalmente dupla, como pensa Lotman (1999) e como propõe Carvalho (2005).

8.4 O universo *kitsch* de *Afinal, o que querem as mulheres?*

Na série *Afinal, o que querem as mulheres?* (2010), produzida dois anos depois de *Capitu* (2008), os aspectos que nos conduzem às rupturas de sentidos em relação à cenografia se dão de modo menos intenso e, a nosso ver, apenas se apresentam como rupturas de sentidos se levarmos em conta a cenografia normatizada nas produções de ficção seriada na TV aberta, não chegando a se constituir como um texto explosivo.

Nesse trabalho, assim como em *Suburbia* (2012), série escrita e dirigida por LFC dois anos mais tarde, 90% das cenas foram rodadas em locações[219]. Essa é uma prática irregular, como nos revelou Daniel Filho (2003) e Cardoso (2009), que afirmam que cerca de 70% da produção de uma teleficção costuma acontecer no estúdio, com as gravações externas compondo os 30% restantes. O principal motivo são os altos custos, como o deslocamento de equipe técnica e elenco, além do tempo gasto com a movimentação. Em geral, no estúdio um cenário é montado e todas as suas respectivas cenas no roteiro são realizadas no mesmo dia, quando também já se desmonta o cenário. Dificilmente as narrativas ficcionais na TV têm cenários fixos: apenas os estúdios são fixos, isto é, reservados àquela produção enquanto ela está no ar. É assim, inclusive, com as telenovelas e os seriados semanais. Por isso também se considerou atípico quando LFC manteve dois cenários fixos montados nos estúdios da TV Globo durante toda a novela *Meu pedacinho de chão* (2014).

Nessa via, o fato de *Afinal, o que querem as mulheres?* ter 90% das suas cenas gravadas externamente é um dos aspectos que desconstrói o modo de produzir e cenografar. As principais locações foram em Copacabana, que teve um papel importante na composição visual da série. Segundo os produtores, a estética (eclética) do bairro, aliada à inspiração da *pop art*, formou o conceito-guia dos cenários, que tinham nos apartamentos das

---

219. Informações disponíveis em: <http://memoriaglobo.globo.com/programas/ entretenimento/seriados/afinal-o-que-querem-as-mulheres-/producao.htm>. Acesso em: 17 ago. 2017, 16:33.

personagens André Newmann (Michel Melamed), o protagonista, e da mãe dele, Celeste (Vera Fischer), as locações-chave. Esses apartamentos, que poderiam ter sido reconstruídos em estúdio, ficavam em Copacabana.

Importa reforçar que mesmo em locações há interferências da produção. Escolher uma locação como cenário às vezes é uma tarefa árdua e, mesmo que as emissoras façam uso de um banco de locações, cada trabalho tem uma especificidade. No caso da série *Afinal, o que querem as mulheres?*, devemos considerar que nos referimos a uma narrativa ficcional que se propõe a se distanciar do "efeito de real", imprimindo uma atmosfera hiper-realista às cenas.

Ambientada nos anos 1990, a história contou com muitos cenários pautados no universo *kitsch*, advindo da *pop art*. Logo, não é difícil identificar na composição cenográfica certa dose de exagero nas cores, no excesso de objetos de cena e na caracterização das personagens.

Um desses cenários se destaca pelo acúmulo de informações visuais: o apartamento de Celeste. As paredes são estampadas, há móbiles e reflexos diversos, por meio de transparências e espelhos. Segundo Moura, "é quase uma 'instalação'" (2015, p. 373).

Esse ambiente tem a particularidade de apresentar uma imagem recorrente nos trabalhos de LFC: as várias representações de Nossa Senhora – presentes em *Hoje é dia de Maria* e *Suburbia* na imagem de Nossa Senhora Imaculada Conceição, também em *Capitu* e *Afinal, o que querem as mulheres?*, para citar outro exemplo das referências que se repetem na obra do diretor.

A cenografia da série apresenta outras tantas referências, sendo que aquelas que consideramos mais significativas na constituição das rupturas de sentidos já foram mencionadas. Vale complementar que as alusões ao cinema nesse texto televisual se sobressaem na construção cenográfica, que foi pensada, assim como o figurino, como uma sobreposição. A ideia de trabalhar com camadas de informações visuais foi uma tentativa de trazer mais texturas e conferir sensorialidade às imagens (MOURA, 2015). Quanto ao cinema, acreditamos que o olhar de LFC mais uma vez traz informações de trabalhos de diretores como Gondry, Kaufman e Fellini, que também transitam nesse limiar entre o imaginário e a vida, como confessa Carvalho (em SANTOS, 2005; MOURA, 2015). Mas não é relevante para essa reflexão especificar essas relações.

Importa dizer ainda que a cenografia de *Afinal, o que querem as mulheres?* explora a metalinguagem, que nesse caso é explícita. Há o uso de claquetes para apresentar os protagonistas e inserções de programas reais na trama, como a cena em que André lança o seu *best-seller* no programa de auditório *Altas horas*, da TV Globo. Há uma crítica contundente à mídia-TV quando o ator Rodrigo Santoro, personagem interpretada por ele mesmo, se apresenta com nuances de um ator fútil e deslumbrado com a fama.

Essas tessituras engendradas pela semiose entre referências variadas emergem por meio da função criativa da linguagem no ambiente da semiosfera televisual, no qual coexistem distintos sistemas sígnicos, que trocam informações de modo contínuo pelo mecanismo fronteiriço que estabelece tradutibilidades e intradutibilidades. Logo, os outros sistemas de signos, que não aqueles diretamente vinculados à televisão, podem ser reconhecidos, traduzidos ou recodificados. Não é apenas a passagem de informação de um sistema sígnico a outro e, menos ainda, uma simples hibridação entre as linguagens: há uma atualização, no texto televisual, dos textos que estão em relação. Com essas considerações, encerramos as análises e partimos para as colocações finais deste estudo.

- CAPÍTULO 9 -
PÓS-PRODUZINDO AS CONSIDERAÇÕES FINAIS

O capítulo de considerações finais foi dividido em três momentos. O primeiro, "Perguntas e respostas: primeiros passos", retoma o problema da pesquisa, direcionador de toda a investigação, e os objetivos que se desdobram a partir dessa questão principal. Faço[220] esse resgate discorrendo sobre como a telerrecriação, noção teórica proposta por este estudo, atende à indagação inicial colocada pelo problema de pesquisa. Em seguida, em "Rupturas de sentidos e explosões", relaciono as principais percepções acerca das obras observadas, argumentando por que sugiro que o trabalho de criação do autor e diretor de audiovisual Luiz Fernando Carvalho produz textos que estão em conexão com o processo de telerrecriação. Por fim, em "A reconfiguração da teleficção", destaco a importância do movimento dinâmico de atualização dos textos teledramatúrgicos, sobretudo por meio da recodificação da linguagem.

9.1 Perguntas e respostas: primeiros passos

O problema da pesquisa foi articulado na seguinte pergunta: Como a ficção seriada brasileira, mais especificamente nas produções de Luiz Fernando Carvalho (LFC), configura rupturas de sentidos e processos criativos, desencadeando, assim, a telerrecriação? Atrelado ao problema, o objetivo principal da investigação foi: cartografar os processos de rupturas de sen-

---

220. Assim como na introdução do livro, as considerações finais foram escritas na primeira pessoa do singular.

tidos e explosões semióticas que constituem telerrecriação nas produções de teledramaturgia do autor e diretor LFC. E os objetivos específicos:

a) Determinar as irregularidades, imprevisibilidades e descontinuidades presentes na obra de LFC (rastreamento);

b) Identificar esses elementos na obra de LFC, em busca de formar os platôs (cartografias menores) que vão construir, posteriormente, uma cartografia da produção audiovisual de LFC (toque/pouso);

c) Delinear os modos pelos quais as rearticulações da obra de LFC recodificam a linguagem televisual (reconhecimento atento).

Completado o percurso da investigação, compreendo que a proposta de olhar para determinados textos da teleficção como textos telerrecriados responde em parte a questão-problema. Isso porque telerrecriar se configura como um processo de dinamização na linguagem televisual que está acontecendo na TV brasileira atual em termos de teledramaturgia. A telerrecriação, do meu ponto de vista, fica evidente nos contornos e confluências estabelecidos pelas linhas rizomáticas tecidas a partir da observação da obra de LFC e organizadas nos platôs (técnica, cronotopia e cenografia) e em suas linhas adjacentes, que, sobrepostas, tecem uma cartografia da obra desse diretor. Nessa via, a telerrecriação é o resultado da sobreposição de todos esses mapas, e foi por conta dessa relação estreita com o movimento de atualização da linguagem que, ao longo do estudo, decidi trazer a proposição da pesquisa para a questão-problema.

O processo da telerrecriação é sobretudo um modo de pensar a ficção seriada brasileira sob a perspectiva da função criativa da linguagem e como possibilidade de crítica. Para chegar a esse viés, procurei tecer uma cartografia dos processos de criação e de semioses empreendidos pela teledramaturgia do autor e diretor LFC, em busca das transformações mais intensas e observando os deslocamentos e as tessituras das produções realizadas por ele que considero provocadoras de rupturas de sentidos na TV aberta.

Só que, como dito na apresentação desta investigação, a instauração das rupturas de sentidos na televisão aberta brasileira exige persistência em relação aos processos de continuidade. Temos um público que ainda resiste a mudanças intensas, principalmente na teledramaturgia, ainda mais se deparado com alterações no formato mais popular, que são as telenovelas. Isso se deve em parte à "formação" dessa audiência, que foi construída por décadas e que estabeleceu um "padrão" no modo de contar histórias seriadas na televisão. Como discutido em capítulos anteriores, esse jeito de narrar não se constitui apenas pelas tramas que privilegiam a luta entre o bem e o mal, a disputa por heranças ou o amor impossível, mas vai além, enraizando-se na construção dos cenários, que na sua maioria primam por um retrato fiel dos ambientes "reais"; na composição da luz, que também busca um "efeito de real"; e também no trabalho de captação das imagens, no modo como elas são enquadradas e editadas, segundo um encadeamento que seja verossímil e garanta a homogeneidade do tempo e do espaço.

O contexto maior que acolhe essas narrativas ficcionais também não pode ser desprezado, pois envolve aspectos econômicos, entre outros. A TV no Brasil abrange quase todo o território nacional (99%) e chega a 95,7% dos lares. Nessas casas, 77% dos telespectadores assistem à televisão aberta todos os dias e, quando questionados sobre o meio de informação que mais utilizam, nove em cada dez brasileiros respondem que é a TV, segundo os dados da Pesquisa Brasileira de Mídia, realizada em 2016[221]. Esse levantamento indica a importância dessa mídia, que enfrenta na contemporaneidade uma audiência dispersa e que está passando por profundas e aceleradas reformulações na sua maneira de produzir, aliás, uma transmutação que não atinge apenas a televisão, mas todo o âmbito comunicacional. Um dos principais motivos para essa ebulição é a rapidez com que as tecnologias de comunicação avançam, propondo a cada dia novos suportes e possibilidades de interação digital.

Só que alguns parâmetros não se modificam com tanta velocidade: as emissoras de canal aberto continuam se sustentando com a venda de anúncios publicitários, o que torna a audiência dos programas de TV fundamental nessa relação. E é nesse ponto que é possível entender com

---

221. Informações disponíveis em: <www.secom.gov.br/atuacao/pesquisa/lista-de-pesquisas-quantitativas-e-qualitativas-de-contratos-atuais/pesquisa-brasileira-de-midia--pbm-2016.pdf/view>. Acesso em: 24 set. 2017, 10:00.

mais facilidade o porquê de textos televisuais como os produzidos por LFC não terem a mesma frequência de exibição na grade de programação da TV Globo em comparação com as narrativas mais convencionais, constituídas pelas regularidades da linguagem. Isso porque as rupturas de sentidos, quando incorporadas à linguagem televisual, trazem instabilidade ao espectador que não está habituado a elas e, consequentemente, estremecem também os índices de audiência. E, como é próprio dessa mídia, o potencial comercial de um programa de televisão também é considerado na hora da sua concepção e produção. As telenovelas da TV Globo, por exemplo, trabalham com médias de audiência acima dos vinte pontos no Ibope[222], e algumas exibidas às nove da noite passam dos trinta pontos, chegando a atingir em capítulos-chave picos de audiência que ultrapassam os quarenta pontos, como foi o caso da novela *A força do Querer* (TV Globo/2017)[223]. Em casos excepcionais, como quando foi exibido o último capítulo da telenovela *Avenida Brasil* (TV Globo/2012), esse índice chega a alcançar 50,9 pontos de audiência[224]. Já as séries, que transitam pelas imprevisibilidades e privilegiam textos artísticos, como as obras analisadas por esta pesquisa, são exibidas após as dez da noite e alcançam índices de audiência inferiores, como exposto nos quadros do capítulo 2. *Hoje é dia de Maria* foi a única que se aproximou das médias de uma telenovela, com 36 pontos de média na primeira temporada e o último capítulo da segunda temporada registrando 27 pontos; já *A pedra do reino* foi considerada um fracasso em termos de audiência, segundo a emissora, e teve 11 pontos de média; *Capitu* chegou a 15, e *Afinal, o que querem as mulheres?*, a 12.

---

222. Um ponto de audiência no Ibope corresponde a 70,5 domicílios na capital paulista e 199.309 telespectadores. Informação disponível em: <http://natelinha.uol.com.br/noticias/2017/01/06/ibope-atualiza-representatividade-de-1-ponto-de-audiencia-104458.php>. Acesso em: 26 set. 2017, 11:05.
223. Informação disponível em: <http://dc.clicrbs.com.br/sc/entretenimento/noticia/2017/07/a-forca-do-querer-novela-tem-a-melhor-audiencia-em-quatro-anos-9855284.html>. Acesso em: 26 set. 2017, 10:54.
224. Informação disponível em: <http://televisao.uol.com.br/noticias/redacao/2012/10/19/ultimo-capitulo-de-avenida-brasil-tem-509-de-ibope-e-e-maior-audiencia-da-tv-no-ano.htm>. Acesso em: 26 set. 2017, 10:44.

No entanto, as transgressões à linguagem realizadas por LFC ocorreram com a devida anuência da emissora, como já dito. Acredito que o aumento no perfil de produções que admitem mais transmutações esteja atrelado ao contexto contemporâneo, que, contra o formato mais extenso das novelas, enaltece o formato seriado e acelera a digitalização das narrativas seriadas.

Ainda que façam parte desse contexto conturbado e controlado, considero as rupturas de sentidos engendradas por LFC uma chance para a renovação da teledramaturgia na TV aberta. Aliás, me parece que a principal consequência desses textos televisuais é a possibilidade de reconfiguração dos códigos. Acredito que essa condição é mais concreta quando as produções trazem as facetas da telerrecriação, que são aquelas que permitem o despertar do terceiro sentido (obtuso) e os processos explosivos, desestabilizando-nos e oferecendo outras leituras para um texto da teleficção.

9.2 Rupturas de sentidos e explosões

Essas percepções foram sendo construídas ao longo da investigação, na qual verifiquei algumas rupturas de sentidos mais amenas e outras intensas, que proporcionam desterritorializações de sentidos e explosões semióticas, essas capazes de reconfigurar os sistemas da cultura. Na constituição dos platôs, dei atenção a três aspectos, relacionados à técnica, aos modos de enredar o espaço-tempo e à cenografia, por entender que tais vieses têm grande importância no resultado do texto final.

Os pontos destacados nos platôs contemplam as rupturas de sentidos observadas em relação à fotografia, ao uso irregular da animação artesanal e digital, às anamorfoses técnicas e cronotópicas e ao modo diverso de conceber cenários. No entanto, como já frisei algumas vezes neste livro, nenhum desses elementos é um signo isolado, pelo contrário, todos eles estão em relação, em semiose, e é esse diálogo que compõe um texto teledramatúrgico. Estou ciente de que esses pontos de intensidade são dotados de significação e coabitam o espaço cênico com outros componentes que sequer formaram um platô independente nesta pesquisa, mas que fazem parte de uma cartografia mais ampla, e eu não podia deixar de considerá-los também. Por isso, no decorrer do processo menciono outros pontos de rupturas de sentidos que se conectam aos platôs erguidos por este estudo. Por exemplo, contemplou-se a luz da composição da personagem Maria Santa na telenovela *Renascer* (1993) e no especial *Uma mulher vestida de sol* (1994), que me auxiliou a perceber o processo de criação da fotografia na série *Afinal, o que querem as mulheres?*, embora essas obras não tenham sido discutidas em profundidade. As informações trazidas sobre figurinos e outras relacionadas às corporalidades também foram importantes em alguns momentos da análise e, por isso, foram solicitadas na formação da cartografia.

A intenção foi a de detectar os aspectos imprevisíveis da obra de LFC, porque me guiei pela orientação de Lotman (1978a), que entende que os sistemas da cultura se organizam e desorganizam por meio de previsibilidades e imprevisibilidades, sendo que o imprevisível é algo que não é regular em determinado sistema. Se uma informação é alheia a determinado sistema, pode ser que não haja uma troca semiótica e que a comunicação não aconteça, tornando necessária a reordenação de códigos. Os elementos regulares garantem a comunicação, mas são os irregulares que propõem o novo, a reconfiguração do sistema. Logo, minha busca foi por essas irregularidades, descontinuidades e imprevisibilidades nos textos de LFC.

Durante a pesquisa, passada a fase de rastreio e pouso, que contempla as observações mais agudas, pude perceber quais pontos eram rupturas de sentidos tênues e quais eram mais densas. Por exemplo, em relação à fotografia, inferi que todas as obras de LFC traziam rupturas de sentidos, sendo que a iluminação das cenas da telenovela *Velho Chico* (2016) e também do programa especial *Alexandre e outros heróis* (2013), concebidas sob a inspiração de movimentos das artes visuais clássicas, soaram-me como rupturas de sentidos menos invasivas em relação à linguagem das narrativas ficcionais, ao contrário das rupturas mais avassaladoras presentes na série *Afinal, o que querem as mulheres?* (2010), na microssérie *Hoje é dia de Maria* (2005) e no telefilme *Uma mulher vestida de sol* (1994). Nesses trabalhos, os desvios em relação a uma iluminação que produz "efeito de real" são drásticos: há luzes reproduzindo noite e dia no estúdio, cenas matizadas pelas cores da *pop art* e diferentes pontos de luzes recortadas compondo a cena.

Concluí que o modo de LFC construir a fotografia é sempre irregular e descontínuo em relação à iluminação canônica utilizada na televisão, aquela que privilegia e articula três fontes principais de luz (*key-light, fill-light* e a *back-light*) e também pude deduzir que, quando as rupturas de sentido são intensas, a meu ver a composição fotográfica chega a despertar o terceiro sentido pensado por Barthes (2009). Essas propostas exigem reflexão para que as ações das personagens, as cenas e as histórias sejam traduzidas. Nesses casos, os sentidos não são óbvios ou transparentes, como em uma cena que opera no nível informativo, na qual os cenários e as personagens são iluminados seguindo os preceitos de verossimilhança com o real.

Outros pontos da cartografia concentram imprevisibilidades que atingem o estado de explosão, como me parece ser a composição cenográfica de *Capitu*, cujas anamorfoses cronotópicas também considero um processo explosivo. No caso da cenografia, porque os cenários se apresentam com incompletude e deixam a cargo de quem assiste a composição do que falta aos ambientes, que congregam ainda projeções em vídeo e imagens de arquivo, há uma conjunção de elementos irregulares que, segundo Carvalho (2008), dá ao texto televisual o que ele chama de tom operístico. Já as deformações espaço-temporais, as anamorfoses cronotópicas, como define Arlindo Machado (2011a, 2011b), são exploradas com extrema desenvoltura, quase como se fossem um código já desvendado pelo espectador. A anamorfose espaço-temporal sobrepõe tempos narrativos em cena, a ponto de uma mesma personagem, em momentos distintos da sua vida, tocar a si mesma, ou de objetos de séculos distintos se unirem no mesmo cenário. Esse recurso narrativo foi experimentado de modo pontual no capítulo de estreia da minissérie *Os maias* (2001), intensificado em *A pedra do reino* (2007) e penso que exacerbado em *Capitu* (2008).

Algumas construções de cenas me fizeram crer nisso. Por exemplo, na cena em que as personagens protagonistas Capitu e Bentinho vão ao baile, elas vestem figurinos do século XIX ao mesmo tempo que recebem um aparelho que reproduz músicas digitalmente, um MP3 player. E assim também nos momentos em que o Bentinho jovem e o Bentinho adulto estão na mesma cena, quando o passado e o presente da personagem contracenam. Esses aspectos são instantes de explosão, imprevisibilidades densas. Importa alertar que, sobretudo em *Capitu*, essas explosões foram planejadas e controladas, ou seja, concretizam-se sob a forma de implosões midiáticas, como alertam Rosário e Aguiar (2016), embora não sejam destituídas de imprevisibilidade e não abandonem o caráter criativo. Devemos levar em conta ainda que se trata de uma imprevisibilidade já experimentada em obras anteriores de LFC e que a emissora exibiu várias chamadas anunciando a microssérie. Tudo isso colabora em alguma medida para a "preparação" do espectador, e são essas relações que tornam implosões midiáticas os processos explosivos de *Capitu*.

Penso ser importante recuperar uma reflexão de Lotman (1999) e reforçar que as explosões podem acontecer a partir de uma cadeia de explosões coerentes que se seguem, uma após outra. Enfatizo essa ideia do autor porque, alegando que uma determinada experimentação já havia acontecido antes, é possível que alguém entenda equivocadamente que esses elementos deixaram de ser imprevisíveis, mas não. Tais elementos continuam sendo irregulares em relação ao sistema televisual até hoje. As incorporações de um texto explosivo por um sistema da cultura exigem tempo, pois nesse processo é necessário que esse texto se repita por várias vezes até perder seu caráter imprevisto. Principalmente quando se trata de um texto artístico, a assimilação ou expurgação daquela nova informação demanda tempo.

Esses são apenas alguns dos tensionamentos que se sintonizam à noção de criação artística de Lotman (1978a). Para o autor, o texto artístico é explosivo por excelência, e por isso traz algo novo e oferece novas possibilidades de leituras a um texto da cultura. Essa condição na teledramaturgia sugere, então, recodificações para textos que são majoritariamente contínuos, isto é, que operam sob os mecanismos da redundância. Eis portanto uma das facetas do processo de telerrecriação: a abertura para informações novas.

Em outros aspectos da cartografia, são os textos recriados ou transcriados, como prefere Campos (2013a, 2013b), que se sobressaem. Essa parece ser quase uma premissa da obra de LFC, o que se justifica em face ao vasto repertório cultural que ele demonstra ter. Sua formação pessoal é um indicativo disso: cursou graduações de Arquitetura e Letras, afirma ter paixão pela história da arte e se considera um cineasta autodidata, tendo feito muitas incursões nas cinematecas cariocas quando jovem (CARVALHO, 2002). Foi ciente das reformulações a partir de diversos textos da cultura em seus trabalhos que adotei o conceito de recriação na construção da noção de telerrecriação. A princípio, isso aconteceu de modo mais intuitivo e menos reflexivo, a partir das minhas descobertas durante a dissertação de mestrado, sendo que empreguei o termo pela primeira vez no projeto de tese.

LFC faz recriações porque em várias produções, como *Hoje é dia de Maria*, *A pedra do reino* e *Capitu*, identificam-se ressignificações de textos como o teatro, o teatro de rua, o circo, o mambembe, o oriental, a *Commedia dell'arte*, só que esses textos ganham outras conexões na televisão. Não são teatros gravados, como se fazia no início da TV, quando os programas iam ao ar ao vivo. Também são recriados os vários textos inspirados nas artes visuais que assumem novos contornos na caracterização de personagens e na concepção fotográfica. Vimos citações ao cinema de Luchino Visconti na microssérie *Capitu* e na novela *Velho Chico*; os imigrantes nordestinos da tela *Retirantes*, de Portinari, ganharem movimento em cena de *Hoje é dia de Maria*; e a atmosfera azulada das pinturas de Mark Chagall tingirem as cenas da telenovela *Renascer*, entre outras tantas referências.

Nos capítulos iniciais deste estudo, uma reflexão de Balogh (2002) chamou a atenção para o fato de a televisão ser herdeira dos antigos folhetins impressos e também das narrativas orais e literárias, do teatro, do rádio, da pintura e do cinema. No entanto, no processo de recriação, mais do que uma herança conquistada por sua gênese, refiro-me à capacidade da linguagem televisual de atualizar as outras linguagens. Balogh

(2002) associa a televisão ao herói criado pelo francês François Rabelais, Pantagruel, um gigante glutão, que devora a tudo e a todos, porque entende que a TV funciona como um "Pantagruel eletrônico". Só que esse devorar não é no sentido figurativo, mas sim antropofágico e cultural de incorporar, readaptar e recriar outros textos da cultura.

Depois desse extenso preâmbulo para dimensionar de maneira abrangente as percepções a que cheguei ao final da investigação sobre as rupturas de sentidos e as explosões na obra televisual do LFC, tratarei de forma mais pontual alguns textos que acredito merecerem considerações finais mais agudas. Começo por aqueles que se transformaram em dialetos da memória.

9.2.1 Dialetos de Carvalho

Nos textos analisados com mais profundidade nesta pesquisa, há aspectos que foram se constituindo como rupturas de sentidos e que, hoje, podem ser caracterizados como marcas de autoria na produção de LFC ou, para usar uma noção cara à Lotman (1998), dialetos da memória. Acredito que são assinaturas de LFC a proposta fotográfica em tons não habituais na ficção seriada majoritária; o distanciamento do "efeito de real" privilegiando a relação do imaginário com a realidade; e talvez até mesmo a complexificação narrativa sugerida pelo embaralhamento espaço-temporal, sob a perspectiva de anamorfoses cronotópicas. Segundo Jean-Claude Bernardet, se distinguir por determinado estilo é um método que valoriza a *mise-en-scène*, porque é a *mise-en-scène*, principalmente, que faz com que as visualidades se separem da literatura (1994).

Endosso a colocação de Bernardet e penso, ainda, que as marcas estilísticas podem ser compreendidas como dialetos da memória, como propõe Lotman (1998), porque os dialetos são marcas linguísticas de ordem semântico-lexical que se restringem a um grupo. Nesse caso, não há como não pensar que as produções de LFC falem a um grupo restrito de telespectadores e se coloquem à margem da maioria das narrativas de ficção seriada da TV Globo. Como dialeto, seus textos televisuais coexistem com o restante da linguagem televisual brasileira, mas preservam traços específicos, como os que foram colocados em discussão neste estudo. Os dialetos por vezes podem organizar textos bem particulares e com isso até dificultar a comunicação, ainda que, no geral, se construam para e estejam associados às comunidades populares.

O reconhecimento de certas marcas de estilo na obra de LFC não quer dizer que esses aspectos foram "aceitos" pelo público. Como já discutido, isso vai acontecendo produção a produção, até se consumar. Quando foram ao ar pela primeira vez, essas experiências podem ter tido um efeito de explosão semiótica. Repetidas em outras produções, começam a entrar em um processo de instauração de regularidade, mas ainda não consolidada, pelo que foi possível avaliar.

A frequência com que os textos televisuais de LFC foram sendo exibidos, paulatinamente ganhando mais espaço, também faz com que o telespectador, aos poucos, habitue o seu olhar e se sinta cada vez mais confortável ao assisti-los. Isso porque, quanto maior a insistência, menos incompreensíveis esses textos se tornam, e nesse movimento dinâmico e transversal da cultura novas criações vão sendo necessárias. Essa construção, a meu ver, permitiu a criação dos dialetos da memória surgidos do trabalho de LFC.

Vários fatores contribuíram para essa "aparente" regularidade da obra de LFC na programação da TV Globo: o *status* alcançado pelo diretor dentro da emissora foi um deles, e também a perspectiva de que mudanças na dramaturgia de televisão eram iminentes, por conta da repercussão das séries internacionais e a preocupação com a queda de audiência gradativa da mídia-TV, que vinha assustando os produtores. Esses fatores podem ter impulsionado a experimentação de outros formatos e modos de produção, pelo menos é o que parecem denunciar os programas realizados nos últimos anos na área da teledramaturgia na TV Globo, como pontuado na introdução deste livro.

O cenário parece indicar urgência na renovação da teleficção, a ponto das tessituras sugeridas por LFC chegarem ao formato telenovela, o mais tradicional da ficção seriada brasileira, ou seja, na faixa de horário de maior audiência da televisão aberta no Brasil, situação que talvez mostre que essas práticas não estão sendo consideradas pela emissora como tão transgressoras. É claro que as rupturas de sentidos já se apresentavam nas telenovelas

Renascer e *O rei do gado*, dirigidas por LFC nos anos 1990, mas eram menos destoantes de outros projetos de ficção seriada da TV Globo. Naquela época, o diretor ainda estava em fase de descobertas do seu modo de criar na teledramaturgia, algo que agora já se cristalizou em alguns aspectos.

Recentemente, LFC ocupou a grade programação da TV Globo às seis da tarde com a novela *Meu pedacinho de chão* (2014), que apresenta rupturas de sentidos de diversas ordens e intensidades, como exemplifiquei por muitas vezes neste texto. Em seguida, voltou com uma proposta mais verossímil em *Velho Chico* (2016), telenovela exibida às nove horas da noite e que, ainda assim, causou incômodo ao espectador. Essa obra leva a assinatura de LFC no trabalho realizado no modo de construção da iluminação, na concepção dos figurinos e na condução dos planos de câmera. Mas o público de telenovela brasileira ainda é muito conservador e pouco flexível a mudanças, postura revelada pela rejeição à estética de *Velho Chico*. Conforme já observado, a produção foi muito criticada pelo figurino desleal ao povo da região retratada e também pelo excesso de suor dos atores que gravaram cenas em meio a um sertão com temperaturas de mais de 40 °C[225]. O diretor manteve o suor vertendo das faces do elenco em cena por considerar a "desglamorização" do texto uma das suas premissas, justificando: "O suor é um elemento dramático e geográfico! Ele contextualiza a região Nordeste. Trouxe este vocabulário também para os estúdios" (CARVALHO, 2016)[226]. Desse modo, esse aspecto violador das estéticas tradicionais se manteve em cena, mas lado a lado a tantas outras regularidades já assimiladas, como a própria história que estava sendo contada, a de um amor impossível em meio à briga entre famílias rivais, ambientada em um Nordeste dominado pela ditadura dos coronéis.

A fotografia da telenovela *Velho Chico* já vinha se constituindo como um dialeto da memória de LFC e havia se repetido algumas vezes, com nuances, é claro. Embora eu acredite que esse traço não tenha se converti-

---

225. Depoimento disponível em: <http://noticiasdatv.uol.com.br/noticia/novelas/alvo--de-reclamacoes-excesso-de-suor-sera-mantido-em-velho-chico--10767>. Acesso em: 27 ago. 2017, 11:05.
226. Idem.

do em uma regularidade da linguagem televisual, sei que há espectadores que, só de assistirem a uma chamada anunciando uma nova telenovela ou série assinadas por LFC, são capazes de deduzir pelas imagens que a direção está sob seu comando.

O uso da animação é outro elemento que me parece ter se tornado um dialeto da memória. O percurso das animações traçado por LFC veio, a meu ver, pontuando as rupturas de sentidos com a criação das microsséries *Hoje é dia de Maria* e, depois, *A pedra do reino*, mas o processo mais elaborado e que de fato nos conduz para uma desterritorialização de sentidos ocorre em *Afinal, o que querem as mulheres?*, onde uma personagem animada interage com atores reais, sem que esse dueto improvável na dramaturgia de TV tenha sido justificado pela ludicidade, como nos textos produzidos anteriormente. Na série *Afinal, o que querem as mulheres?*, a animação se articula em uma narrativa concebida sob uma estética hiper-realista, que se passa nos anos 1990 e faz uso de um recurso tecnicamente peculiar, ao unir as animações digital e artesanal e de modo pouco recomendado na ficção televisual, com a exploração de feições e movimentos na personagem animada. O uso desse tipo de criação não é aconselhável por aumentar o tempo e os custos de produção. Na minha leitura, essa exposição foi o ápice da relação entre a animação, sempre muito requisitada por LFC, e as narrativas ficcionais na televisão, ou seja, esse aspecto da produção pode ser considerado um momento de explosão, uma ruptura de sentidos drástica e também uma das suas assinaturas, um dos dialetos de LFC. Assim entramada de modo orgânico, a animação também foi muito usada quatro anos depois dessa série, na telenovela *Meu pedacinho de chão*.

Quando volto a atenção para os outros elementos pontuados nesta cartografia, como o modo de conceber a cenografia, a exploração de anamorfoses técnicas e cronotópicas, também penso que eles podem ser pensados como dialetos da memória. Mais uma vez, há explosões de sentidos em relação à linguagem televisual, instantes de intradutibilidades momentâneas que operam sobre a criação artística e que podem provocar a reflexão crítica, mas que, ainda assim, pela recorrência desses textos na obra de LFC e por suas especificidades, configuram-se como dialetos.

9.2.2 O reino da intradutibilidade

Na minha leitura, a microssérie *Capitu* se coloca ao espectador – seja o menos desavisado, seja aquele mais experiente e com repertório para desvendar distintas referências textuais – como o apogeu dos processos de rupturas e desterritorializações de sentidos no trabalho de LFC, por oferecer muitos elementos que podem nos conduzir às explosões semióticas e expor o processo de telerrecriação em várias articulações. Essa produção agrega a recriação de outros textos da cultura e, implicitamente, tece uma crítica à própria linguagem, e o faz mantendo continuidades da teledramaturgia convencional: ou seja, tal como aconselha Lotman (1999), há rompimentos drásticos e há pontos de reconhecimento que mantêm os vínculos com o espectador, mais do que o trabalho anterior de LFC, *A pedra do reino*. Por isso, dedicarei este e o próximo subitens à argumentação das razões que me fazem pensar assim. Comecemos com *A pedra do reino*, exibida antes de *Capitu*.

A microssérie *A pedra do reino* também reúne características de um texto telerrecriado, no qual a função criativa da linguagem se apresenta sob vários aspectos. Por exemplo, o cenário segue os pressupostos da circularidade narrativa e convoca o espectador a rever o seu modo de ler um texto televisual. A transcriação, pensada como uma tradução criativa, pode ser detectada nos objetos de cena que compõem a *mise-en-scène*, como nos animais manipulados e construídos a partir de material reciclado. A crítica à ficção seriada normatizada vem no arranjo de todos os elementos da história, além desses citados, o que inclui uma trama contada a partir de anamorfoses cronotópicas. A personagem protagonista de *A pedra do reino* narra a sua vida em três fases distintas e chega a ocupar o mesmo espaço físico, a arena-cenário, nos três momentos da sua trajetória: o menino, o jovem adulto e o idoso são a mesma personagem, mas aparecem em cena juntos. Há ainda as personagens onipresentes, as rezadeiras/cantoras, que não carecem de justificativa para estar em cena. Elas simplesmente entram e saem dos espaços vividos das outras personagens que compõem a narrativa. Tudo isso é conduzido por um texto verbal de difícil tradução, pautado na literatura de Ariano Suassuna e distante da coloquialidade dos textos televisuais.

Mas a complexidade dessa produção parece esbarrar no limiar do texto artístico, que está na quase total incompreensão de um texto da cultura. Esclareço: Lotman considera que "um texto incompreensível é uma etapa obrigatória para uma nova compreensão" (1978a, p. 170), mas alerta que as regularidades e as irregularidades coexistem, porque a total intradutibilidade dos códigos pode tecer um texto que não permita a comunicação.

Penso que, na microssérie *A pedra do reino*, são excessivos os momentos compostos pela obtusidade, como sugere Barthes (2009), assim como as explosões pensadas por Lotman (1999). Digo isso por entender que, em um texto da cultura, "o sentido obtuso só pode movimentar-se aparecendo e desaparecendo" (BARTHES, 2009, p. 60), num jogo entre ausência e presença, mas não permanência, como parece acontecer nessa microssérie. É preciso atentar que os instantes de intradutibilidades são saudáveis para a geração de novos textos, para a reconfiguração das linguagens, mas um texto nesse limiar traz um grau elevado de incompreensão, principalmente em se tratando do telespectador da TV aberta. É fundamental que o realizador leve em conta que a televisão aberta é destinada prioritariamente para um público de massa, que transita em diferentes níveis de repertório, por mais que a sua intenção seja qualificar esse público, desafiando-o. Aprovo a defesa de Carvalho (2005) quando o diretor diz não acreditar que o espectador seja burro:

> Pertenço ao grupo daqueles que acreditam que o público não é burro, mas doutrinado debaixo de um cabresto de linguagem. Luto contra isso. Sabendo da dimensão que a televisão alcança no Brasil, tratá-la apenas como diversão me parece bastante contestável. Precisamos de diversão, mas também precisamos nos orientar e entender o mundo. Procuro um diálogo entre os que sabem e os que não sabem; um diálogo simples, sóbrio e fraterno, no qual aquilo que para o homem de cultura média é adquirido e seguro torne-se também patrimônio para o homem mais comum, pobre, e que, em relação a questões, está ainda abandonado (CARVALHO em COLOMBO, 2007)[227].

---

227. Entrevista disponível em: <www.folha.uol.com.br/fsp/ilustrad/fq1006200712.htm>.

Mas admito que, em *A pedra do reino*, sua ousadia na mestiçagem de referências e na prolixidade textual, me parece, se deu de modo equivocado, e quem sabe o momento também tenha sido mal calculado. Mas qual seria o momento certo? Talvez depois de outros trabalhos delinearem um processo gradual de reconhecimento dessas descontinuidades textuais, como sugere Lotman (1999), um processo que minimamente preparasse o espectador para se deparar com um texto artístico mais densamente complexo. Os semioticistas da escola de Tártu-Moscou alertam para a problemática do processo de comunicação cultural, quando a "gramática do emissor" e a "gramática do receptor" divergem a ponto de os textos se tornarem tão específicos que podem ser pensados como textos que contemplem apenas uma posição, ou a "posição do ouvinte" ou a "posição do falante" (MACHADO, I., 2003). No caso de LFC, *A pedra do reino* parece ter contemplado apenas a gramática do falante. É importante relembrar que a noção ampla de texto para a Semiótica da Cultura congrega o emissor e o receptor.

Suspeito que a "ética artística" que se preocupa com a educação defendida por Carvalho (2002) se refere a esse modo diverso de produzir televisão, que nos permite transmutar nossa percepção do mundo. Mas Lotman explica que a

> arte da verdade nua e crua, que procura libertar-se de todos os tipos existentes de convenção artística, exige uma cultura vasta para ser compreendida. Democrática pelas ideias, este tipo de arte pode tornar-se, devido à sua linguagem, demasiado intelectual (1978a, p. 42-43)

E o público da televisão aberta é um público abrangente. Muniz Sodré, sociólogo e pesquisador de televisão, enfatiza que o "público está acostumado com facilidades" (em MAGARAIA, 2007)[228], exatamente o que essa narrativa não proporciona, pelo contrário. Sodré também sabe

---

Acesso em: 6 dez. 2016, 19:05.
228. Disponível em: <http://istoe.com.br/8184_UM+ESTILO+DIFERENTE>. Acesso em: 19 jan. 2017, 18:46.

que "A TV cria seu cúmplice"[229], e talvez seja isso o que poderia ter sido conquistado primeiro.

Pode soar contraditório tal admissão, já que esta pesquisa desde o início vem afirmando que os textos que se diferenciam na ficção seriada nascem pelo viés da função criativa da linguagem e são sempre bem-vindos. Essas ressalvas não significam que não reconheço *A pedra do reino* como um trabalho criativo e como texto telerrecriado, mas este estudo também serviu para a compreensão do quanto os vínculos com as continuidades e regularidades não podem ser desfeitos em sua integridade, e nessa obra específica de LFC tendo a acreditar que o processo de telerrecriação engendrado mais desrespeita do que considera o espectador da TV aberta brasileira. Um caminho é oferecer possibilidades ao público, abrindo trilhas para o entendimento do mundo, apresentando novos textos da cultura, e outro é esmerar tanto um texto a ponto de torná-lo hermético.

9.2.3 As travessias possíveis

Nos outros textos analisados com mais atenção na pesquisa e que foram produzidos posteriormente a *A pedra do reino*, que são a microssérie *Capitu* e a série *Afinal, o que querem as mulheres?*, há rupturas de sentidos e instantes nos quais podemos contemplar os processos explosivos que me parecem ter sido mais assertivos, assim como as criações de *Hoje é dia de Maria*, produzida antes de *A pedra do reino*, que estabelece o diálogo com o público por muitos vieses, como a tradição das narrativas orais, o teatro e a animação de bonecos. Nessas produções, o jogo dual entre as regularidades e irregularidades, como é próprio de um texto artístico, navegando pelas intradutibilidades e propondo novos textos mas também pelas tradutibilidades, reflete o pensamento de Lotman com excelência, transparecendo um enlace necessário aos dois mundos, o real e o imaginário. "Parte integrante do texto artístico complexo, a impressão da realidade é mediatizada por múltiplas ligações com a experiência artística e cultural da colectividade" (LOTMAN, 1978a, p. 44).

---

229. Ibidem.

Capitu tem a vantagem de ter sido baseada em um texto literário conhecido do grande público nacional, o livro *Dom Casmurro*, de Machado de Assis. Isso pode ter ajudado no reconhecimento do texto que foi recriado para a TV, ao contrário de *A pedra do reino*, cujo texto literário pode ter oferecido maior complexidade ao texto televisual. Os romances adaptados foram escritos e traduzidos para a televisão por Ariano Suassuna, junto com LFC. Em *Capitu*, a temática também era mais objetiva: a suposta traição de Capitu e a dúvida atormentadora alimentada pelo marido Bentinho. Já *A pedra do reino* é uma saga contada em detalhes por um protagonista que inventa alguns trechos e vivencia outros.

Veja-se que tanto os recursos técnicos quanto as estratégias narrativas do diretor foram acentuados em *Capitu*. As anamorfoses técnicas, que já haviam aparecido em seus textos, são mais solicitadas na microssérie, por meio de uma lente especial criada especialmente para esse trabalho e que permitiu a captação de imagens raras na teleficção, que privilegiaram um ponto de vista disforme das cenas. Outro tipo de anamorfose, que também compreendo como um novo texto na teledramaturgia intensificado por LFC nessa obra, foram as anamorfoses da cronotopia, que revelaram o cronotopo da narrativa ao lado de outras nuances espaço-temporais. Temporalidades diferentes da vida do protagonista entraram em cena simultaneamente, assim como objetos de épocas díspares ocuparam o mesmo cenário, em composições propositais, como detalhei anteriormente, sinalizando o rompimento de um cânone representativo de coerência histórica, esses objetos de cena "estranhos" instauram, de fato, uma extratemporalidade tanto em relação ao passado quanto em relação ao presente históricos.

Esse recurso narrativo na relação das personagens é enaltecido porque, se nos exemplos anteriores da minissérie *Os maias* e da microssérie *A pedra do reino* as personagens do passado e do presente parecem contracenar, em *Capitu* elas chegam a interagir, como nas cenas descritas nos capítulos de análises, em que o Bentinho adolescente é tocado por ele mesmo já adulto, ou na cena em que Dom Casmurro (adulto) deixa cair um lenço que é alcançado no ar por sua amiga e namorada Capitu (adolescente), que está do outro lado do muro imaginário desenhado no chão.

Capitu também entrelaça referências, como é usual nos textos de LFC. A ópera impera no texto televisual, mas também o compõem o teatro, o cinema, as artes visuais etc. Tais referências são ressignificadas via recriação, isto é, há uma tradução criativa desses outros textos da cultura, que, ao serem colocados em diálogo, apontam novos sentidos para o texto televisual, ultrapassando também as fronteiras dos sentidos já existentes por si próprios enquanto textos da cultura. É isso o que acontece quando as anamorfoses cronotópicas são produzidas como metalepses (CAPANEMA, 2016) e não apenas como *flashbacks* da história narrada. E também quando fica evidente a inspiração vinda do cinema de Visconti. Muitos outros elementos, aliás, podem ser pensados como herdados da cinematografia, mas compreendemos que o cinema e a televisão, embora façam parte da linguagem audiovisual, têm especificidades próprias, e mesmo algo do cinema, quando trazido para a TV, pode, por vezes, como nos exemplos que tratei neste texto, ser recodificado.

A recriação ou transcriação também vem, em *Capitu*, via composição cenográfica que – ao descontinuar o modo de reprodução fiel dos ambientes das cenas, construindo cenários sucintos e incompletos, com poucos móveis em um espaço aberto, com as portas sendo movidas pelos próprios atores e desenhos de papelão fazendo as vezes de figuração –, se constitui como uma crítica ao modelo canônico de traduzir os ambientes "reais".

Outro ponto que reluz neste texto televisual segundo a cartografia criada por esta pesquisa é a luz com a densidade dos contrastes entre claros e escuros, privilegiando a dualidade da narrativa e permeada pelas distorções obtidas pelas anamorfoses técnicas. Essa fotografia, ao mesmo tempo que endossa a dúvida que conduz a história de Dom Casmurro, também desnorteia o espectador habituado às impressões da realidade. A concepção da luz e as imagens distorcidas pelas anamorfoses técnicas propõem desterritorializações dos sentidos e trazem em todas essas nuances novos textos à teledramaturgia. São instantes de explosão cultural, devido ao alto grau de intradutibilidade que apresentam. Assim também são as representações em estúdio de situações que teriam se passado em ambientes externos, como a reprodução do mar com tecidos em movimento e a projeção de imagens de arquivo nas paredes do estúdio-galpão, como se fossem os jardins do centro da cidade do Rio de Janeiro e as estações de trem do século XIX. Todos esses exemplos são rupturas de sentidos intensas, imprevisibilidades que se constroem de modo violento. No entanto, a maneira como se enredam oferece possibilidade de tradução mais efetiva em relação à produção anterior de LFC, *A pedra do reino*. Em *Capitu*, o texto verbal é mais acessível, e os ambientes, embora "inacabados", trazem aspectos passíveis de tradução em meio às irregularidades. O reconhecimento da história que estava sendo contada também pode ter facilitado a comunicação.

Além da microssérie *Capitu*, também considero que as outras obras analisadas foram criações com travessias possíveis entre as fronteiras e os dois mundos, real e imaginário, citados por Lotman (1978a). A luz e a proposta cenográfica de *Hoje é dia de Maria* e *Afinal, o que querem as mulheres?* também estão imbuídas de rupturas de sentidos, cada qual com conceitos-guia opostos: uma pela via do lúdico, a outra pela hiper-realidade, mas ambas rompendo com os padrões teledramatúrgicos do saber-fazer televisão, em relação às técnicas utilizadas e também nos resultados da fotografia, uma tingindo o cenário interno de um domo com as tonalidades do sertão, a outra pintando as cenas com a intensidade tonal da *pop art*. Cenograficamente, esses textos se sintonizam de modos distintos, mas também propondo novos modos de tecer narrativas ficcionais na televisão, uma por meio de uma cenografia que parte do reaproveitamento de material, premissa que vai da recriação dos objetos de cena à concepção dos figurinos, e a outra se pautando em um cenário *kitsch*, exagerado em informações e cores e, mais uma vez, trazendo um texto que nos encaminha para um estado de atenção, que impõe, portanto, momentos em que há as rupturas de sentidos, mas que não chegam a ser processos explosivos. Penso que em *Hoje em dia de Maria* a proposta lúdica justifica algumas rupturas de sentidos. Já a proximidade com um enredo realista contribuiu para evitar que *Afinal, o que querem as mulheres?* atingisse o ponto de explosão nesses aspectos fotográficos e cenográficos.

Os aspectos discutidos com mais acuidade nos três últimos capítulos deste livro, em relação à técnica, à cronotopia e à cenografia, são aqueles que considero como os encontros entre as tradutibilidades e as intradutibilidades, sendo que todos geram tensionamentos dos sentidos, mais ou menos agudos. Não acredito que nenhum desses textos televisuais, no entanto, já tenham sido incorporados à teledramaturgia, e quem sabe ainda poderão voltar à tona recriados e proporcionando, mais uma vez, as sensações de desconforto desencadeadas pelas rupturas de sentidos.

9.3 A reconfiguração da teleficção

Há um paradoxo, um sentimento de contradição para o espectador quando ele se depara com uma imprevisibilidade. Para a ficção seriada da TV aberta, é um fenômeno positivo porque pode garantir a reconfiguração da linguagem, então trata-se de um risco que precisa ser corrido. Pois, se por um lado a imprevisibilidade desconcerta e propõe o aumento da informação, conduzindo à criação de novas tessituras, como indica Lotman (1978b, 1999), por outro lado, ela pode esbarrar no limite da comunicação e tornar um texto incompreensível ao grande público. É por isso que o autor recomenda dosar regularidades e irregularidades, num processo de semiose que assegura a comunicação e nunca cessa a renovação dos textos da cultura.

> As poderosas irrupções textuais externas na cultura consideradas como um grande texto, não só conduzem na adaptação das mensagens externas na introdução destes na memória da cultura, como também servem de estímulos ao autodesenvolvimento da cultura, que traz resultados imprevisíveis (LOTMAN, 1996, p. 69)[230].

Carvalho, por sua vez, parece apostar nesse movimento de atualização dos sistemas culturais quando afirma:

---

230. No original: "Las poderosas irrupciones textuales externas en la cultura consideradas como un gran texto, no sólo conducen a la adaptación de los mensajes externos a la introducción de éstos en la memoria de la cultura, sino que también sirven de estímulos del autodesarrollo de la cultura, que da resultados impredecibles".

Sou herdeiro de uma geração de diretores que me ensinou a não dar exatamente o que a audiência pede – infelizmente ela é movida pela indústria mais rasa de consumo, pela precariedade do ensino, pelo abandono de setores ligados à cultura, pela quase nula formação da população, e por aí vai... Precisamos oferecer algo que desestabilize esse modelo hegemônico, acachapante, que nos permita existir também. Uma coisa não tira o lugar da outra, basta que haja um equilíbrio e estes modelos coexistirão perfeitamente (CARVALHO em STYCER, 2017)[231].

Endosso as percepções de ambos e acredito que um dos caminhos para essa eterna atualização do universo televisual é a telerrecriação, noção que proponho como um processo criativo e crítico e com potencialidade para formular novos enunciados na teledramaturgia. Acredito que os textos televisuais de LFC são permeados por instantes centrados nas facetas do telerrecriar, porque abrem as fronteiras da ficção seriada para textos irregulares formados na casualidade. É um novo arranjo à linguagem a partir de tensionamentos que surgem como ruídos, que rompem e coexistem com os códigos (regras) formadores do meio.

A telerrecriação não impõe uma nova linguagem, como requer Carvalho (2010), mas aposta na recodificação dos formatos, dinamizando o processo de atualização da teledramaturgia num período de profundas mudanças na comunicação. Volto a dizer que isso é possível, porque essa noção entrelaça outras que trazem como proposta a transmutação dos textos da cultura.

O terceiro sentido é uma delas. Barthes (2009) parte do audiovisual para exemplificar o que batizou de teoria dos sentidos. Dos três níveis refletidos por ele, o informativo é o mais próximo das regularidades, pois revela as informações de um texto com clareza, obviedade, colocando em cena objetos, figurinos e fotografia a favor da tradução fácil e imediata do

---

231. Depoimento disponível em: <https://mauriciostycer.blogosfera.uol.com.br/2017/01/20/nao-tenho-regras-e-nao-acredito-nelas-diz-o-diretor-de-dois-irmaos>. Acesso em: 20 jan. 2017, 15:24.

texto audiovisual, operando com transparência. O nível simbólico requer um pouco mais de atenção, porque opera pelo viés dos símbolos, compreendendo textos que fazem parte do léxico comum e expondo códigos já introjetados no nosso repertório cultural. Esses textos também exigem uma tradução, mas que também é quase automática e, assim como no nível informativo, acontece de modo natural. Já o terceiro sentido é carregado de obtusidade, esquivo, escorregadio. O seu cerne é a desestabilização, e por isso opera no nível da intradutibilidade, acabando por tecer uma crítica à própria linguagem em que se apresenta. Não é facilmente "dado ao espírito"; requer reflexão para ser captado, compreendido e relacionado ao restante do texto audiovisual.

Essa noção faz correlação teórica com a transcriação de Campos (2013a, 2013b), em que estão embutidas a crítica e a criatividade. Transcriar é traduzir outros textos da cultura de modo renovado, sob uma perspectiva ainda não experimentada. Nessa construção a crítica se apresenta de forma subjacente, pois a recriação de um novo texto carrega a afirmação de que aquela linguagem pode operar de outro modo, diverso daquele que vinha sendo realizado. Campos (2013a, 2013b) entende que criticar é eliminar a redundância e trazer aos textos novos arranjos, no caso poéticos, porque ele pensa a transcriação a partir de associações da poesia, da literatura poética.

Transitar pela intradutibilidade é exatamente o que propõe Lotman (1999) ao refletir sobre as explosões semióticas. A explosão, digo mais uma vez, é a imprevisibilidade drástica que irrompe em um texto da cultura como algo que não lhe pertence e, com isso, impõe uma informação nova e propõe novas leituras a esse texto. Nessa situação, o receptor sai do seu estado de conforto e experimenta a desestabilização dos sentidos, assim como acontece quando o terceiro sentido é despertado por uma informação incongruente que se coloca em uma narrativa. Nessa via, parece muito coerente pensar porque Barthes (2009) define o sentido obtuso (ou terceiro sentido) como uma contranarrativa.

Espero ter ficado evidente que o processo de telerrecriação não compreende toda a obra audiovisual, revelando-se em alguns instantes, sob as condições em que as facetas delineadas anteriormente se articulam.

Esses momentos se concentram nos pontos de intensidade que traçam o mapa rizomático (e nunca acabado) desta pesquisa, e provavelmente em muitos outros não contemplados na investigação, mas lembre-se que esta é apenas uma cartografia possível da obra de LFC.

De modo transversal, arrisco dizer que a noção de telerrecriação – que contempla textos que apresentam rupturas de sentidos ou explosões semióticas e que operam sobre a função criativa da linguagem, estando imbuídos de uma crítica à própria linguagem – tem potencialidade para operar em outros formatos televisuais que não apenas a teledramaturgia. Numa visada ainda superficial, cito dois programas nos quais observo essas relações e onde penso que a telerrecriação pode se inserir. Um deles exibido no Canal Brasil, televisão por assinatura: o *Bipolar Show* (2015-atual), "*talk show*" baseado em entrevistas e improvisos, no qual realidade e ficção estão em parceria. Considerado o primeiro programa performático da TV brasileira[232], *Bipolar Show* tem conversas, encenações, performances e leituras de poesia. Por vezes, apresentador e entrevistado meditam juntos, dançam e invertem os papéis no palco/bancada. A terceira temporada, que estreou em setembro de 2017, introduziu um cenário ao ar livre, que fica no campus da Universidade Federal do Rio de Janeiro (UFRJ), no bairro da Urca, aberto à participação das pessoas que passam pelo local. Na mesma via de conexão entre ficção e realidade, a revista eletrônica *Fantástico*, da TV Globo, exibiu em 2017 quadros de docudramas que unem depoimentos, cenas de bastidores, imagens de arquivo e interpretações de textos literários com cenários, como é o caso da série *Nelson por ele mesmo*[233]. Nesses dois casos, a desconstrução se dá pela forma inusitada, que une elementos ficcionais, jornalísticos e de bastidores da cena.

Compreendo que são os códigos que dão contorno aos sistemas cultu-

---
232. O programa pode ser visto no link: <https://globosatplay.globo.com/canal-brasil/v/5176309>. Acesso em: 25 set. 2015, 16:55.
233. *Nelson por ele mesmo* é um texto televisual inspirado no livro homônimo escrito por Sônia Rodrigues, filha do dramaturgo, jornalista e escritor Nelson Rodrigues. Mas não se trata de uma adaptação literária (apenas). Intérprete dos textos originais de Nelson Rodrigues, o ator Otávio Müller aparece ensaiando e sendo dirigido pela atriz Fernanda Montenegro, que demonstra intimidade com a obra do autor, cujos papéis ela já inter-

rais, articuladores das linguagens. Por isso, entender o seu funcionamento foi imprescindível para perceber em quais aspectos se apresentaram as rupturas de sentidos na televisão. Busquei esse entendimento refletindo sobre as estruturalidades televisuais nos primeiros capítulos deste estudo. No entanto, mais do que decifrar como os códigos se organizam, eu quis observar nos textos analisados as distinções em relação a esses códigos, porque sei que, segundo a perspectiva da SC, são essas distinções que funcionam como configuradores de novos sentidos.

A semiosfera, que é o ambiente adequado para a semiotização e o diálogo entre os diferentes sistemas da cultura, também reserva espaço para a intradutibilidade, que se concretiza nos limites, nas bordas entre um sistema e outro. Nessa dialogia, as diferenças acentuam a tensão. A semiosfera é, portanto, valiosa no processo de transmutação e expansão dos sistemas da cultura. Acredito e espero ter deixado claro ao longo deste texto que os elementos das narrativas destacadas, a meu ver, realizam esse movimento: pressupõem aspectos de base da teledramaturgia e também sugerem a sua atualização.

A possibilidade de transcender esses códigos é uma função importante exercida por esses textos, porque dá a chance a quem assiste de tecer novos olhares sobre o mundo e não oferece apenas o que a estrutura maior que contextualiza essas produções quer que seja traduzido. As questões econômicas e ideológicas, que contemplam essa estrutura macro e que sustentam o meio televisual, continuarão como alicerce desses textos, mesmo os mais criativos. Sabemos que essa estrutura maior vem disfarçada nos discursos que produz e é praticamente ausente, fazendo-se presente nos efeitos de seus discursos, e exatamente por isso os discursos que se diferenciam são fundamentais: mesmo submergidos pelo sistema hegemônico, revelam-nos algo a mais.

---

pretou no teatro e no cinema. Há também inserções com imagens de arquivo, e durante as cenas podemos observar os cinegrafistas captando Müller. Esse mesmo programa de TV, o *Fantástico*, exibiu em 1996 uma recriação de textos de Nelson Rodrigues intitulados *A vida como ela é...*, a partir das colunas publicadas pelo escritor no jornal carioca *Última Hora*. Mas, naquela ocasião, tratava-se de uma "clássica" transposição literária para televisão, com reproduções de ambientes "reais", luz convencional e narração.

Pondero que, apesar dessa conjuntura, os instantes que configuram processos de telerrecriação não são neutralizados. O fato de um texto ser concebido sob os alicerces mercadológicos da TV Globo não elimina seu potencial de texto artístico. Talvez esse potencial seja limitado em certa medida porque, além da instantaneidade da televisão, há outras imposições próprias do meio, como discutido nos capítulos iniciais deste livro. No entanto, compartilhar espaço com outros formatos da teledramaturgia com capacidade criativa menor é uma condição que deve ser considerada.

É preciso, inclusive, ter discernimento para identificar quando esses textos apresentam as faces da telerrecriação, de fato propondo novas leituras, e quando são apenas um esforço para ser "diferentes" em meio a um mundo tão parecido entre si. O filósofo Terry Eagleton alerta para o paradoxo atual em que "todos celebram a diversidade em um mundo que está se tornando cada vez mais uniforme. A diferença precisa ser enfatizada, porque a similaridade... se tornou o aspecto preponderante do nosso mundo"[234]. Essa reflexão provavelmente nos remete a muitos outros textos culturais sobre a diversidade mas, quando a ouvi pela primeira vez, foram os modos insistentes com que se enredam histórias na televisão e o como poderíamos contá-las de outro jeito que me vieram à mente – e o quanto essa possibilidade é valiosa, já que esse é um texto cultural que comunica a tanta gente em nosso país.

---

234. Trecho do depoimento do filósofo no documentário *Horizonte flutuante* (2011).

REFERÊNCIAS

Bibliográficas

AGUIAR, Lisiane M. **Processualidades da cartografia nos usos teórico metodológicos de pesquisas em comunicação social**. 2011. 151 f. Dissertação (Mestrado em Ciências da Comunicação) – Universidade do Vale do Rio dos Sinos, São Leopoldo, 2011. Disponível em: <www.repositorio.jesuita.org.br/handle/UNISINOS/2997>. Acesso em: 20 nov. 2016, 16:26.

ALMEIDA, Cândido José Mendes de; ARAÚJO, Maria Elisa de (Org.). **As perspectivas da televisão brasileira ao vivo**: depoimentos. Rio de Janeiro: Imago; Ed. Centro Cultural Cândido Mendes, 1995.

ALVES, Vida. **Televisão Brasileira**: o primeiro beijo e outras curiosidades. Jundiaí: Editora In House, 2014.

AMORIM, Marília. Cronotopo e exotopia. In: BRAIT, Beth (Org.). **Bakhtin**: outros conceitos-chave. 2. ed. São Paulo: Contexto, 2012. p. 95-114.

ASSIS, Machado de. **Dom Casmurro**. Porto Alegre: L&PM, 2012.

BAKHTIN, Mikhail. **A cultura popular na Idade Média e no Renascimento** – o contexto de François Rabelais. 7. ed. Trad. Franteschi Vieira. São Paulo: Hucitec, 2010a.

_____. **Estética de la creación verbal**. Trad. Tatiana Bubnova. Cidade do México: Siglo XXI, 1982.

_____. **Marxismo e filosofia da linguagem**. 3. ed. São Paulo: Hucitec, 1988.

_____. **Problemas da poética de Dostoiévski**. Rio de Janeiro: Forense Universitária, 2005.

_____. **The dialogic imagination**. Austin: University of Texas Press, 1981.

_____. Formas de tempo e do cronotopo no romance: ensaios de poética histórica. In: _____. **Questões de literatura e estética** – a teoria do romance. São Paulo: Hucitec, 1998.

_____. **Questões de literatura e estética** – a teoria do romance. São Paulo: Hucitec, 2010b.

BALAN, Willians Cerozzi. **A Iluminação em programas de TV**: arte e técnica em harmonia. 1997. 137f. Dissertação (Mestrado em Comunicação e

Poéticas Visuais) – Faculdade de Arquitetura, Artes e Comunicação, Universidade Estadual Paulista Júlio de Mesquita Filho, Bauru, 1997.

BALOGH, Anna Maria. **O discurso ficcional na TV**: sedução e sonho em doses homeopáticas. São Paulo: Edusp, 2002.

BARTHES, Roland. **Elementos de semiologia**. 14. ed. Trad. Doro Blikstein. São Paulo: Cultrix, 2001.

_____. Literatura e significação. In: _____. **Crítica e verdade**. Trad. Leyla Perrone Moisés. São Paulo: Perspectiva, 2007.

_____. **O óbvio e o obtuso**. Lisboa: Edições 70, 2009.

_____. O efeito de real. In: _____. **O rumor da língua**. 3. ed. Trad. Mario Laranjeira. São Paulo: Martins Fontes, 2012. p. 181-190.

BECKER, Beatriz. O sucesso da telenovela "Pantanal" e as novas formas de ficção televisiva. In: RIBEIRO, Ana Paula Goulart; SACRAMENTO, Igor; SILVA, Marco A. Roxo da (Org.). **História da televisão no Brasil**. São Paulo: Contexto, 2010. p. 239-257.

BENSE, Max. **Rationalismus und Sensibilität**. Baden-Baden: Krefeld: Agis, 1956.

_____. **Pequena estética**. São Paulo: Perspectiva, 1971.

BERNARDET, Jean-Claude. **O autor no cinema**. São Paulo: Brasiliense; Universidade de São Paulo, 1994.

BROCVIELLE, Vincent. **Larousse da história da arte**. Trad. Maria Suzette Caselatto. São Paulo: Editora Lafonte, 2012.

BROOKS, Peter. **The melodramatic imagination**. New Haven: Yale University Press, 1995.

BULHÕES, Marcelo. **A ficção nas mídias**: um curso sobre a narrativa nos meios audiovisuais. São Paulo: Ática, 2009.

BURCH, Noël. Como se articula o espaço-tempo. In: _____. **Práxis do cinema**. São Paulo: Perspectiva, 1973, p. 11-26.

CAMPOS, Haroldo de. Da tradução como criação e como crítica. In: NÓBREGA, Thelma M.; TÁPIA, Marcelo (Org.). **Haroldo de Campos**: Transcriação. São Paulo: Perspectiva, 2013a.

_____. **Metalinguagem & outras metas**: ensaios de teoria e crítica literária. São Paulo: Perspectiva, 2013b.

CAPANEMA, Letícia Xavier Lemos. Metalepse em Capitu: transgressões narrativas na ficção televisual. In: CONGRESSO BRASILEIRO DE CIÊNCIAS DA COMUNICAÇÃO, 39., 2016, São Paulo. **Anais...** São Paulo: Intercom, 2016. Disponível em: <http://portalintercom.org.br/anais/nacional2016/resumos/R11-1692-1.pdf>. Acesso em: 19 jan. 2018, 17:34.

CARDOSO, João Batista Freitas. **Cenário televisivo**: linguagens múltiplas fragmentadas. São Paulo: Annablume; Fapesp, 2009.

CARLÓN, Mario; FECHINE, Yvana (Org.). **O fim da televisão**. Rio de Janeiro: Confraria do Vento, 2014.

CARLÓN, Mario; SCOLARI, Carlos A. (Ed.). **El fin de los medios masivos**. El comienzo de un debate. Buenos Aires: La Crujía, 2009.

CARVALHO, Luiz Fernando. **Capitu**. Minissérie de Luiz Fernando Carvalho, a partir da obra Dom Casmurro, de Machado de Assis. Textos de Antonio Edmilson Martins Rodrigues, Carlos Amadeu Botelho Byington, Daniel Piza, Gustavo Bernardo, Luiz Alberto Pinheiro de Farias, Luiz Fernando Carvalho, Maria Rita Kehl e Sergio Paulo Rouanet. Rio de Janeiro: Casa da Palavra, 2008.

_____. **Diários**. Diário de elenco e equipe. São Paulo: Globo, 2007.

_____. **Sobre o filme Lavour'Arcaica**. Entrevistas concedidas a José Carlos Avellar, Geraldo Sarno, Miguel Pereira, Ivana Bentes, Arnaldo Carrilho, Liliane Heynemann. Cotia: Ateliê Editorial, 2002.

CASTRO, Daniel. O próximo dia de Maria. **Folha de S.Paulo**, São Paulo, 4 set. 2005. Folha Ilustrada. Disponível em: <www.folha.uol.com.br/fsp/ilustrad/fq0409200507.htm>. Acesso em: 5 set. 2017, 16:40.

COCA, Adriana Pierre. As continuidades e as aproximações ao gênero melodrama na adaptação televisual de Dom Casmurro. **Verso e Reverso**, São Leopoldo, v. 28, n. 68, p. 69-80, abr. 2014. Disponível em: <http://revistas.unisinos.br/index.php/versoereverso/article/viewFile/ver.2014.28.68.02/4183>. Acesso em: 1 fev. 2017, 15:00.

_____. **Tecendo rupturas**: o processo da recriação televisual de *Dom Casmurro*. 2013. 165 f. Dissertação (Mestrado em Comunicação e Linguagens) – Universidade Tuiuti do Paraná, Curitiba, 2013. Disponível em: <http://tede.utp.br/tde_busca/arquivo.php?codArquivo=593>. Acesso em: 23 fev. 2015, 21:35.

_____. **Tecendo rupturas**: o processo da recriação televisual de Dom Casmurro. Rio de Janeiro: Tríbia, 2015.

COCA, Adriana Pierre; SANTOS, Alexandre Tadeu dos. Formatos de ficção seriada televisual: tradições e perspectivas. In: CONGRESSO BRASILEIRO DE CIÊNCIAS DA COMUNICAÇÃO, 37., 2014, Foz do Iguaçu. **Anais...** São Paulo: Intercom, 2014. Disponível em: <www.intercom.org.br/papers/nacionais/2014/resumos/R9-1243-1.pdf>. Acesso em: 3 abr. 2017, 13:22.

COLLINGTON, Tara. Uma abordagem bakhtiniana para os estudos da adaptação. **Revista Eco-Pós**, Rio de Janeiro, v. 12, n. 3, p. 132-142, set./dez. 2009. Disponível em: <https://revistas.ufrj.br/index.php/eco_pos/article/view/936>.

Acesso em: 1 ago. 2017, 17:22.

COLOMBO, Sylvia. Carvalho prega "descontrole" na TV. **Folha de S.Paulo**, 10 jun. 2017. Ilustrada. Disponível em: <www.folha.uol.com.br/fsp/ilustrad/fq1006200712.htm>. Acesso em: 4 maio 2018, 15:00.

COSTA, Ana Carolina. Refinado e popular: Hoje é dia de Maria reaproveita matéria prima para retratar o mundo dos contos populares. **Revista Luz e Cena**, Rio de Janeiro, n. 67, jan./fev. 2005.

DALBONI, Melina. **Meu pedacinho de chão**. Rio de Janeiro: Casa da palavra, 2014.

DELEUZE, Gilles; GUATTARI, Félix. **Mil platôs**: capitalismo e esquizofrenia. São Paulo: Editora 34, 1995. v. 1.

_____. **Mil platôs**: capitalismo e esquizofrenia. São Paulo: Editora 34, 1996. v. 3.

DELEUZE, Gilles; PARNET, Clairet. **Diálogos**. Trad. Eloísa A. Ribeiro. São Paulo: Escuta, 1998.

DEREN, Maya. Cinema: o uso criativo da realidade. Trad. José Gatti e Maria Cristina Mendes. **Revista Devires: Cinema e Humanidades**, Belo Horizonte, v. 9, n. 1, p. 128-149, jan./jun. 2012. Dossiê: Engajamentos no Presente II. Disponível em: <www.marcoaureliosc.com.br/cineantropo/deren.pdf>. Acesso em: 14 jun. 2017, 19:39.

DICIONÁRIO DA TV GLOBO. Programas de dramaturgia e entretenimento/Projeto Memória Globo. Rio de Janeiro: Jorge Zahar Editor, 2003.

DUARTE, Elisabeth Bastos. No total, menos: a simplicidade como opção narrativa. **Intexto**, Porto Alegre, n. 37, p. 313-328, set/dez. 2016.

FILHO, Daniel. **O circo eletrônico**: fazendo TV no Brasil. 2. ed. Rio de Janeiro: Jorge Zahar, 2003.

FIORIN, José Luiz. **Introdução ao pensamento de Bakhtin**. São Paulo: Ática, 2008.

FISCHER, Martina Eva. O cartógrafo e a sua bagagem. In: MALDONADO, Alberto Efendy; BONIN, Jiani; ROSÁRIO, Nísia Martins (Org.). **Perspectivas metodológicas em comunicação**: desafios na prática investigativa. João Pessoa: Editora da UFPB, 2008.

FURQUIM, Fernanda. **Sitcom**: definição e história. Porto Alegre: Editora FCF, 1999.

GARCÍA-JIMÉNEZ, Jesús. **Narrativa audiovisual**. Madrid: Cátedra; Signo e Imagem, 1996.

GEMINIS. **Comentário da Aula** – Ficção Seriada Transmidiática (23/05) – Game of Thrones. São Carlos, 2012. Disponível em: <http://geminisufscar.com.br/blog/2012/05/28/comentarios-da-aula-ficcao-seriada-transmidiatica-

-2305-game-of-thrones>. Acesso em: 19 set. 2016, 19:00.

GOMBRICH, Ernst H. **A história da arte**. Trad. Álvaro Cabral. 4. ed. Rio de Janeiro: Jorge Zahar, 1985.

GUIMARÃES, Hélio. "Mulher Vestida de Sol" desafia o padrão de realismo da Globo. **Folha de S.Paulo**, São Paulo, 14 jul. 1994. Ilustrada. Disponível em: <www.folha.uol.com.br/fsp/1994/7/14/ilustrada/9.html>. Acesso em: 27 jul. 2017, 14:36.

HUYGHE, René. **O poder da imagem**. Trad. Helena Leonor Santos. São Paulo: Martins Fontes, 1986.

IMPRESSIONISMO: Paris e a Modernidade: Obras Primas do Musée D'Orsay. Catálogo da Exposição, Centro Cultural Banco do Brasil e Fundación Mapfre, São Paulo, 2012.

IRÊNIO, João. (Depoimento). In: CARVALHO, Luiz Fernando et al. **Diários**: diário de elenco e equipe. São Paulo: Globo, 2007.

JAKOBSON, Roman. **Linguística e comunicação**. Trad. Izidoro Blikstein e José Paulo Paes. 22. ed. São Paulo: Cultrix, 2010.

JENKINS, Henry. **Cultura da convergência**. Trad. Susan Alexandria. 2. ed. São Paulo: Aleph, 2009.

JOST, François. **Do que as séries americanas são sintoma?** Porto Alegre: Sulina, 2012.

KASTRUP, Virgínia. O funcionamento da atenção no trabalho do cartógrafo. **Revista Psicologia & Sociedade**, Rio de Janeiro, p. 15-22, 2007.

_____. O método da cartografia e os quatro níveis da pesquisa-intervenção. In: CASTRO, Lúcia Rabello de; BESSET, Vera Lopes (Org.). **Pesquisa-intervenção na infância e juventude**. Rio de Janeiro: Nau, 2008. v. 1. p. 465-489.

KATZ, Elihu. The end of television? **The annals of the american academy of political and social Science**, 2008.

LONGHURST, Brian. Realism, naturalism and television soap opera. **Theory, Culture & Society**, Londres, v. 4, p. 633-649, 1987.

LOPES, Maria Immacolata Vassallo de; GRECO, Clarice. Brasil: a "TV transformada" na ficção televisiva brasileira. In: GOMÉZ, Guilhermo Orozco; LOPES, Maria Immacolata Vassallo (Org.). **(Re)Invenção de gêneros e formatos da ficção televisiva**: anuário Obitel 2016. Porto Alegre: Sulina, 2016. p. 135-175.

LOPES, Maria Immacolata Vassallo de; MUNGIOLI, Maria Cristina. Brasil: tempo de séries brasileiras? In: GOMÉZ, Guilhermo Orozco; LOPES, Maria Immacolata Vassallo (Org.). **Relações de gênero na ficção televisiva**: anuário Obitel 2015. Porto Alegre: Sulina, 2015. p. 117-159.

LOPES, Maria Immacolata Vassallo de; GRECO, Clarice. Brasil: rumo à produção e recepção em 360°. In: GOMÉZ, Guilhermo Orozco; LOPES, Maria Immacolata Vassallo (Org.). **Uma década de ficção televisiva na Ibero-América**: análise de dez anos do Obitel (2007-2016): anuário Obitel 2017. Porto Alegre: Sulina, 2017. p. 93-123.

LOTMAN, Iuri M. **A estrutura do texto artístico**. Lisboa: Editorial Estampa, 1978a.

_____. **Cultura y explosión**. Lo previsible y lo imprevisible en los procesos de cambio social. Barcelona: Gedisa, 1999.

_____. El fenómeno del arte. **Entretextos. Revista Electrónica Semestral de Estudios Semióticos de la Cultura**, n. 5, Granada, maio 2005a. Trad. do russo de Desiderio Navarro. Disponível em: <www.ugr.es/~mcaceres/entretextos/pdf/entre2/lotman.pdf>. Acesso em: 1 ago. 2014, 21:30.[235]

_____. **Estética e semiótica do cinema**. Lisboa: Estampa, 1978b.

_____. **La Semiosfera II**. Semiótica de la cultura, del texto, de la conducta y del espacio. Trad. Desiderio Navarro. Madrid: Ediciones Trónesis Cátedra Universitat de València, 1998.

_____. Lecciones de poética estructural (Introducción). **Entretextos. Revista Electrónica Semestral de Estudios Semióticos de la Cultura**, Granada, n. 3, maio 2004a. Trad. de Desiderio Navarro. Disponível em: <www.ugr.es/~mcaceres/entretextos/pdf/entre2/lotman.pdf>. Acesso em: 1 ago. 2014, 21:30.

_____. Los mecanismos de los procesos dinâmicos en la semiótica. **Entretextos. Revista Electrónica Semestral de Estudios Semióticos de la Cultura**, Granada, n. 5, maio 2005b. Disponível em: <www.ugr.es/~mcaceres/entretextos/pdf/entre2/lotman.pdf>. Acesso em: 1 ago. 2014, 21:30.

_____. **Semiosfera I** – semiótica de la cultura y del texto. Madrid: Cátedra, 1996.

_____. **Semiosfera III** – semiótica de las artes y de la cultura. Trad. Desiderio Navarro. Madrid: Cátedra, 2000.

_____. Sobre el concepto contemporâneo de texto. **Entretextos. Revista Electrónica Semestral de Estudios Semióticos de la Cultura**, Granada, n. 2, nov. 2003. Trad. de Gastón Gainza, revisado por Álvaro Quesada a partir do original em russo. Disponível em: <www.ugr.es/~mcaceres/entretextos/pdf/entre2/lotman.pdf>. Acesso em: 1 ago. 2014, 21:30.

---

235. Todos os textos da **Entretextos. Revista Electrónica Semestral de Estudios Semióticos de la Cultura** foram baixados em PDF na data em que consta nas referências, porém atualmente não estão mais disponíveis para consulta no site da revista, que durante a finalização deste texto estava fora do ar.

_____. Sobre las paradojas de la redundancia: el lenguaje artístico y la historia. **Entretextos. Revista Electrónica Semestral de Estudios Semióticos de la Cultura**, Granada, n. 4, nov. 2004b. Disponível em: <www.ugr.es/~mcaceres/entretextos/pdf/entre2/lotman.pdf>. Acesso em: 1 ago. 2014, 21:30.

LOTMAN, I.; USPENSKII, B.; IVANÓV, V. **Ensaios de semiótica soviética**. Lisboa: Livros Horizonte, 1981.

LUCENA JÚNIOR, Alberto. **Arte da animação**. Técnica e estética através da história. 3. ed. São Paulo: Senac, 2005.

MACHADO, Arlindo. **A televisão levada a sério**. 5. ed. São Paulo: Senac, 2009.

_____. Anamorfoses cronotópicas ou a quarta dimensão da imagem. In: PARENTE, André (Org.). **Imagem-máquina**: a era das tecnologias do virtual. Trad. Rogério Luz et al. 4. ed. São Paulo: Editora 34, 2011a.

_____. **Arte e mídia**. 3. ed. Rio de Janeiro: Jorge Zahar, 2010.

_____. **O sujeito na tela**: modos de enunciação no cinema e no ciberespaço. São Paulo: Paulus, 2007.

_____. **Pré-cinemas & pós-cinemas**. 6. ed. Campinas: Papirus, 2011b.

MACHADO, Irene. **Escola de semiótica**: a experiência de Tártu-Moscou para o estudo da cultura. Cotia: Ateliê Editorial, 2003.

_____. A questão espaço-temporal em Bakhtin: cronotopia e exotopia. In: PAULA, Luciane; STAFUZZA, Grenissa (Org.). **Círculo de Bakhtin**: diálogos in possíveis. Campinas: Mercado de Letras, 2010. (Série Bakhtin, Inclassificável, v. 1). p. 203-234.

MAIOR, Marcel Souto. **Almanaque da TV Globo**. São Paulo: Globo, 2006.

MAGARAIA, George. Um estilo diferente. **IstoÉ**, São Paulo, 20 jun. 2007. Disponível em: <http://istoe.com.br/8184_UM+ESTILO+DIFERENTE>. Acesso em: 19 jan. 2017, 18:46.

MARTIN, Jean-Clet. (Orelhas do livro). In: DELEUZE, Gilles; GUATTARI, Félix. **Mil platôs**: capitalismo e esquizofrenia. São Paulo: Editora 34, 1996. v. 3.

MARTÍN-BARBERO, Jesús. **Dos meios às mediações**: comunicação, cultura, hegemonia. 6. ed. Rio de Janeiro: Editora da UFRJ, 2009.

_____. Tecnicidades, identidades, alteridades: mudanças e opacidades da comunicação no novo século. In: MORAES, Dênis de. (Org.). **Sociedade midiatizada**. Rio de Janeiro: Mauad, 2006. p. 51-80.

MARTÍN-BARBERO, Jesús; REY, German. **Os exercícios do ver**: hegemonia audiovisual e ficção televisiva. São Paulo: Senac, 2001.

MEMÓRIA Globo. **A pedra do reino**. Curiosidades. Disponível em: <http://memoriaglobo.globo.com/mobile/programas/entretenimento/miniseries/a-pe-

dra-do-reino/curiosidades.htm>. Acesso em: 9 set. 2017, 14:22.

MISSIKA, Jean-Louis. **La fin de la télévisión**. Paris: Seiul, 2006.

MITTELL, Jason. Complexidade narrativa na televisão americana contemporânea. **Revista Matrizes**, São Paulo, ano 5, n. 2, p. 29-52, jan./jun. 2012.

MOURA, Carolina Bassi de. **A direção e a direção de arte**: construções poéticas da imagem na obra de Luiz Fernando Carvalho. 2015. 424 f. Tese (Doutorado em Artes Cênicas) – Escola de Comunicações e Artes da Universidade de São Paulo, São Paulo, 2015.

NADAL, João Henrique. Uma breve arqueologia das técnicas de animação pré-cinematográfica a partir do século XIX: reflexões sobre a representação em ciclos. **Revista Tuiuti: Ciência e Cultura**, Curitiba, n. 48, p. 161-177, 2014.

NAKAGAWA, Fabio Sadao. **As espacialidades em montagem no cinema e na televisão**. 2008. 211 f. Tese (Doutorado em Comunicação e Semiótica) – Pontifícia Universidade Católica de São Paulo, São Paulo, 2008.

OROFINO, Maria Isabel Rodrigues. Carnaval maluco: *mise-en-scène* lúdica e realismo burlesco na telenovela Meu Pedacinho de Chão. **Revista Crítica Cultural**, Palhoça, v. 10, n. 1, p. 55-69, jan./jun. 2015.

PALLOTTINI, Renata. **Dramaturgia de televisão**. 2. ed. São Paulo: Perspectiva, 2012.

PIGNATARI, Décio. **Signagem da televisão**. São Paulo: Brasiliense, 1984.

PIZA, Daniel. Um cineasta no país da infância. **O Estado de S. Paulo**, São Paulo, 15 nov. 2004. Caderno 2. Disponível em: <http://acervo.estadao.com.br/pagina/#!/20041115-40571-nac-31-cd2-d1-not/tela/fullscreen>. Acesso em: 25 mar. 2017, 18:55.

RIBEIRO, Ana Paula Goulart; SACRAMENTO, Igor. Mikhail Bakhtin e os estudos da comunicação. In: RIBEIRO, Ana Paula Goulart; SACRAMENTO, Igor (Org.). **Mikhail Bakhtin**: linguagem, cultura e mídia. São Carlos: Pedro & João Editores, 2010a. p. 9-34.

_____. A renovação estética da TV. In: RIBEIRO, Ana Paula Goulart; SACRAMENTO, Igor; SILVA, Marco A. Roxo da (Org.). **História da televisão no Brasil**. São Paulo: Contexto, 2010b. p. 109-135.

RICCO, Flávio. Produção de séries agora é vista e tratada como prioridade na Globo. **UOL**, São Paulo, 27 maio 2017. TV e famosos. Disponível em: <https://tvefamosos.uol.com.br/colunas/flavio-ricco/2017/05/27/producao-de-series-agora-e-vista-e-tratada-como-prioridade-na-globo.htm?cmpid=copiaecola>. Acesso em: 28 maio 2017, 10:52.

RODRIGUES, F. Junqueira. **Do figurino cênico ao figurino de moda**: a modernização do figurino nas telenovelas brasileiras. 2009. 227 f. Dissertação (Mestrado em Multimeios) – Universidade Estadual de Campinas, Campinas, 2009.

ROLNIK, Suely. **Cartografia sentimental**: transformações contemporâneas do desejo. São Paulo: Estação Liberdade, 1989.

_____. **Cartografia sentimental**: transformações contemporâneas do desejo. Porto Alegre: Editora da UFRGS, 2006.

ROSÁRIO, Nísia Martins. Mitos e cartografias: novos olhares metodológicos na comunicação. In: MALDONADO, Alberto Efendy; BONIN, Jiani; ROSÁRIO, Nísia Martins (Org.). **Perspectivas metodológicas em comunicação**: desafios na prática investigativa. João Pessoa: Editora da UFPB, 2008.

_____. A via da complementaridade: reflexões sobre a análise de sentidos e seus percursos metodológicos. In: MALDONADO, Alberto Efendy et al. **Metodologias de pesquisa em comunicação**: olhares, trilhas e processos. 2. ed. Porto Alegre: Sulina, 2011.

_____. Cartografia na comunicação: questões de método e desafios metodológicos. In: COLÓQUIO INTERNACIONAL DE INVESTIGAÇÃO CRÍTICA EM COMUNICAÇÃO, 1., 2016, Porto Alegre. **Palestra...** Porto Alegre: Fabico: UFRGS, 2016a.

_____. Cartografia na comunicação: questões de método e desafios metodológicos. In: LOPES, Maria Immacolata Vassallo de; MOURA, Cláudia Peixoto de (Org.). **Pesquisa em comunicação**: metodologias e práticas acadêmicas. Porto Alegre: EDIPUCRS, 2016b.

_____. Corpos eletrônicos em discursos de audiovisualidades. In: ROCHA, Alexandre da Silva; ROSSINI, Miriam de Souza (Org.). **Do audiovisual às audiovisualidades**: convergência e dispersões nas mídias. Porto Alegre: Asterisco, 2009. p. 45-65.

ROSÁRIO, Nísia Martins; AGUIAR, Lisiane Machado. A previsibilidade do imprevisível: criação de sentidos das corporalidades televisuais e a concepção de implosão midiática. In: ROSÁRIO, Nísia Martins; SILVA, Alexandre Rocha da (Org.). **Pesquisa, comunicação, informação**. Porto Alegre: Sulina, 2016. p. 273-292.

ROSÁRIO, Nísia Martins; DAMASCENO, Alex Ferreira. Contribuições de Iuri Lotman à teoria da comunicação: cultura, informação e explosão. In: ROSÁRIO, N. M; OLIVEIRA, L. D.; PARODE, F. P. **Entre semióticas**. São Paulo: Kazuá, 2013.

SACRAMENTO, Igor. A carnavalização na teledramaturgia de Dias Gomes: a presença do realismo grotesco na modernização. **Intercom Revista Brasileira de Ciências da Comunicação**, São Paulo, v. 37, n. 1, p. 155-174, jan./jun. 2014.

_____. Formas de cronotopo e exotopia nas adaptações de O Pagador de Promessas. **Revista Logos Comunicação e Universidade**, Rio de Janeiro, v. 20, n. 1, set. 2013. Disponível em: <www.e-publicacoes.uerj.br/index.php/logos/article/view/7712>. Acesso em: 9 ago. 2017, 16:58.

SANTAELLA, Lúcia. **A ecologia pluralista da comunicação**: conectividade, mobilidade, ubiquidade. São Paulo: Paulus, 2010.

_____. **Matrizes da linguagem e pensamento**: sonora, visual, verbal. São Paulo: Iluminuras; Fapesp, 2001.

SANTOS, Valmir. Carvalho invoca a cultura popular em microssérie. **Folha de S.Paulo**, São Paulo, 9 jan. 2005. Ilustrada. Disponível em: <www.folha.uol.com.br/fsp/ilustrad/fq0901200511.htm>. Acesso em: 1 jun. 2016, 18:53.

SCHNEIDER, Carla. Imagens Animadas na Contemporaneidade. In: KILPP, Suzana; MONTANO, Sonia; FISCHER, Gustavo (Org.). **Impacto das novas mídias no estatuto da imagem**. Porto Alegre: Sulina, 2012. p. 29-40.

SCHRÖNARDIE, Thanara. (Depoimento). In: CARVALHO, Luiz Fernando. **Meu pedacinho de chão**. Rio de Janeiro: Casa da palavra, 2014.

SCOLARI, Carlos Alberto. A comunicação móvel está no centro dos processos de convergência cultural contemporâneos: entrevista concedida a Alan César Belo Angeluci. **Intercom Revista Brasileira de Ciências da Comunicação**, São Paulo, v. 39, n. 2, maio/ago. 2016. Disponível em: <www.scielo.br/scielo.php?script=sci_arttext&pid=S1809-58442016000200177>. Acesso em: 3 jan. 2016, 17:15.

SERRES, Michel. **A filosofia mestiça**. Rio de Janeiro: Nova Fronteira: 1993.

STYCER, Maurício. "Não tenho regras e não acredito nelas", diz o diretor de "Dois Irmãos". **UOL**, São Paulo, 20 jan. 2017. TV e famosos. Disponível em: <https://mauriciostycer.blogosfera.uol.com.br/2017/01/20/nao-tenho-regras-e--nao-acredito-nelas-diz-o-diretor-de-dois-irmaos>. Acesso em: 20 jan. 2017, 15:24.

SYDENSTRICKER, Iara. Dramaturgia audiovisual: notas sobre técnicas de animação e criação de narrativas transmidiáticas. **ABRA**, nov. 2013. Disponível em: <http://abra.art.br/blog/2013/11/04/dramaturgia-audiovisual-notas-sobre--tecnicas-de-animacao-e-criacao-de-narrativas-transmidiaticas>. Acesso em: 23 mar. 2017, 19:50.

_____. **Sobre criar e contar histórias seriadas para TV e animação**: Aventuras Gósmicas. 2010. 293 f. Tese (Doutorado em Artes Cênicas) – Universidade Federal da Bahia, Salvador, 2010.

_____. Teledramaturgia de animação para roteiristas. **e-Com**, Belo Horizonte, v. 9, n. 1, 2012. Disponível em: <http://revistas.unibh.br/index.php/ecom/

article/view/802>. Acesso em: 11 abr. 2017, 22:18.

TAVARES, Braulio. (Depoimento). In: CARVALHO, Luiz Fernando et al. **Diários**: diário de elenco e equipe. São Paulo: Globo, 2007.

THOMASSEAU, Jean-Marie. **O melodrama**. São Paulo: Perspectiva, 2005.

TODOROV, Tzvetan. **Mikhaïl bakhtine le principe dialogique**. Paris: Seuil, 1981.

VILLALBA, Patrícia. Série mostra a tragédia de um homem ridículo. **Estadão**, São Paulo, 13 out. 2010. Disponível em: <http://cultura.estadao.com.br/noticias/geral,serie-mostra-a-tragedia-de-um-homem-ridiculo-imp-,623930>. Acesso em: 5 ago. 2017, 14:30.

XAVIER, Ismail. **O discurso cinematográfico**: a opacidade e a transparência. 3. ed. Rio de Janeiro: Paz & Terra, 2005.

WELLS, Paul. **Understanding animation**. London: Routledge, 1998.

Audiovisuais

2-5499 Ocupado. Direção de Tito di Miglio. Intérpretes: Glória Menezes, Tarcísio Meira, Lolita Rodrigues, Neuza Amaral, Célia Coutinho e Outros. Roteiro: Dulce Santucci. São Paulo: Tv Excelsior, 1963. Son., P&B. Telenovela – 42 capítulos.

A ESPERA. Direção de Luiz Fernando Carvalho e Maurício Farias. Intérpretes: Marieta Severo, Malu Mader, Diogo Vilela, Felipe Martins, Christiana Guinle, Marise Farias e Outros. Roteiro: Luiz Fernando Carvalho. [s.l]: Não Encontrado, 1986. 1 DVD (18 min.). Son., color. Curta-Metragem.

A FAVORITA. Direção de Ricardo Waddington. Produção de Verônica Esteves e Flávio Nascimento. Intérpretes: Alexandre Nero, Ary Fontoura, Bruna Lima, Carmo dalla Vecchia, Cauã Reymond, Claudia Ohana, Claudia Raia, Deborah Secco, Emanuelle Araújo, Genezio de Barros, Giulia Gam, Gloria Menezes, Helena Ranaldi, José Mayer, Juliana Paes, Lilia Cabral, Malvino Salvador, Mariana Ximenes, Miguel Romulo, Milton Gonçalves, Nelson Xavier, Patricia Pillar, Paula Burlamaqui, Tarcísio Meira e Outros. Roteiro: João Emanuel Carneiro. Música: Mariozinho Rocha. São Paulo: Rede Globo de Televisão, 2008-2009. Son., color. Telenovela – 197 capítulos.

A FORÇA do querer. Intérpretes: Antonio Calloni, Dan Stulbach, Bruna Linzmeyer, Débora Falabella, Edson Celulari, Dira Paes, Fábio Assunção, Fiuk, Humberto Martins, Isis Valverde, Jandira Martini, Juliana Paes, Juliana Paiva, Lilia Cabral, Marco Pigossi, Maria Fernanda Cândido, Paolla Oliveira, Paulo

Vilhena, Stênio Garcia, Totia Meireles, Zezé Polessa e Outros. Roteiro: Gloria Perez. Rio de Janeiro: Rede Globo de Televisão, 2017. Son., color. Telenovela – 172 capítulos.

A LENDA do mão de luva. Rio de Janeiro: Rede Globo de Televisão, 2016. Son., color. Spin-off da telenovela Liberdade Liberdade – 8 episódios.

A PEDRA do reino. Direção de Luiz Fernando Carvalho. Intérpretes: Abdias Campos, Allyne Pereira, Américo Oliveira, Anthero Montenegro, Beatriz Lelys, Cacá Carvalho e Outros. Autoria: Luiz Fernando Carvalho, Luís Alberto de Abreu e Braulio Tavares. Música: Marco Antônio Guimarães. Taperoá: Rede Globo de Televisão, 2007. Son., color. Microssérie – 5 capítulos.

A RAINHA louca. Direção de Ziembinski e Daniel Filho. Intérpretes: Adriana Prieto, Daniel Filho, Ida Gomes, Ítalo Rossi, Nathalia Timberg, Paulo Gracindo e Outros. Roteiro: Glória Magadan. Cidade do México e Rio de Janeiro: Central Globo de Produções, 1967. Son., P&B. Telenovela – 215 capítulos.

A SOMBRA de Rebeca. Direção de Henrique Martins. Intérpretes: Antônio Dresjan, Emiliano Queiroz, Mário Lago, Norma Bengel, Yoná Magalhães e Outros. Roteiro: Glória Magadan. Rio de Janeiro, 1967. P&B. Telenovela – 90 capítulos.

A VIDA como ela é... Direção de Daniel Filho. Intérpretes: José Wilker e Hugo Carvana. Roteiro: Euclydes Marinho. Rio de Janeiro: Rede Globo de Televisão, 1996. Son., color. Série baseada nos contos de Nelson Rodrigues – 40 episódios.

A VIDA marinha com Steve Zissou (The Life Aquatic with Steve Zissou). Direção de Wes Anderson. Produção de Wes Anderson e Scott Rudin. Intérpretes: Bill Murray, Owen Wilson, Cate Blanchett, Willem Dafoe, Michael Gambom e Outros. Roteiro: Wes Anderson e Noah Baumbach. Música: Mark Mothersbaugh. Estados Unidos: Touchstone Pictures, 2004. 1 DVD (119 min.). Son., color. Longa-metragem.

AFINAL, o que querem as mulheres? Direção de Luiz Fernando Carvalho. Intérpretes: Alessandra Colassanti, Bruna Linzmeyer, Carlos Manga, Dan Stulbach, Eliane Giardini, Fernanda Lessa, Letícia Sabatella, Letícia Spiller, Maria Fernanda Cândido, Michel Melamed, Osmar Prado, Paola Oliveira, Rodrigo Santoro, Serginho Groisman, Tarcísio Meira e Vera Fischer. Roteiro: João Paulo Cuenca, Cecília Giannetti e Michel Melamed. Música: Tim Rescala e Marcelo Camelo. Rio de Janeiro: Rede Globo de Televisão, 2010. Son., color. Série/Seriado (Híbrido) – 6 capítulos.

ALÉM do tempo. Direção de Pedro Vasconcelos. Intérpretes: Alinne Moraes, Ana Beatriz Nogueira, Carlos Vereza, Carolina Kasting, Irene Ravache, Juca de Oliveira, Julia Lemmertz, Louise Cardoso, Othon Bastos e Outros. Roteiro: Elizabeth Jhin. Vassouras, Rio das Flores, São José dos Ausentes, Garibaldi e Rio de Janeiro:

Rede Globo de Televisão, 2015-2016. Son., color. Telenovela – 161 capítulos.

ALEXANDRE e outros heróis. Direção de Luiz Fernando Carvalho. Intérpretes: Luci Pereira, Marcelo Serrado, Ney Latorraca e Outros. Roteiro: Luís Alberto de Abreu e Luiz Fernando Carvalho. Maceió: Rede Globo de Televisão, 2013. Son., color. Especial.

ALTO astral. Direção de Jorge Fernando e Fred Mayrink. Produção de Anderson Vargas, Bruno Petronilho, Catarina Rangel, Fernanda Bomfim, Geraldo Soares, Jacira Aguiar, Marco Antonio Damiano e Margareth Azeredo. Intérpretes: Christiane Torloni, Claudia Raia, Edson Celulari, Kadu Moliterno, Nathalia Dill, Thiago Lacerda e Outros. Roteiro: Daniel Ortiz. Música: Mariozinho Rocha. Minas Gerais e Rio de Janeiro: Rede Globo de Televisão, 2014-2015. Son., color. Telenovela – 161 capítulos.

AMÉRICA. Direção de Jayme Monjardim, Marcos Schechtman, Luciano Sabino, Marcelo Travesso, Teresa Lampreia, Federico Bonani e Carlo Milani. Intérpretes: Aílton Graça, Arlete Salles, Bete Mendes, Betty Faria, Bruna Marquezini, Bruno Gagliasso, Christiane Torloni, Cissa Guimarães, Cléo Pires, Deborah Secco, Duda Nagle, Edson Celulari, Eliane Giardini, Eri Johnson, Eva Todor, Francisco Cuoco, Murilo Benício e outros. Roteiro: Gloria Perez. Rio de Janeiro: Rede Globo de Televisão, 2005. Son., color. Telenovela – 203 capítulos.

AMOR a ciegas. Direção de Carlos Quintanilla. Intérpretes: Ariana Ron Pedrique, Israel Amescua. Edu del Prado, Stefany Hinojosa, Carolina Miranda e Outros. Roteiro: Adriana Pelusi. Música: Carlos Romo. Cidade do México: Tv Azteca, 2014. Son., color.

AMOR à vida. Direção de Mauro Mendonça Filho. Produção de Verônica Esteves e Flávio Nascimento. Intérpretes: Antonio Fagundes, Ary Fontoura, Bárbara Paz, Bruna Linzmeyer, Caio Castro, Carolina Kasting, Eliane Giardini, Elizabeth Savala, Fabiana Karla, José Wilker, Juliano Cazarré, Klara Castanho, Leona Cavalli, Malvino Salvador, Marcello Antony, Márcio Garcia, Mateus Solano, Nathalia Timberg, Paolla Oliveira, Susana Vieira, Tatá Werneck, Vanessa Giácomo e Outros. Roteiro: Walcyr Carrasco. Música: Iuri Cunha. Rio de Janeiro: Rede Globo de Televisão, 2013-2014. Son., color. Telenovela – 221 capítulos.

AMORES roubados. Direção de José Luiz Villamarim. Intérpretes: Cassia Kiss, Cauã Reymond, César Ferrario, Dira Paes, Irandhir Santos, Isis Valverde, Jesuíta Barbosa, Murilo Benício, Osmar Prado, Patrícia Pillar, Walter Breda e Outros. Roteiro: George Moura, Sérgio Goldenberg, Flávio Araújo, Teresa Frota e Maria Adelaide Amaral. Petrolina e Paulo Afonso: Rede Globo de Televisão, 2014. Son., color. Minissérie – 10 episódios.

AMORTEAMO. Direção de Isabela Teixeira e Flávia Lacerda. Intérpretes: Johnny Massaro, Marina Ruy Barbosa, Arianne Botelho, Daniel de Oliveira, Letícia Sabatella, Jackson Antunes, César Cardadeiro, Bruno Garcia, Guta Stresser, Maria Luísa Mendonça, Aramis Trindade e Outros. Roteiro: Cláudio Paiva, Claudia Gomes, Julia Spadaccini e Newton Moreno. Rio de Janeiro: Rede Globo de Televisão, 2015. Son., color. Série.

ARMAÇÃO ilimitada. Direção de Guel Arraes, Mário Márcio Bandarra, Ignácio Coqueiro, José Lavigne, Paulo Afonso Grisolli. Produção de Nilton Cupello. Intérpretes: André de Biasi, Andréa Beltrão, Catarina Abdala, Francisco Milani, Jonas Torres, Kadu Moliterno, Nara Gil, Paulo José e Outros. Roteiro: Antonio Calmon, Patricya Travassos, Euclydes Marinho, Nelson Motta Christine Nazareth e Daniel Más; [a partir de 1986] Vinícius Vianna e Charles Peixoto; [a partir de 1987] Mauro Rasi, Vicente Pereira, Maria Carmem Barbosa e Guel Arraes. Música: Alexandre Agra. Rio de Janeiro: Rede Globo de Televisão, 1985-1988. Son., color. Seriado – 40 episódios.

AVENIDA Brasil. Direção de Amora Mautner, José Luiz Villamarim, Gustavo Fernandez, Joana Jabace, Paulo Silvestrini, Thiago Teitelroit e Andre Camara. Produção de Marcia Azevedo. Intérpretes: Adriana Esteves, Ailton Graça, Alexandre Borges, Aline Xavier, Betty Faria, Bianca Comparato, Bruno Gissoni, Cacau Protásio, Camila Morgado, Carolina Ferraz, Cauã Reymond, Débora Bloch, Débora Falabella, Débora Nascimento, Eliane Giardini, Ísis Valverde, José de Abreu, Juca de Oliveira, Juliano Cazarré, Marcos Caruso, Mel Maia, Murilo Benício, Nathalia Dill, Tony Ramos, Vera Holtz e Outros. Roteiro: João Emanuel Carneiro. Música: Mariozinho Rocha. Rio de Janeiro: Rede Globo de Televisão, 2012. Son., color. Série Telenovela – 179 capítulos.

BE TIPUL. Intérpretes: Assi Dayan, Gila Almagor, Meirav Gruber, Ayelet Zurer, Lior Ashkenazi, Maya Maron, Alma Zack, Rami Heuberger, Moni Moshonov, Asi Levi, Niv Zilberberg e Tali Sharon. Roteiro: Hagai Levi, Ori Sivan e Nir Bergman. Israel: Hot3, 2005-2008. Son., color. Série.

BETO Rockfeller. Direção de Lima Duarte e Wálter Avancini. Intérpretes: Luiz Gustavo, Bete Mendes, Débora Duarte, Ana Rosa, Plínio Marcos e Outros. Roteiro: Bráulio Pedroso, Eloy Araújo, Ilo Bandeira e Guido Junqueira. São Paulo: Rede Tupi, 1968-1969. Son., P&B. Telenovela – 230 capítulos.

BIPOLAR Show. Intérpretes: Michel Melamed. [s.l.]: Canal Brasil, 2015-atual. Son., color. Talk show.

BLACK Mirror. Produção de Barney Reisz, Charlie Brooker e Annabel Jones. Londres: Endemol Uk, 2011-atual. Son., color. Exibição original: Channel

4. Exibição atual: Netflix. Série.

BORGEN. Direção de Søren Kragh-Jacobsen e Rumle Hammerich. Produção de Camilla Hammerich. Intérpretes: Sidse Babett Knudsen, Brigitte Hjort Sørensen, Pilou Asbæk, Mikael Birkkjær, Søren Malling. Música: Halfdan E. Copenhague: Dr1, 2010-2013. Son., color. Série.

CAMINHO das Índias. Direção de Marcos Schechtman e Marcelo Travesso. Produção de Flávio Nascimento. Intérpretes: Alexandre Borges, Ana Beatriz Nogueira, Ana Furtado, André Gonçalves, Antonio Calloni, Betty Lago, Bruno Gagliasso, Caio Blat, Chico Anysio, Christiane Torloni, Cissa Guimarães, Cleo Pires, Danton Mello, Deborah Bloch, Dira Paes, Eliane Giardini, Humberto Martins, Isis Valverde, José de Abreu, Juliana Paes, Laura Cardoso, Letícia Sabatella, Lima Duarte, Márcio Garcia, Marjorie Estiano, Nívea Maria, Osmar Prado, Ricardo Tozzi, Rodrigo Lombardi, Stênio Garcia, Tony Ramos, Vera Fischer e Outros. Roteiro: Gloria Perez. Música: Alexandre de Faria. Rio de Janeiro: Rede Globo de Televisão, 2009. Son., color. Telenovela – 203 capítulos.

CAPITU. Direção de Luiz Fernando Carvalho. Intérpretes: Alan Scarpari, Alby Ramos, Beatriz Souza, Eliane Giardini, Emílio Pitta, Letícia Persiles, Michel Melamed e Outros. Roteiro: Euclydes Marinho. Música: Tim Rescala. Rio de Janeiro: Rede Globo de Televisão, 2008. Son., color. Microssérie – 5 capítulos.

CARGA pesada. Direção de Milton Gonçalves, Gonzaga Blota e Alberto Salvá. Produção de Luiz Porto. Intérpretes: Antônio Fagundes, Stênio Garcia e Convidados Semanais. Roteiro: Dias Gomes, Gianfrancesco Guarnieri, Walter George Durst, Carlos Queiroz Telles e Péricles Leal. Rio de Janeiro: Rede Globo de Televisão, 1979-1981. Son., color. Primeira versão.

CARGA pesada. Direção de Marcos Paulo, Roberto Naar, Ary Coslov e Marcos Paulo. Intérpretes: Antônio Fagundes, Stênio Garcia e Convidados Semanais. Roteiro: Leopoldo Serran, Ivan Sant'Anna, Álvaro Ramos, Walther Negrão, Antonio Fagundes, George Moura, Mara Carvalho, Ecila Pedroso e José Carvalho de Azevedo. Música: Guilherme Dias Gomes. Rio de Janeiro: Rede Globo de Televisão, 2003-2007. Son., color. Segunda versão.

CASTELO Rá-Tim-Bum. Direção de Cao Hamburger. Realização de Flávio de Souza e Cao Hamburger. Intérpretes: Cássio Scapin, Sérgio Mamberti, Rosi Campos, Cinthya Rachel, Luciano Amaral, Freddy Allan, Ângela Dip Paschoal da Conceição, Eduardo Silva, Wagner Bello, Marcelo Tas e Outros. São Paulo: Tv Cultura e Fiesp, 1994-1997. Son., color. Série.

DANCIN' Days. Direção de Daniel Filho, Gonzaga Blota, Dennis Carvalho e Marcos Paulo. Produção de Ronaldo Meirelles, Carlos Alberto Marins e

Avehorne Wanderley. Intérpretes: Antonio Fagundes, Ary Fontoura, Beatriz Segall, Gloria Pires, Mário Lago, Ney Latorraca, Reginaldo Faria, Sônia Braga e Outros. Roteiro: Gilberto Braga. Música: Guto Graça Mello. Rio de Janeiro: Rede Globo de Televisão, 1978-1979. Son., color. Telenovela – 174 capítulos.

DOGVILLE. Direção de Lars von Trier. Produção de Vibeke Windelov. Intérpretes: Nicole Kidman, Paul Bettany, Patricia Clarkson, Jeremy Davies, Siobhan Fallon, Chloë Sevigny, Ben Gazzara, Lauren Bacall e Outros. Roteiro: Lars von Trier. Dinamarca, Suécia, Noruega, Finlândia, Reino Unido, França, Alemanha e Países Baixos: Lions Gate Entertainment California Filmes, 2003. Son., color. Longa-metragem.

DOIS irmãos. Direção de Luiz Fernando Carvalho. Intérpretes: Gabriella Mustafá, Vivianne Pasmanter, Juliana Paes, Antônio Calloni, Cauã Reymond, Irandhir Santos, Ary Fontoura, Michel Melamed, Isaac Bardavid e Outros. Roteiro: Maria Camargo. Itacoatiara: Rede Globo de Televisão, 2017. Son., color. Minissérie – 10 episódios.

DONOS da história. Realização de Hermes Frederico. Intérpretes: Manoel Carlos, Ricardo Linhares, Walther Negrão, Gilberto Braga e Outros. Roteiro: Hermes Frederico. [s.l.]: Canal Viva, 2017. Son., color. Programa de entrevista com autores de teledramaturgia.

DUPLA identidade. Direção de Mauro Mendonça Filho e René Sampaio. Produção de Simone Lamosa. Intérpretes: Bruno Gagliasso, Débora Falabella, Luana Piovani, Marisa Orth, Marcello Novaes e Outros. Roteiro: Gloria Perez. Música: Iuri Cunha. Rio de Janeiro: Rede Globo de Televisão, 2014. Son., color. Seriado.

EL CHAVO Animado. Direção de Heriberto López de Anda. Produção de Roberto Gómez Bolaños, Roberto Gómez Fernández. Intérpretes: Jesús Guzmán, Sebastián Llapur, Mario Castañeda, Erica Edwards, Juan Carlos Tinoco, Sebastián Llapur, Moisés Suárez Aldana e Outros. Roteiro: Roberto Gómez Bolaños. Cidade do México: Ánima Estudios Televisa, 2006-2016. Son., color. Série animada.

EM família. Direção de Jayme Monjardim, Leonardo Nogueira, Adriano Melo, João Boltshauser, Luciano Sabino e Teresa Lampreia. Produção de Alexandre Scalamandre. Intérpretes: Agatha Moreira, Alexandre Slaviero, Alice Wegmann, Ana Beatriz Nogueira, Arthur Aguiar, Bianca Rinaldi, Bruna Marquezine, Bruno Ahmed, Bruno Gissoni, Gabriel Braga Nunes, Giovanna Antonelli, Guilherme Leicam, Guilherme Prates, Helena Ranaldi, Herson Capri, Humberto Martins, Julia Lemmertz, Manu Gavassi, Natália do Vale, Oscar Magrine, Polliana Aleixo, Tainá Müller, Thiago Mendonça e Outros. Roteiro: Manoel Carlos. Rio de Janeiro: Rede Globo de Televisão, 2014. Son., color. Telenovela – 143 capítulos.

ESPORTE espetacular. Produção de Fabio Jupa, Jefferson Rodrigues, Monika Leitão, Priscila Carvalho, Rafael Honório e Sergio Gandolphi. Apresentadores: Felipe Andreoli e Fernanda Gentil. Rio de Janeiro: Rede Globo de Televisão, 1973-atual. Son., color.

FANTÁSTICO. Direção de Luiz Nascimento. Produção de Carlos Eduardo Salgueiro, Evelyn Kuriki. Intérpretes: Tadeu Schmidt e Poliana Abritta. Música: Rodrigo Boecker. Rio de Janeiro: Rede Globo de Televisão, 1973-atual. Son., color. Revista eletrônica.

FANTÔMAS. Direção de Louis Feuillade. Produção de Romeu Boseti. Intérpretes: René Navarre, Georges Melchior e Renée Carl. Música: Paul Fosse. Paris e Neuilly-Sur-Seine: Pathé e Gaumont, 1913-1914. P&B. 5 episódios.

GERTIE, the Dinosaur. Direção de Winsor McCay. Roteiro: Winsor McCay. [s.l.]: Winsor McCay, 1914. (14 min.), P&B. Série Curta-metragem de animação.

GRANDE Sertão: Veredas. Direção de Walter Avancini. Produção de Ary Grandinetti Nogueira. Intérpretes: Almir Cabral, Ana Helena Berenguer, Arnaldo Weiss, Bruna Lombardi, Carlos Gregório, Carlos Lagoeiro, José Augusto Branco, Ney Latorraca, Tarcísio Meira, Tony Ramos, Wilson Fragoso, Yoná Magalhães e Outros. Roteiro: Walter George Durst. Música: Júlio Medaglia. Paredão de Minas: Rede Globo de Televisão, 1985. Son., color. Minissérie – 25 capítulos.

HELEN Palmer em Correio Feminino. Direção de Luiz Fernando Carvalho. Intérpretes: Maria Fernanda Cândido, Alessandra Maestrini, Luiza Brunet e Cintia Dicker. Baseado nos Contos de Clarice Lispector. Rio de Janeiro: Rede Globo de Televisão, 2013. Son., color. Quadro de dramaturgia do programa Fantástico – 8 episódios.

HELENA. Direção de José Wilker, Denise Saraceni e Luiz Fernando Carvalho. Intérpretes: Luciana Braga, Thales Pan Chacon, Aracy Balabanian, Mayara Magri, Yara Amaral, Othon Bastos, Isabel Ribeiro e Outros. Roteiro: Mário Prata, Dagomir Marquezi e Reinaldo Moraes. [s.l.]: Rede Manchete, 1987. Son., color. Telenovela – 161 capítulos.

HILL Street Blues. Produção de David Anspaugh, Anthony Yerkovich, Michael Vittes e Sascha Schneider. Intérpretes: Daniel J. Travanti, Michael Conrad, Michael Warren, Bruce Weitz, James B. Sikking, Joe Spano, Barbara Bosson, Taurean Blacque, Kiel Martin, René Enriquez, Betty Thomas, Ed Marinaro, Mimy Kuzyk, Ken Olin, Charles Haid, Veronica Hamel, Jon Cypher, Peter Jurasik e George Wyner. Roteiro: Steven Bochco, Jeffrey Lewis, Michael Kozoll, David Milch, Michael I. Wagner, Anthony Yerkovich, Mark Frost, Karen Hall, Jacob Epstein, Walon Green, Robert Ward, Dick Wolf, Roger Director, Robert Crais,

Elia Katz, John Romano, Lee David Zlotoff, Dennis Cooper, Darrell Ray, Alan Toy, David Black, Jonathan Lemkin, Jerry Patrick Brown, Terry Curtis Fox, Robert Schlitt e Gregory Hoblit. Nova York: Rede de Televisão NBC, 1981-1987. Son., P&B. Seriado.

HOJE é dia de Maria. Direção de Luiz Fernando Carvalho. Intérpretes: Carolina Oliveira, Daniel de Oliveira, Emiliano Queiroz, Fernanda Montenegro, Letícia Sabatella, Louisa Lopez, Luiz Damasceno, Marco Ricca, Osmar Prado, Rodrigo Santoro e Outros. Autoria: Luiz Fernando Carvalho e Luís Alberto de Abreu. Música: Tim Rescala. Rio de Janeiro: Rede Globo de Televisão, 2005. Son., color. Microssérie – 8 capítulos.

HOJE é dia de Maria: Segunda Jornada. Direção de Luiz Fernando Carvalho. Intérpretes: Carolina Oliveira, Daniel de Oliveira, Fernanda Montenegro, Laura Cardoso, Letícia Sabatella, Maria Clara Fernandez, Osmar Prado, Rodrigo Santoro, Stênio Garcia, Tadeu Mello e Outros. Autoria: Luiz Fernando Carvalho e Luís Alberto de Abreu. Música: Tim Rescala. Rio de Janeiro: Rede Globo de Televisão, 2005. Son., color. Microssérie – 5 capítulos.

HORIZONTE flutuante. Direção de Vicente Moreno. Intérpretes: Alexandre Vargas, Carina Dias, Davi Borba, Eugênio Moreira e Frascisco de Los Santos. Roteiro: Vicente Moreno. Música: Jonts Ferreira. Porto Alegre: Okna Produções Culturais, Telos Empreendimentos Culturais e RBSTV, 2011. (52 min.). Son., color. Documentário.

I LOVE Lucy. Produção de Jess Oppenheimer e Desi Arnaz. Intérpretes: Lucille Ball, Desi Arnaz, Vivian Vance, William Frawley e Richard Keith. Roteiro: Jess Oppenheimer Bob Carroll e Jr. Madelyn Davis. Nova York: Columbia Broadcasting System (CBS), 1951-1957. Son., P&B. Sitcom.

INSENSATO coração. Direção de Dennis Carvalho, Vinicius Coimbra, Cristiano Marques e Flavia Lacerda. Produção de Marília Fonseca. Intérpretes: Adriano Garib, Alexandre Claveaux, Daniel Dalcin, Italo Sasso, Gabriel Braga Nunes, Leandra Leal, Eriberto Leão, Paola Oliveira, Tânia Bôscoli, Vera Fischer e Outros. Roteiro: Gilberto Braga e Ricardo Linhares. Música: Mariozinho Rocha. Rio de Janeiro: Rede Globo de Televisão, 2011. Son., color. Telenovela – 185 capítulos.

IRMÃOS coragem. Direção de Daniel Filho, Milton Gonçalves e Reynaldo Boury. Produção de Daniel Filho. Intérpretes: Tarcísio Meira, Gloria Menezes, Cláudio Cavalgante, Regina Duarte, Claudio Marzo e Outros. Roteiro: Janete Clair. Rio de Janeiro e Teresópolis: Rede Globo de Televisão, 1970-1971. Son., P&B. Telenovela – 328 capítulos.

IVAN, o terrível. Direção de Serguei Eisenstein. Produção de Serguei Eisenstein. Intérpretes: Nikolai Tcherkassov, Serafima Birman, Pavel Kadochnikov e Outros. Roteiro: Serguei Eisenstein. Música: Serguei Prokofiev. [s.l], 1944. (103 min.), Longa-metragem.

JORNAL Nacional. Direção de Leonardo Miranda Penna, Zeca Vianna. Produção de Fátima Baptista. Intérpretes: William Bonner e Renata Vasconcellos. Rio de Janeiro: Central Globo de Produções, 1969-atual. Son., color. Telejornal.

JUSTIÇA. Direção de Ana Gabriela, Luisa Lima, Walter Carvalho, Marcus Figueiredo e Isabella Teixeira. Produção de Wilson Teixeira, Brenda da Mata, Soymara Almeida, José Perez, Fabio Conceição, João Victor Campos, Mariana Daflon, Diego Gonçalves, Bruna Sangy e Estevão Goldani. Intérpretes: Adriana Esteves, Cauã Reymond, Cássio Gabus Mendes, Débora Bloch, Drica Moraes, Marjorie Estiano, Leandra Leal, Marina Ruy Barbosa, Vladimir Brichta e Outros. Roteiro: Manuela Dias. Recife: Rede Globo de Televisão, 2016. Son., color. Minissérie.

LAMPIÃO e Maria Bonita. Direção de Paulo Afonso Grisolli e Luís Antônio Piá. Intérpretes: Adriana Barbosa, Helber Rangel, Armando Nascimento, Hileana Menezes, José Dumont, Leônidas Aguiar, Nelson Xavier, Nestor Capoeira, Sônia Borges, Tânia Alves, Thereza Cristina e Outros. Roteiro: Aguinaldo Silva e Doc Comparato. Música: Roberto Nascimento. Nordeste e Rio de Janeiro: Rede Globo de Televisão, 1982. Son., color. Minissérie – 8 capítulos.

LAVOUR'ARCAICA. Direção de Luiz Fernando Carvalho. Produção de Donald Ranvaud, Luiz Fernando Carvalho e Elisa Tolomelli. Intérpretes: Selton Mello, Raul Cortez, Juliana Carneiro da Cunha, Simone Spoladore, Leonardo Medeiros, Caio Blat e Outros. Roteiro: Luiz Fernando Carvalho. Música: Marco Antônio Guimarães. Minas Gerais: Videofilmes, 2001. (171 min.). Son., color. Longa-metragem.

LIBERDADE, liberdade. Direção de André Câmara, João Paulo Jabur, Pedro Brenelli, Bruno Safadi. Intérpretes: Andreia Horta, Bruno Ferrari, Mateus Solano, Dalton Vigh, Lília Cabral, Maitê Proença, Marco Ricca, Nathalia Dill e Outros. Roteiro: Mário Teixeira, Sérgio Marques e Tarcídio Lara Puiarti. Rio de Janeiro: Rede Globo de Televisão, 2016. Son., P&B. Telenovela – 67 episódios.

LOS archivos del cardenal. Direção de Nicolás Acuña e Juan Ignacio Sabatini. Roteiro: Josefina Fernández. Chile: TVN, 2011-2014. Son., color. Série.

MAIS Você. Direção de Jorge Espírito Santo, Mariozinho Vaz, Eduardo Aguilar. Produção de Aluizio Augusto. Intérpretes: Ana Maria Braga, Louro José. São Paulo: Rede Globo de Televisão, 1999-atual. Son., color. Série Programa de variedades.

MALU mulher. Direção de Daniel Filho, Paulo Afonso Grisolli e Dennis Carvalho. Produção de Maria Carmem Barbosa. Intérpretes: Angela Tornatore, Dennis Carvalho, Natália do Vale, Regina Duarte, Ricardo Petraglia e Outros.

Roteiro: Armando Costa, Lenita Plonczynski, Renata Palottini, Manoel Carlos e Euclydes Marinho. [s.l.]: Rede Globo de Televisão, 1979-1980. Son., color. Seriado – 76 episódios.

MARIA Antonieta. Direção de Sofia Coppola. Produção de Sofia Coppola. Intérpretes: Kirsten Dunst, Jason Schwartzman, Rip Torn, Molly Shannon, Asia Argento, Marianne Faithfull, Judy Davis, Steve Coogan e Outros. Roteiro: Sofia Coppola. São Francisco: American Zoetrope, 2006. Son., color. Longa-metragem.

MASTERCHEF Brasil. Direção de Patricio Diaz. Intérpretes: Ana Paula Padrão, Paola Carosella, Henrique Fogaça, Érick Jaquin e Outros. São Paulo: Rede Bandeirantes, 2014-atual. Son., color. Talent Show.

MEU pedacinho de chão. Direção de Luiz Fernando Carvalho e Carlos Araújo. Intérpretes: Osmar Prado, Juliana Paes, Rodrigo Lombardi, Bruna Linzmeyer, Antonio Fagundes, Johnny Massaro e Outros. Roteiro: Benedito Ruy Barbosa. Música: Tim Rescala. Rio de Janeiro: Rede Globo de Televisão, 2014. Son., color. Telenovela – 96 capítulos.

MIA mundo. Intérpretes: Ximena Duque, Jacqueline Márquez, Sofía Lama, Ismael La Rosa e Outros. Hialeah (florida): Telemundo Media, [201-?]. Son., color.

NELSON por ele mesmo. Direção de João Jardim. Intérpretes: Fernanda Montenegro e Otávio Müller. Adaptação: Geraldo Carneiro. Rio de Janeiro: Central Globo de Produções, 2017-atual. Son., color. Série da revista eletrônica Fantástico.

NOVO mundo. Direção de Vinícius Coimbra. Intérpretes: Isabelle Drummond, Chay Suede, Caio Castro, Letícia Colin, Leo Jaime, Débora Olivieri, Rodrigo Simas, Giullia Buscacio, Vivianne Pasmanter, Guilherme Piva, Rômulo Estrela, Agatha Moreira, Luisa Micheletti, Gabriel Braga Nunes, e Ingrid Guimarães. Roteiro: Thereza Falcão e Alessandro Marson. Rio de Janeiro: Rede Globo de Televisão, 2017-atual. Son., color. Telenovela.

O CANTO da sereia. Direção de José Luiz Villamarim. Intérpretes: Antônio Fábio, Artur Britto, Camila Morgado, Fabio Lago, Gabriel Braga Nunes, Isis Valverde, Marcos Caruso, Marcos Palmeira, Tony Brito, Zezé Motta e Outros. Roteiro: George Moura, Patrícia Andrade e Sergio Goldenberg. Música: Eduardo Queiroz. Salvador e Patagônia: Rede Globo de Televisão, 2013. Son., color. Microssérie – 4 episódios.

O DIREITO de nascer. Direção de Lima Duarte, José Parisi e Henrique Martins. Intérpretes: Nathália Timberg, Amilton Fernandes, Isaura Bruno, Guy Loup, José Parisi e Outros. Roteiro: Talma de Oliveira e Teixeira Filho. São Paulo: Rede Tupi, 1964-1965. Son., P&B. Telenovela – 160 capítulos.

O DONO do mundo. Direção de Dennis Carvalho, Ricardo Waddington e

Mauro Mendonça Filho. Intérpretes: Alexia Dechamps, Antonio Fagundes, Ary Coslov, Dennis Carvalho, Fernanda Montenegro, Gloria Pires, Hugo Carvana, Kadu Moliterno, Malu Mader e Outros. Roteiro: Gilberto Braga. Rio de Janeiro: Rede Globo de Televisão, 1991-1992. Son., color. Telenovela – 197 capítulos.

O GRANDE Ditador. Direção de Charles Chaplin. Produção de Charles Chaplin. Intérpretes: Charles Chaplin, Paulette Goddard, Jack Oakie e Outros. Roteiro: Charles Chaplin. Música: Charles Chaplin. Los Angeles: United Artists, 1940. (124 min.). Son., P&B. Longa-metragem.

O LEOPARDO. Direção de Luchino Visconti. Intérpretes: Burt Lancaster, Romolo Valli, Terence Hill e Outros. Roteiro: Luchino Visconti. Música: Nino Rota. [s.l]: Titanus, Sgc e Société Nouvelle Pathé Cinéma, 1963. (187 min.). Son., color. Longa-metragem.

O REBU. Direção de José Luiz Villamarim. Intérpretes: Bel Kowarick, Pablo Sanábio, Mariana Lima, Jean Pierre Noher, Marcos Palmeira, Tony Ramos, José de Abreu, Cassia Kiss, Vera Holtz, Patrícia Pillar, Sophie Charlotte, Daniel de Oliveira, Camila Morgado e Outros. Roteiro: George Moura e Sérgio Goldemberg. Música: Eduardo Queiroz e Mariozinho Rocha. Buenos Aires: Rede Globo de Televisão, 2014. Son., color. Telenovela/Macrossérie – 36 capítulos.

O REI do gado. Direção de Luiz Fernando Carvalho. Produção de Ruy Mattos. Intérpretes: Ana Beatriz Nogueira, Antonio Fagundes, Bete Mendes, Cosme dos Santos, Eva Wilma, Fábio Assunção, Glória Pires, Lavínia Vlasak, Milton Gonçalves, Paulo Goulart, Raul Cortez, Vera Fischer, Tarcísio Meira, Patrícia Pillar e Outros. Roteiro: Benedito Ruy Barbosa. Música: André Sperling. Itapira, Ribeirão Preto, Amparo, Guaxupé, Aruanã e Rio de Janeiro: Central Globo de Produções, 1996-1997. Son., color. Telenovela – 209 capítulos.

O SHEIK de Agadir. Direção de Henrique Martins e Régis Cardoso. Intérpretes: Henrique Martins, Yoná Magalhães, Amilton Fernandes, Leila Diniz, Mário Lago e Outros. Roteiro: Glória Magadan. Cabo Frio: Central Globo de Produções, 1966-1967. Son., P&B. Telenovela – 155 capítulos.

O TEMPO e o vento. Direção de Paulo José. Produção de Leonardo Petrelli. Intérpretes: Adalberto Silva, Antônio Augusto Fagundes, Diogo Vilela, Glória Pires, Lima Duarte, Mário Lago e Outros. Roteiro: Doc Comparato. Osório, Guaíba, Camaquã, São Miguel das Missões e Morungava: Rede Globo de Televisão, 1985. Son., color. Série Minissérie – 25 capítulos.

OS DIAS eram assim. Direção de Carlos Araújo. Intérpretes: Renato Goés, Sophie Charlotte, Susana Vieira, Daniel de Oliveira, Maria Casadevall, Nando Rodrigues e Outros. Roteiro: Angela Chaves e Alessandra Poggi. Rio de Janeiro:

Rede Globo de Televisão, 2017. Son., color. Supersérie.

OS MAIAS. Direção de Luiz Fernando Carvalho. Intérpretes: Adriano Leonel, Alisson Silveira, Ana Paula Arósio, Antônio Calloni, Bruno Garcia, Dan Stulbach, Eliane Giardini, Eva Wilma, Fábio Assunção e Outros. Roteiro: Maria Adelaide Amaral. Música: André Sperling. Regiões do Brasil e Portugal: Rede Globo de Televisão, 2001. Son., color. Minissérie – 44 capítulos.

OS SIMPSONS (The Simpsons). Produção de Al Jean, Mike Scully, George Meyer, David Mirkin, Bill Oakley, Josh Weinstein, Mike Reiss, James L. Brooks, Matt Groening, Sam Simon e Outros. Intérpretes: Harry Shearer, Hank Azaria, Nancy Cartwright, Dan Castellaneta, Yeardley Smith, Julie Kavner, Pamela Hayden e Outros. Música: Danny Elfman. Los Angeles: 20th Century Fox Television, 1989-atual. Son., color. Série animada.

OSSESSIONE. Direção de Luchino Visconti. Produção de Libero Solari. Intérpretes: Clara Calamai, Massimo Girotti, Dhia Cristiani, Elio Marcuzzo, Vittorio Duse e Outros. Roteiro: Luchino Visconti, Mario Alicata, Giuseppe de Santis, Gianni Puccini, James M. Cain, Alberto Moravia e Antonio Pietrangeli. Música: Giuseppe Rosati. [s.l.]: Industrie Cinematografiche Italiane (ICI), 1942. (140 min.). Son., color. Longa-metragem.

PABLO Escobar, el patron del mal. Direção de Carlos Moreno. Produção de Juana Uribe. Intérpretes: Andrés Parra, Mauricio Mejía, Cecilia Navia, Eileen Moreno, Christian Tappan, Juan Sebástien Calero, Vicky Hernández, Linda Lucía Callejas e Outros. Colombia: Caracol Televisión, 2012. Son., color. Teledrama (série) – 113 capítulos.

PANTANAL. Direção de Jayme Monjardim, Carlos Magalhães, Marcelo de Barreto e Roberto Naar. Intérpretes: Claudio Marzo, Marcos Winter, Jussara Freire, Antonio Petrin, Luciene Adami, Marcos Palmeira, Paulo Gorgulho, Sérgio Reis, Almir Sater, Angelo Antonio, Cássia Kis Magro, Cristiana Oliveira e Outros. Roteiro: Benedito Ruy Barbosa. Rio de Janeiro e São Paulo: Rede Manchete, 1990. Son., color. Telenovela – 216 capítulos.

PASIÓN de Gavilanes. Direção de Rodrigo Triana, Mauricio Cruz e Ricardo Suárez. Produção de Hugo León Ferrer e Andrés Santamaría. Roteiro: Julio Jiménez. [s.l.]: Telemundo Internacional, 2003-2004. Color. Legendado. Telenovela – 188 capítulos.

PECADO capital. Direção de Daniel Filho. Produção de Moacyr Deriquém. Intérpretes: Átila Ventura, Darcy de Souza, Elias Soares, Cidinha Milan, José Maria Monteiro e Outros. Roteiro: Janete Clair. Rede Globo de Televisão, 1975-1976. P&B. Telenovela – 167 capítulos.

PEGA pega. Direção de Luiz Felipe Sá. Intérpretes: Camila Queiroz, Mateus Solano, Marcos Caruso, Mercelo Serrado, Thiago Martins, Nanda Costa, João Baldasserini, Vanessa Giácomo, Mariana Santos, Valentina Herszage, Jaffar Bambirra, Marcos Veras, Danton Mello, Dani Barros, Leandra Caetano, Cristina Pereira, Nicette Bruno, Elizabeth Savala, Irene Ravache, Milton Gonçalves, Jennifer Nascimento e Outros. Roteiro: Claudia Souto. Rio de Janeiro: Central Globo de Produções, 2017-2018. Son., color. Legendado. Telenovela.

PLANTÃO de polícia. Direção de Antonio Carlos da Fontoura, José Carlos Pieri, Marcos Paulo; Jardel Mello, Luís Antônio Piá. Produção de Nilton Gouveia, Nilton Cupello, Lélia Fraga e Cláudio Lisboa. Intérpretes: Denise Bandeira, Hugo Carvana, Lucinha Lins, Marcos Paulos, Zeni Pereira e Outros. Roteiro: Aguinaldo Silva, Doc Comparato, Antonio Carlos da Fontoura, Leopoldo Serran. Rio de Janeiro: Rede Globo de Televisão, 1979-1981. Son., color. Seriado.

POCOYO. Realização de David Cantolla Guillermo García, Luis Gallego. Roteiro: Andy Yerkes e Guillermo García Carsí. Música: José Antonio Abellán. Manchester e Madrid: Cosgrove Hall Films e Zinkia Entertainment, 2005-atual. Son., color. Série animada.

QUEM ama não mata. Direção de Daniel Filho e Dennis Carvalho. Produção de Álvaro Osório. Intérpretes: Cláudio Marzo, Hugo Carvana, José de Abreu, Marília Pêra, Suzana Vieira e Outros. Roteiro: Euclydes Marinho. Paraty e Rio de Janeiro: Rede Globo de Televisão, 1982. Son., color. Minissérie – 20 capítulos.

RENASCER. Direção de Luiz Fernando Carvalho, Emílio di Biasi e Mauro Mendonça Filho. Intérpretes: Adriana Esteves, Ana Lúcia Torre, Antonio Fagundes, Beth Erthal, Bertrand Duarte, Cacá Carvalho, Cassiano Carneiro, Cecil Thiré, Chica Xavier, Eliane Giardini, Fernanda Montenegro e Outros. Roteiro: Benedito Ruy Barbosa. Ilhéus e Rio de Janeiro: Rede Globo de Televisão, 1993. Son., color. Telenovela – 213 capítulos.

ROCCO e seus irmãos. Direção de Luchino Visconti. Intérpretes: Alain Delon, Annie Girardot, Renato Salvatori e Outros. Roteiro: Luchino Visconti. Música: Nino Rota. [s.l.]: Titanus e Les Films Marceau-cocinor, 1960. (177 min.). Son., P&B. Longa-metragem.

ROCK story. Direção de Maria de Médicis e Dennis Carvalho. Intérpretes: Vladimir Brichta, Nathalia Dill, Alinne Moraes, Rafael Vitti, João de Castro, Viviane Araújo, Nicolas Prattes, Caio Paduan e Outros. Roteiro: Maria Helena Nascimento. Rio de Janeiro: Rede Globo de Televisão, 2016-2017. Son., color. Telenovela.

ROQUE Santeiro. Direção de Paulo Ubiratan, Jayme Monjardim, Gonzaga Blota e Marcos Paulo. Produção de Eduardo Figueira e Manoel Martins. Intérpretes: Ary Fontoura, Cassia Kiss, Claudia Raia, Cláudio Cavalcanti, Dennis Carvalho, Jorge Fernando, José Wilker, Lima Duarte, Marcos Paulo, Miltom Gonçalves, Patrícia Pillar, Regina Duarte, Tarcísio Meira, Tony Tornado, Yoná Magalhães e Outros. Roteiro: Dias Gomes. Guaratiba e Rio de Janeiro: Rede Globo de Televisão, 1985-1986. Son., color. Telenovela – 209 capítulos.

ROSA Rebelde. Direção de Régis Cardoso e Daniel Filho. Intérpretes: Ary Fontoura, Betty Faria, Glória Menezes, Mário Lago, Myrian Pires, Tarcísio Meira e Outros. Roteiro: Janete Clair. 1969. Son., P&B. Telenovela – 212 capítulos.

SAI de baixo. Direção de Daniel Filho, Dennis Carvalho, José Wilker, Jorge Fernando e Cininha de Paula. Produção de Eduardo Figueira. Intérpretes: Aracy Balabanian, Ary Fontoura, Cláudia Jimenez, Claudia Rodrigues, Ilana Kaplan, Lucas Hornos, Luiz Carlos Tourinho, Luis Gustavo, Marcia Cabrita, Marisa Orth, Miguel Falabella e Tom Cavalcante. Roteiro: Miguel Falabella, Maria Carmem Barbosa, Noemi Marinho, Flávio de Souza, José Antônio de Souza, Nani, Gilmar Rodrigues, Duba Elia, Bruno Sampaio, Juca Filho, César Cardoso, Elisa Palatnik, Aloísio de Abreu, Lícia Manzo, José de Carvalho, Laerte e Cláudio Paiva. Música: Márcio Miranda. São Paulo: Rede Globo de Televisão, 1996 a 2002. Son., color. Sitcom.

SANGUE e areia. Direção de Daniel Filho e Régis Cardoso. Intérpretes: Arlete Salles, Cláudio Marzo, Glória Menezes, Myrian Pérsia, Neuza Amaral, Oswaldo Loureiro, Tarcísio Meira, Zilka Sallaberry e Outros. Roteiro: Janete Clair. Rio de Janeiro: Central Globo de Produções, 1967-1968. Son., P&B. Telenovela – 135 capítulos.

SARAMANDAIA. 1ª versão. Direção de Walter Avancini, Roberto Talma e Gonzaga Blota. Produção de Hemílcio Fróes. Intérpretes: Antonio Fagundes, Ary Fontoura, Dina Staf, Francisco Cuoco, Juca de Oliveira, Miltom Gonçalves, Sônia Braga, Tarcício Meira, Yoná Magalhães, Wilza Carla e Outros. Roteiro: Dias Gomes. Jacarepaguá, Barra de Guaratiba e Senador Camará: Rede Globo de Televisão, 1976. Son., color. Telenovela – 160 capítulos.

SARAMANDAIA. 2ª versão. Direção de Denise Saraceni e Fabrício Mamberti. Produção de Guto Vaz. Intérpretes: Lilia Cabral, José Mayer, Sérgio Guizé, Leandra Leal, Debora Bloch, Gabriel Braga Nunes, Vera Holtz, Marcos Palmeira e Outros. Roteiro: Ricardo Linhares. Música: Mariozinho Rocha. Maranhão, São Paulo e Rio de Janeiro: Rede Globo de Televisão, 2013. Son., color. Telenovela – 57 capítulos.

SENHORA do destino. Direção de Wolf Maya, Luciano Sabino, Marco Rodrigo e Cláudio Boeckel. Intérpretes: Adriana Estevez, Carolina Dieckmann, André Gonçalves, Dado Dolabella, Dan Stulbach, Glória Menezes, Marcelo Antony, José Wilker, José Mayer, Débora Falabella, Eduardo Moscovis, Emiliano

Queiroz, Lima Duarte, Raul Cortez, Renata Sorrah, Suzana Vieira, Wolf Maya e Outros. Roteiro: Aguinaldo Silva. Rio de Janeiro: Rede Globo de Televisão, 2004-2005. Son., color. Telenovela – 221 capítulos.

SÉSAMO. São Paulo: Tv Cultura e Tv Brasil, 2017. Son., color.

SESSÃO de Terapia. Direção de Selton Mello. Produção de Roberto D'Avila. Intérpretes: Zé Carlos Machado, Maria Luísa Mendonça, Maria Fernanda Cândido, Sérgio Guizé, Bianca Müller, Mariana Lima, André Frateschi, Selma Egrei, Bianca Comparato, Cláudio Cavalcanti, Adriana Lessa, Derick Lecouffle, Letícia Sabatella, Ravel Andrade, Rafael Lozano, Paula Possani, Camila Pitanga, Fernando Eiras e Celso Frateschi. Roteiro: Jaqueline Vargas. Rio de Janeiro: GNT, 2012-2014. Son., color.

SETE vidas. Direção de Jayme Monjardim, Adriano Melo, Thiago Teitelroit, Bruno Martins e Pedro Freire. Produção de Alexandre Scalamandre. Intérpretes: Ângelo Antônio, Bianca Comparato, Debora Bloch, Domingos Montagner, Fernanda Rodrigues, Isabelle Drumond, Jayme Matarazzo, Letícia Colin, Leonardo Medeiros, Maria Flor, Regina Duarte, Thiago Rodrigues, Walderez de Barros e Outros. Roteiro: Lícia Manzo e Daniel Adjafre. Música: Mariozinho Rocha. Rio de Janeiro: Rede Globo de Televisão, 2015. Son., color. Telenovela – 106 capítulos.

SUA vida me pertence. Direção de Wálter Forster. Intérpretes: Wálter Forster, Vida Alves, Lia de Aguiar, Lima Duarte, José Parisi, Astrogildo Filho, Dionisio Azevedo, Tânia Amaral e Outros. Roteiro: Wálter Forster. São Paulo: Rede Tupi, 1951-1952. Son., P&B. Telenovela – 15 capítulos.

SUBURBIA. Direção de Luiz Fernando Carvalho. Intérpretes: Alice Coelho, Ana Pérola, André Dread, Bruna Migliorenza, Débora Letícia Nascimento, Érika Januza, Luiz Nascimento, Ricardo Lopes, Tatiana Tibúrcio e Outros. Autoria: Paulo Lins e Luiz Fernando Carvalho. Música: André Mehmari e Ed Motta. Rio de Janeiro: Rede Globo de Televisão, 2012. Son., color. Série/Seriado – 8 episódios.

SUPERMAX. Direção de José Eduardo Belmonte, Rafael Miranda e José Alvarenga Jr. Intérpretes: Mariana Ximenes, Erom Cordeiro, Maria Clara Spinelli, Ravel Andrade, Vânia de Brito, Mário César Camargo, Ademir Emboava, Rui Ricardo Dias, Fabiana Gugli, Pedro Bial, Bruno Belarmino, Nicolas Trevijano, Cléo Pires e Outros. Roteiro: Marçal Aquino, Fernando Bonassi, Carolina Kotscho, Bráulio Mantovani, Dennison Ramalho, Juliana Rojas, Raphael Draccon e Raphael Montes. Rio de Janeiro: Rede Globo de Televisão, 2016. Son., color. Série.

TÁ no ar: a TV na TV. Direção de Felipe Joffily, Vicente Barcellos, João Gomez e Mauricio Farias. Intérpretes: Carol Portes, Danton Mello, Georgiana Góes, Luana Martau, Marcelo Adnet, Márcio Vito, Marcius Melhem, Maurício Rizzo, Renata Gaspar, Veronica Debom e Welder Rodrigues. Roteiro: Marcelo

Adnet e Marcius Melhem. Música: Marcio Lomiranda. Rio de Janeiro: Rede Globo de Televisão, 2014-atual. Son., color.

THE BACKYARDIGANS. Direção de Dave Palmer. Produção de Janice Burgess e Robert Scull. Intérpretes: Lashawn Tináh Lefferies, Zach Tyler Eisen, Jake Goldberg, Reginald Davis Jr., Jordan Coleman, Chris Grant Jr., Naelee Rae Gianna Bruzesse, Jonah Bobo. Toronto e Nova York: Nelvana e Nickelodeon, 2004-2010. Son., color. Série animada.

THE PERILS of Pauline. Direção de Louis J. Gasnier e Donald Mackenzie. Intérpretes: Pearl White e Crane Wilbur. Roteiro: Charles W. Goddard e George B. Seitz. Paris: Pathé, 1914. P&B.

TOMA lá, dá cá. Direção de Mauro Mendonça Filho e Cininha de Paula. Produção de Paula Torres. Intérpretes: Adriana Esteves, Alessandra Maestrini, Arlete Salles, Daniel Torres, Diego Villela, Fernanda Souza, George Sauma, Marisa Orth, Miguel Falabella, Stella Miranda e Ítalo Rossi. Roteiro: Miguel Falabella e Maria Carmem Barbosa. Rio de Janeiro: Rede Globo de Televisão, 2007-2009. Son., color. Sitcom.

TOTALMENTE Demais. Direção de Marcus Figueiredo, Luis Felipe Sá, Thiago Teitelroit, Noa Bressane e Luiz Henrique Rios. Intérpretes: Marina Ruy Barbosa, Fabio Assunção, Felipe Simas, Juliana Paes, Juliana Paiva, Humberto Martins, Vivianne Pasmanter, Daniel Rocha e Outros. Roteiro: Rosane Svartman e Paulo Halm. Rio de Janeiro: Rede Globo de Televisão, 2015-2016. Son., color. Telenovela – 175 capítulos.

TOTALMENTE sem noção demais. Direção de Felipe Sá e Dayse Amaral Dias. Intérpretes: Juliana Paiva, Orã Figueiredo, Olívia Torres, Samantha Schmütz, Hélio de La Peña, Carolyna Aguiar, Aline Borges e Outros. Roteiro: Mário Viana. Rio de Janeiro: Rede Globo de Televisão, 2016. Son., color. Spin-off da telenovela Totalmente Demais – 10 episódios.

TOY Story. Direção de John Lasseter. Produção de Ralph Guggenheim e Bonnie Arnold. Intérpretes: Tom Hanks, Tim Allen, Don Rickles, Jim Varney, Wallace Shawn, John Ratzenberger, John Morris, Erik von Detten, Annie Potts. Roteiro: Joss Whedon, Andrew Stanton, Joel Cohen e Alec Sokolow. Música: Randy Newman. Emeryville: Pixar Animation Studios, 1995. Son., color. Longa-metragem de animação.

UMA CILADA para Roger Rabbit. Direção de Robert Zemeckis. Produção de Frank Marshall. Intérpretes: Bob Hoskins, Christopher Lloyd, Joanna Cassidy e Outros. Roteiro: Jeffrey Price e Peter S. Seaman. Música: Alan Silvestri. Burbank e Universal City: Touchstone Pictures e Amblin Entertainment, 1988. (103 min.). Son., color. Longa-metragem.

UMA FAMÍLIA da Pesada (Family Guy). Produção de Seth Macfarlane,

Allison Adler, Mike Barker, Gregory Thomas Garcia, Gene Laufenberg, Matt Weitzman, David A. Goodman, Chris Sheridan. Realização de Seth Macfarlane. Intérpretes: Seth Macfarlane, Alex Borstein, Seth Green, Mila Kunis, Mike Henry (ii), Patrick Warburton. Los Angeles: 20th Century Fox Television, 1999-2002/2005-atual. Son., color. Série animada.

UMA MULHER vestida de sol. Direção de Luiz Fernando Carvalho. Intérpretes: Tereza Seiblitz, Raul Cortez, Floriano Peixoto, Ana Lúcia Torre, Lineu Dias, Mírian Pires, Ilya São Paulo, Sebastião Vasconcelos, Bertrand Duarte e Outros. Roteiro: Ariano Suassuna. Música: Antônio Madureira. [s.l.]: Central Globo de Produções, 1994. (52 min.). Son., color. Telefilme.

VALE tudo. Direção de Dennis Carvalho, Ricardo Waddington e Paulo Ubiratan. Produção de Mônica Lemos e Vicente Savelli. Intérpretes: Antonio Fagundes, Beatriz Segall, Cassia Kiss, Cassio Gabus Mendes, Daniel Filho, Dennis Carvalho, Gloria Pires, Lilia Cabral, Marcos Palmeira, Nathalia Timberg, Regina Duarte, Reginaldo Faria, Renata Sorrah e Outros. Roteiro: Gilberto Braga, Aguinaldo Silva e Leonor Bassères. Música: Max Pierre. Rio de Janeiro: Rede Globo de Televisão, 1988-1989. Son., color. Telenovela – 204 capítulos.

VALENTE. Direção de Mark Andrews, Brenda Chapman e Steve Purcell. Produção de John Lasseter. Intérpretes: Kelly Macdonald, Billy Connolly, Emma Thompson, Julie Walters, Robbie Coltrane, Kevin Mckidd, Craig Ferguson, Steve Purcell. Roteiro: Mark Andrews, Steve Purcell e Brenda Chapman. Emeryville: Pixar Animation Studios, 2012. Son., color. Longa-metragem de animação.

VELHO Chico. Direção de Luiz Fernando Carvalho, Carlos Araújo, Gustavo Fernandez, Antônio Karnewale e Philipe Barcinski. Intérpretes: Camila Pitanga, Antônio Fagundes, Christiane Torloni, Lucy Alves, Marcelo Serrado, Marcos Palmeira, Rodrigo Santoro, Domingos Montagner e Outros. Roteiro: Benedito Ruy Barbosa e Edmara Barbosa. Baraúna, São José da Tapera, Olho D'Água do Casado, Cachoeira, Raso da Catarina: Central Globo de Produções, 2016. Son., color. Telenovela – 175 capítulos.

VILA Sésamo. Direção de Milton Gonçalves, David Grinberg e Milton Gonçalves. Intérpretes: Aracy Balabanian, Armando Bógus, Flávio Migliaccio, Milton Gonçalves, Sônia Braga e Outros. São Paulo: Rede Globo de Televisão, 1972-1977. Son., P&B. O programa foi apresentado simultaneamente pela TV Globo e pela TV Cultura (em parceria), 1972-1974.

VILA Sésamo. Realização de Fernando Salem. Intérpretes: Marcelo Garcia, Carlos Seidl, Mauro Ramos, Clécio Souto e Outros. São Paulo: TV Cultura e TV Rá-tim-bum, 2007. Son., color. Série.